本 书 介 绍

公益广告在我国有三十多年的历史，但是其理论研究还相对滞后，公益广告自身传播体制也存在诸多问题，影响了其社会作用的发挥。本书以 1986—2018 年刊登在《人民日报》《解放日报》和《厦门日报》这三份报刊上的公益广告为样本，对中国大陆报刊公益广告进行深入研究。传统的公益广告主要由传统媒体主导，其话语形式和宣传力度都较为受限，还面临新媒体挑战和传统媒体本身的生存困境而制作乏力。融媒体时代，报刊公益广告应结合新媒体技术应对挑战，使公益理念传播得更加深远，使公益广告的社会功能发挥得更好。

厦门理工学院学术专著出版基金

中国大陆报刊公益广告发展研究

1986—2018

赖祯黎 著

厦门大学出版社 国家一级出版社
XIAMEN UNIVERSITY PRESS 全国百佳图书出版单位

图书在版编目(CIP)数据

中国大陆报刊公益广告发展研究：1986—2018/赖祯黎著.—厦门：厦门大学出版社.2021.1
ISBN 978-7-5615-8065-3

Ⅰ.①中⋯　Ⅱ.①赖⋯　Ⅲ.①报刊—公益广告—研究—中国—1986—2018
Ⅳ.①F713.842

中国版本图书馆 CIP 数据核字(2021)第 038919 号

出 版 人	郑文礼
责任编辑	王鹭鹏
封面设计	蔡炜荣
技术编辑	朱 楷

出版发行 厦门大学出版社

社　　址	厦门市软件园二期望海路 39 号
邮政编码	361008
总　　机	0592-2181111　0592-2181406(传真)
营销中心	0592-2184458　0592-2181365
网　　址	http://www.xmupress.com
邮　　箱	xmup@xmupress.com
印　　刷	厦门市金凯龙印刷有限公司

开本	720 mm×1 000 mm　1/16
印张	12.75
插页	2
字数	229 千字
版次	2021 年 1 月第 1 版
印次	2021 年 1 月第 1 次印刷
定价	60.00 元

本书如有印装质量问题请直接寄承印厂调换

厦门大学出版社
微信二维码

厦门大学出版社
微博二维码

序

　　赖祯黎的书《中国大陆报刊公益广告研究(1986—2018年)》在厦门大学出版社出版,我作为她的导师,谨表示衷心祝贺。该书以1986—2018年刊登在《人民日报》《解放日报》和《厦门日报》这三份主要报刊上的公益广告为样本,运用定量和定性的方法,对中国大陆报刊公益广告进行了深入研究。应该说,这个选题对当前社会主义核心价值观的传播,是极有价值的。

　　公益广告的起源是基于社会发展的需要。全世界的人口增长、城市化、贫富分化、地球环境破坏等一系列问题的出现,使人类面临从未有过的严峻考验,从某种意义上说,公益广告就是人类对自身生存状态、前途与命运思考的一种表达方式。它是由社会公益机构、企业或公司发布的,传播对社会和谐稳定有利的某些价值观和行为的广告,其不以盈利为目的,旨在宣传社会责任感,提高国民素质。媒体参与的现代意义上的公益广告,从20世纪80年代中期开始至今,已走过几十年的历程,现已成为我国现代化进程中基本组成要素,反映着我国精神文明的层次和水平。

　　公益广告在我国的发展已有30多年的历史,但是其理论的研究还相对滞后,公益广告自身传播体制也存在诸多问题,因而影响了其社会教育作用的发挥。所以,该书把公益广告社会教育研究的理论建构和公益广告传播内容分析作为重点,并在此基础上对我国公益广告的发展提出对策建议。通过回顾公益广告产生、发展的历史,在营销观念和社会思想的互动中寻觅公益广告的发展脉络。与电视公益广告相比,报刊公益广告的发展相对滞后,其内容的可读性与形式的感染力均与电视公益广告有一定差距。报刊公益广告今后应如何发展,是本书探讨的主要问题。

　　该书贵在能以探索的精神,选取中央级、省级和地方级的典型报刊媒体进行分析比较。根据报刊公益广告发展的实际情况,该书将其分成初始阶段、成长阶段、发展阶段、繁荣阶段、融合阶段等五个阶段。特别重要的是,本书强调报刊公益广告的社会教育形式,认为报刊公益广告可从风俗习惯、社会公德、法律规范等方面来规范大众行为,从尊老爱幼、诚实守信、公平正义等方面来传播价值观念,从和谐共生、关爱生命、生态保护等方面来塑造大众生态生活观念。此外,本书还认为报刊公益广告有其独特的社会功能价值,即促进和谐秩序构建,宣传公共生活规则,传播主流价值观,倡导关注弱势群体、强化公众环保意识等。理论建构上,能从公益广告的概念推延开始,以大众传播学、社会教育规律、文化学为基础,提出公益广告社会教育研究的基本理论建构。其中,对公益广告现状的批评既是研究的方法,也是理论研究的必然。研究充分运用广告调查的方法,采用问卷调查、实地访谈等形式,积累原始资料,经过理性分析,梳理分析目前公益广告传播存在的若干问题。最后,相应从组织构建、资金筹集、主题选定、组织维护、监督管理、传播推广等方面理顺公益广告的发展机制。这些研究成果,对推动今后公益广告的发展极有借鉴意义。

当前,中国报刊公益广告发展已迈入提质增效、转型升级的新阶段,宣传舆论地位不断提高,聚焦主题主线,聚焦宣传社会主义核心价值观,重视发挥社会功能,探索互动式、融合式、参与式传播,政策引领作用更加突出。妥善解决公益广告遭遇的传播难题,利用互联网和新媒体充分发挥公益广告的正面引导功能,是当下公益广告传播研究不容回避的重要课题。公益广告不能滥用不能流于形式或被异化为商业广告,只有正确看待公益广告的社会功能,才能使其发挥应有的作用。

传统的公益广告主要由传统媒体主导,其话语形式和宣传力度都较为受限,同时面临新媒体挑战和传统媒体本身的生存困境而制作乏力。智媒时代的来临,一方面为公益广告发展带来挑战,另一方面也赋予其生长活力。公益广告未来发展可向智能化、全民化、平台化方向拓展,发展多元主体,有效整合媒介资源。

希望本书的出版,不仅为报刊公益广告的发展探索出可持续发展之路,而且启发新媒体介入传统媒体的融合。公益广告承载着一定的责任,是社会中的一道清流,给予人们更多的爱心,更多的责任心,呼吁人们要有道德水准,所以公益广告在新媒体时代下应该有更多的创新发展。

陈培爱

序作者为厦门大学教授　博士生导师

2020 年 3 月 15 日

目　录

备注：本书由于图片版权问题，未能刊登相关图片，读者如有需要，可私下联系作者。

第一章　绪　论

改革开放已经走过了 40 年的历程,广告行业也经历了翻天覆地的变化。有人说,广告是一面镜子,能通过一定的方式反映社会环境的变化①。公益广告是特殊的广告形式,以关注社会、针砭时弊、疏导社会问题为己任,成为规范公众行为、培养正确价值观的重要方式,是我国广告行业与公共事业中不可或缺的部分,也是记录历史轨迹、折射社会发展的镜像,成为我国社会转型期的记忆。

第一节　研究背景与意义

公益广告对社会文化和社会管理有巨大的影响,在精神文明与物质文明之间架起一座桥梁,公益广告是文明社会的标志,体现着崇高的精神境界。

一、研究背景

广告涵盖了商业广告和公益广告两个部分。商业广告和公益广告既有联系,又有区别:商业广告是企业推销商品和服务的营销方式,有助于树立良好的企业形象;公益广告是民意的一种表达方式,是政党和政府向公众阐释的一种观念。商业广告的目的是多重的,既追求经济效益,也讲求社会效益;公益广告的目的是单一的,就是将社会效益发扬光大。商业广告引导人们改变现有的行为模式,如让人们购买商品、使用服务等;公益广告则是为

---

① 陈家华、程红:《中国公益广告:宣传社会价值新工具》,《新闻与传播研究》2003 年第 4 期。

了改变人们的不良行为,倡导人们遵守有利于整个社会长远发展的行为规范。

公益广告最先出现在20世纪40年代初的美国。二战期间,美国著名广告人詹姆斯·扬提出全新的理念,"广告的使命在于促进公众之利益,作为一种强有力的传播方式,广告有助于重建人们对商业及其赖以生存的经济制度的尊重",这也是最早的关于公益广告的理念①。战后,美国的广告机构提出指导原则:"用广告向这个国家所面临的诸多问题宣战,只要广告能够提供帮助。"②因此,公益广告从诞生之日起,就与社会公益事业结下不解之缘,在社会发展中起着重要作用。后来许多资本主义国家也都吸取美国经济发展的教训,努力寻求经济发展的精神和道德支持,欧洲在20世纪60年代,日本在1971年相继借鉴美国经验,开创了公益广告事业③。公益广告在国际范围内成为独立的社会教育力量,履行着给社会以道德和精神支撑的职责。

在我国,公益广告一直很受重视,且越来越受重视。中宣部、中央文明办和国家工商管理总局以及国家广电总局、新闻出版总署等部门组织开展了一系列公益广告活动,例如:CCTV全国公益广告大赛、连续十届的全国优秀公益广告评选、"迎奥运、讲文明、树新风"公益广告征集展播、"黄河奖"公益广告比赛、"扬正气、促和谐"全国廉政公益广告活动等。中宣部、中央文明办、国家工商管理总局、国家广电总局等部门联合开展"讲文明、树新风"公益广告征集展播活动等。所有这些活动都在社会上有较大的影响。但我国公益广告还有许多不足之处,比如,公益广告总量较多精品较少,创作样式单调,口号化,主题比较单一,缺乏良好的运行机制等等。所有这些问题的解决,需要全社会的共同努力。

虽然公益广告发挥着重要的作用,但长期以来学界对其的关注并不多,还不如商业广告。关于公益广告的研究成果仅分散在广告学的专著中。在中华人民共和国国家版权局网站以"公益广告"为关键词进行搜索,截至2019年12月底,有关公益广告研究的学术专著仅有以下十三本,如表1-1所示。

---

① 樊志育:《世界广告史话》,中国友谊出版社1998年版,第12~13页。

② 陈挚:《公民道德建设视域中的公益广告作用研究》,合肥工业大学2010年硕士论文,第34页。

③ 刘英华:《改革开放以来中国公益广告发展回眸》,《中国广播电视学刊》2013年第8期。

表 1-1 公益广告专著列表

书名	作者	出版年份	出版社
公益广告初探	高萍	1999	中国商业出版社
公益广告导论	潘泽宏	2001	中国广播影视出版社
公益广告通论	宋玉书	2001	北京大学出版社
广告新天地——中日公益广告比较	倪宁等	2003	中国人民大学出版社
公益广告的奥秘	张明新	2004	广东经济出版社
公益广告文化论	于凤静	2007	辽海出版社
公益广告十四年	王云	2011	上海书店出版社
现代公益广告解析	汤劲	2012	中国商业出版社
公益广告学概论	刘林清	2014	中国传媒大学出版社
论社会变迁与中国电视公益广告发展	张弛	2014	湖南师范大学出版社
中国公益广告年鉴	全国公益广告创新研究基地	2014	中国工商出版社
公益广告教程	宋玉书	2017	北京大学出版社
公益广告概论	杨琳	2019	西安交通大学出版社

笔者在中国期刊网 CNKI 文献数据库以"公益广告""公益广告文化""社会公益广告"等与公益广告有关的篇名进行搜索,截至 2018 年 12 月 30 日,搜到关于公益广告的文献有 3 151 篇(含期刊、硕博士论文)。

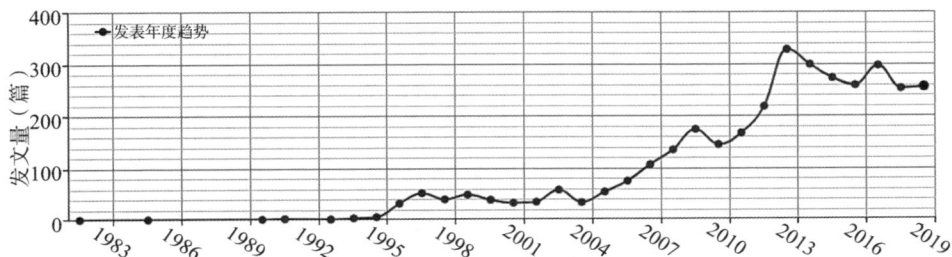

图 1-1 历年公益广告研究论文分布

观察历年的公益广告研究文献的分布情况可以发现,早期关注公益广告的研究非常有限,仅有少数的几篇论文,从 1996 年开始,受全国性公益广告活动的影响,公益广告才受到越来越多研究者的关注。但总体而言,公益广告研究论文呈现上升趋势,2010 年前的增幅不大,甚至期间还有起伏,但是从

2010 年后开始呈现较大幅度的上升趋势,到 2012 年到达峰值,2013—2018 年总体呈现短暂下降,平稳发展的趋势。

如表 1-2 所示,笔者进一步精选文献范围,以核心期刊上的 797 篇公益广告文献为研究对象,其中硕士论文 357 篇,期刊论文 440 篇(截至 2018 年 12 月 30 日)。分析总结的过程中,笔者发现对公益广告的载体研究集中在广播电视媒体上,对平面媒体的研究较少,仅占 16.1%,其中单独针对报刊的公益广告研究仅有不到 4%(见表 1-2)。

表 1-2　公益广告研究的媒体

媒介类型	广播电视等电子媒介	报刊等平面媒介	依托新技术的媒介	户外媒体	两种以上
数量(篇)	216	105	133	7	189
占比	33.2%	16.1%	20.6%	1.0%	29.1%

公益广告媒体领域的研究具有以下几个特点:

第一,电视媒体一枝独秀。在所有主题中,关于电视媒体的研究遥遥领先,占比达 33.2%,拥有绝对的优势。电视媒体成为研究焦点,和其影响力密不可分,电视媒体在我国一直是最有影响力的媒体,有着较大受众人群和广告收入份额。近几年来,新媒体的异军突起给电视造成不小的冲击,但是在播放公益广告方面,电视依然占据我国媒体的统治地位,这点是毋庸置疑的。

第二,平面媒体遭受冷遇。共有 105 篇,占比 16.1%,其中单独针对报刊的公益广告研究非常少,仅占 4%。

第三,近年来关于新媒体的研究趋多。从 2013 年起,关于新媒体公益广告的研究日趋增多。伴随着新媒体时代的到来,结合新媒体技术开展公益广告,也成为学者们日趋关注的问题。

在关于公益广告的研究中,学者们从各种角度进行了解读,比如说公益广告发展的历史、现状特点、管理方式、发展趋势及与欧美、日韩等国家的公益广告进行对比等。公益广告的媒体形式繁多,且每一种类型的公益广告发展的情况都有不同,从以往的研究来看,虽然很多研究者围绕我国公益广告的历史、现状、趋势进行相应的讨论,只是笼统地对公益广告进行探讨,难免过于宽泛,不利于深入发现各种公益广告的内在规律。

与电视相比,报纸缺乏动态的影像结合,但报纸的公益广告几乎可以渗透进社会的各个细分群体,其可信度排名第一,远远超过排名第二的电视,与电视广播稍纵即逝的特性相反,报纸可以长久保存,更有利于对其进行系统的研究。经本人查阅,专门针对平面公益广告的研究较少,仅有 74 篇期刊论文和 31 篇硕士论文。单独针对报刊公益广告的期刊文章仅有 7 篇,硕士论文仅有 1 篇——罗俊的《主流报刊中公益广告的话语分析——以〈人民日报〉为例》①（截至 2018 年 11 月 30 日）。这篇文章仅从话语角度切入分析报刊公益广告的使用情况，稍显单薄，缺乏理论性和系统性，《人民日报》一家公益广告的情况也不足以反映改革开放以来报刊公益广告发展的全貌。

根据学者们的研究结果，就其根本属性而言，公益广告是一种强大的社会教育力量，而报刊因其真实性和权威性更容易得到受众的信任。除了梳理报刊公益广告的发展历史，研究报刊公益广告发挥社会教育功能的形式，探讨建立更能发挥社会功能的运行机制，和在融媒体时代，推动公益广告进行全媒体互动，整合推广，意义重大。基于此，笔者拟对报刊公益广告的发展历史进行研究，对其社会教育功能和互动机制进行深入探索。

二、研究意义

我国正处于转型的关键时期，社会上难以避免出现一些矛盾，只要有得当的方法，就可以有效地解决这些矛盾。研究报刊公益广告具备以下现实意义和理论意义。

(一)现实意义

众所周知，公益广告具有弘扬社会正气的社会教育功能，能唤起读者的美好情感，缓解社会矛盾，使整个社会更加和谐有序地发展，因此上至中宣部、中央文明办，下至地方的政府部门，都希望公益广告发挥长效社会作用。公益广告的形式丰富多样，报刊公益广告是其中重要的一种。虽然报刊的阅读率相对其他媒体较低，但报刊公益广告有可信性、真实性、权威性，更容易保存，更容易得到受众的信赖。报刊公益广告在资金筹集、运行机制、商业化、创意等方面存在不尽如人意的地方，因此要对其进行系统梳理，深入研究报刊公益广告的社会教育功能，更好地落实发挥报刊公益广告的教化和引导功能的机制。同时，本书还将探讨在融媒体时代，报刊地位日益下降的情况下应如何整合资源进行公益广告推广，增加报刊公益广告的互动性，报刊公益广告如何实现党、政府、媒体、企业、消费者的共赢。因此，本书的研究具有重要的现实意义。

(二)理论意义

通过梳理研究 1986 年以来报刊公益广告的传播内容，公益广告反映了国

---

① 罗俊：《主流报纸中公益广告的话语研究》，江西师范大学 2012 年硕士论文，第 46 页。

家和民众公益意识的觉醒和自我认知的不断完善,记录了改革开放四十多年的历史变迁和进步,有着极其重要的意义。然而现阶段对公益广告研究的文章,多以广播电视作为主要的研究对象,平面媒体的公益广告研究几乎空白,而报刊公益广告对理解近三十年来的政治、经济、价值观、文化结构,有重要的史料价值,可反映当代社会的特征及轨迹①。因此本书拟选 1986—2018 年中央级的报刊媒体《人民日报》、省一级的报刊媒体《解放日报》、地方级的报刊媒体《厦门日报》上刊登的公益广告为研究对象,进行内容分析和定性研究,深入剖析其中的典型案例,总结其阶段发展特点,分析公益广告如何发挥其社会教育功能,更深入理解社会公益事业对个体心灵和国家民族的深远影响。同时,从组织机构、创意表现、资金筹措、监督管理、运行机制、传播推广等方面探讨公益广告的运行机制。本书的出版还可以丰富广告史研究,为中国广告学的发展添砖加瓦,因此也具有重要的理论意义。

第二节　文献综述

《广而告之》是我国第一个真正意义上的公益广告栏目,"公益广告"的概念由此深入人心。从 1994 年起,中央电视台连续三年组织召开"全国公益广告研讨会",这标志着公益广告创作从实践到理论的提升。这三次研讨会催生了许多学术成果,这可以看作我国公益广告研究的开始。

一、国内公益广告研究综述

根据知网显示,我国最早的公益广告相关的文章是杜延林 1991 年在《学术界》上发表的《公益广告之社会功能刍议》,谈及公益广告的特性应为真实性、思想性、艺术性的统一,有改进社会风气的社会教育功能。从 1991 年起,我国的公益广告研究正式起步,1994 年 10 月,我国第一个以公益广告为主题的理论研讨会在山东曲阜召开。至此之后,公益广告研究的文章数量逐年上升。

(一)样本选择

笔者以"公益广告""公益宣传""戒烟广告""文明广告"等与公益广告有

---

① 陈光:《加强公益广告推动精神文明建设——杨伟光副部长在首届全国电视公益广告题材规划会上的讲话》,《电视研究》1996 年第 6 期。

关的篇名,截至 2018 年 11 月 30 日,在中国期刊网 CNKI 共搜得 3 153 篇文献,其中期刊文章 2 541 篇,硕博士论文 457 篇。为了更好地展现我国目前公益广告研究的深入情况,了解公益广告研究在中国的发展,本研究把论文搜索范围进一步缩小,把论文来源定为 SCI 来源期刊、EI 来源期刊、核心期刊、CSSCI 和 CSCD 刊物。抽取的文章必须有明确的作者,包括科研组和科研所等学术组织,但以本刊编辑部或者本刊主编、评论员、本刊记者为作者的不做抽取,最终抽取了期刊文章 440 篇作为样本。硕博士论文,排除了重复的和与主题无关的论文后,抽取了 357 篇文章为样本。

本研究最终确定以 440 篇期刊论文、357 篇硕博论文,共 797 篇文章为研究对象,进行内容分析,力图归纳总结出我国目前公益广告研究的现状。

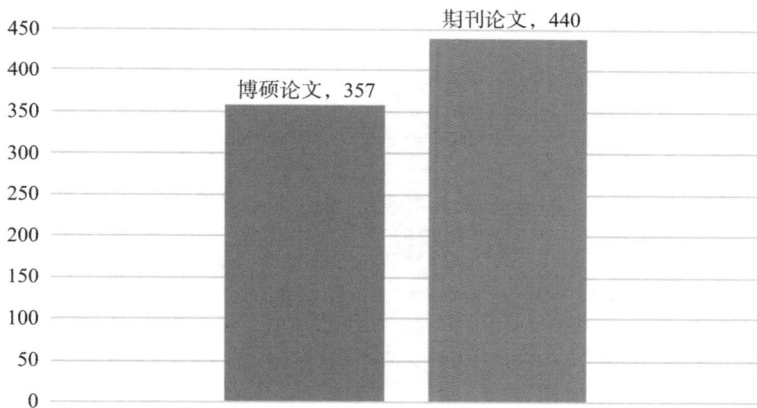

图 1-2　公益广告研究文献来源

(二)编码与测量

本研究对样本文章的作者背景、研究方向、研究主题、研究方法、研究的媒体类型等几个方面进行编码和测量。

1. 作者的背景

对论文作者所在的研究机构或任职单位进行统计,可以看出传播学领域中科研实力的分布状况。作者所属的科学社群对于传播学的发展起到非常重要的作用,科学社群是连接个别科学家与整体社会经济结构的桥梁与枢纽,传播学者聚集的科研机构或单位在一定程度上决定了传播学的发展。

2. 研究方法

研究方法主要分为定性研究法、定量研究法、定性定量相结合的方法。定性研究法主要有解释性研究法、批判性研究法和个案研究法。定量研究法主要有问卷调查法、访谈法、网络调查法、内容分析法、实验研究法①。

3. 研究方向

在《传播在社会中的机构与功能》中,拉斯韦尔把传播过程细分为五个部分(5W):控制分析、内容分析、媒介分析、受众分析以及效果分析。以此为基础,本书把797篇文章的研究方向做出归类,分成传播者研究(即控制分析)、内容研究、效果研究、受众研究及增设传播理论研究等五个方向。

4. 研究主题

研究主题即文章的研究重点。本书在五个研究方向的基础上把797篇文章具体分设不同的主题。如表1-3所示:

表 1-3 公益广告研究方向和研究主题分类

研究方向	研究主题
传播者研究	(1)公益广告广告主(企业、媒体、政府、广告公司、慈善机构)(2)公益广告运作机制与管理
内容研究	(1)公益广告文案(2)公益广告创意(3)公益广告诉求主题
效果研究	(1)社会教育(2)形象塑造(3)审美(4)舆论导向(5)提及多个功能
受众研究	(1)针对青少年(2)针对特定群体(艾滋、戒烟等)
传播理论研究	(1)公益广告史研究(2)公益广告现状、特征发展研究(3)中外比较研究

5. 研究媒体类型

学者对公益广告不同载体的研究,分成广播、电视类,报刊等平面类,户外广告类和新媒体类,部分学者进行了交叉比对研究。

(三)研究结果

1991年《公益广告的社会功能刍议》发表后,我国学者对公益广告的研究逐年增多。但是相较于实际,我国公益广告的研究相对落后。

1. 频率统计

如图1-3所示,经对比发现,在对公益广告研究的二十几年中,出现过四次较大规模的增长。第一次发生在1996—1997年,我国第一次由国家工商管理局出面号召进行公益广告主题的创作,召开了公益广告的全国研讨会,形成公益广告研究的高潮。第二次发生在2007—2009年,由于北京奥运会的召开,大量公益广告投放到媒体,学界也出现公益广告的研究之风。第三次发

① 戴元光:《传播学研究理论与方法》,复旦大学出版社2004年版,第34~35页。

生在 2010—2013 年,对公益广告的研究迅速增多,2012 年达到 252 篇,之后保持较为稳定的数量。从十八届三中全会后,为了贯彻落实习总书记的重要讲话精神,更好地履行媒体的社会责任,国家广电总局为公益广告设立专项鼓励资金,这一阶段出现大量优秀公益广告,也促进了学者们对公益广告的深入研究。第四次较大的增长出现在 2017 年,这一年核心期刊上有相关论文 232 篇。这段时间,论文主题多围绕新媒体、新技术,学者们有了新的看法。

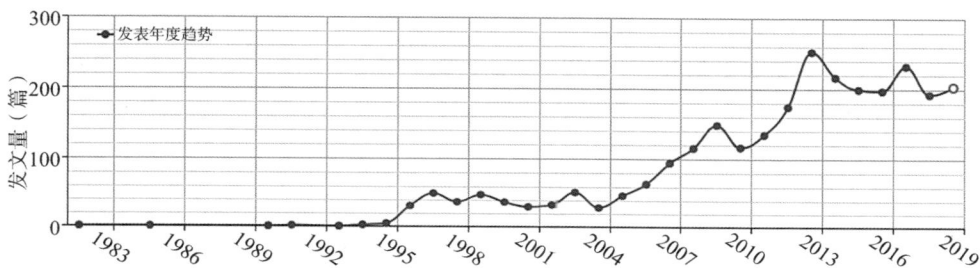

图 1-3　公益广告研究年度分布

2. 作者背景统计

如图 1-4 所示,针对 440 篇期刊论文进行统计后发现,367 篇论文的作者来自大学或者学院,占 83.5%,47 篇的作者来自媒体机构,主要是电视台和报社,占总量的 10.7%;15 篇的作者来自政府机构,9 篇的作者来自广告公司。可见,在对公益广告的研究中,虽然学院派占了很大的比例,但媒体机构和政府相关部门也会关注公益广告的议题。公益广告的制作发布传播依赖于政府、企业和媒体的配合,以学院派为主的研究机构有利于传播学理论的深入挖掘与提升,但学者难免在研究中远离现实、脱离实际,应动员更多的相关机构加入公益广告研究。

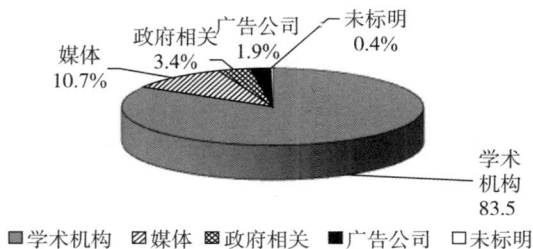

图 1-4　公益广告作者来源

表 1-4   论文合著情况表

作者	一人	两人	三人以上
期刊	339	76	25
比例	77%	17.3%	5.7%

如表 1-4 所示,针对期刊合著情况的统计后,发现两人以上的合著共 76 篇,占期刊总数的 17.3%,三人合著的 25 篇,占总数的 5.7%,两者相加合著比例仅为 23%。与传播学其他领域相比,合著现象并不明显。但是,如图 1-5 所示,2000 年后合著的比例增高明显,表明随着技术的不断发展完善和营销手段的不断丰富,公益广告的传播现象也在日益复杂化,必须寻求合作研究,且这一现象有不断扩大的趋势。

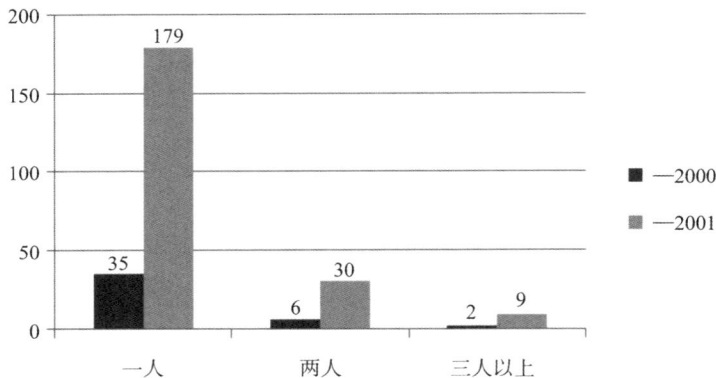

图 1-5   公益广告期刊论文合著情况对比

3. 研究方法统计

在公益广告的研究领域内,定性方法仍是主流。使用这些方法,对方法的阐述非常不足,我国公益广告研究对方法不重视,缺乏科学性与规范性。797 篇文章的研究方法统计结果如图 1-6 所示,693 篇文章使用定性研究方法,占总量的 87%;56 篇使用内容分析的方法,占总量的 7%;24 篇使用问卷调查的方法,占总量的 3%。2011 年后,定量研究有所增多,《泰国公益广告网络传播效果及广告表现分析》等文章运用网络数据收集等方法研究泰国公益广告的传播效果,从广告画面、技术手法等方面进行比较分析。再比如由暨南大学公益广告研究中心出版的《公益传播影响力报告(2017 年版)》,以 2017 年 1 月 1 日至 11 月 30 日期间发布或产生广泛影响力的公益广告及公益传播活动案例、新闻以及相关信息作为研究对象,进行舆情监测与分析。在公益广告的效果评估中引入科学的研究方法势在必行。

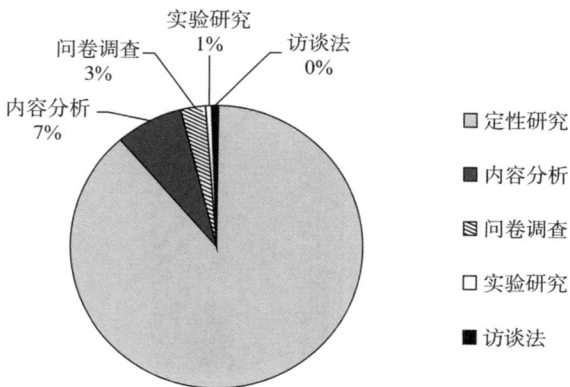

图 1-6　研究方法统计

4.研究方向与研究主题统计

在研究方向上,学者们也各有偏重。如图 1-7 所示,在我国公益广告研究中,公益广告内容研究和公益广告理论研究最受青睐,共有 501 篇有关这两个主题的文章,分别占 35.2％和 27.6％;针对公益广告效果研究的文章 159 篇,占 19.9％;针对传播者研究和受众研究则稍显薄弱,特别是针对受众的研究,仅有 63 篇,占 8.2％。

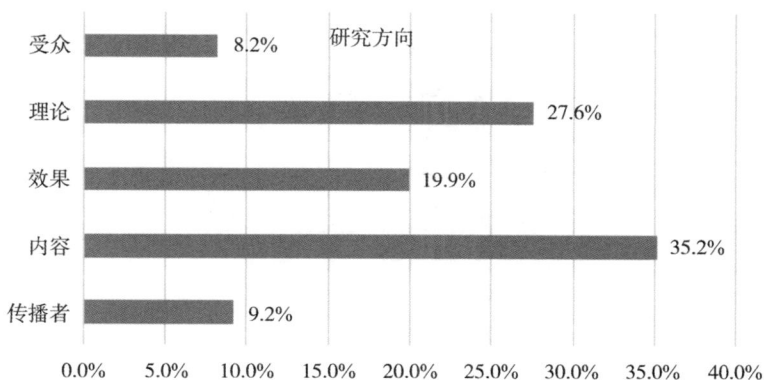

图 1-7　研究方向统计

如图 1-8 所示,对比 2000 年前后的公益广告研究,发现这个研究趋势基本一致的,但是 2000 年后对传播者的研究明显增多,显示出在 2000 年后对公益广告的传播机制及传播主的研究得到了更多的关注。

如图 1-9 所示,在设定的 16 个研究主题中,最受重视的五个主题是公益广告的现状特征和发展、公益广告的创意、公益广告规范道德的社会作用、公益广告的文案写作、公益广告的诉求和主题。针对公益广告现状特征和发展趋势研究的文章有 191 篇,占总量的 24％。针对公益广告表现创意的文章有

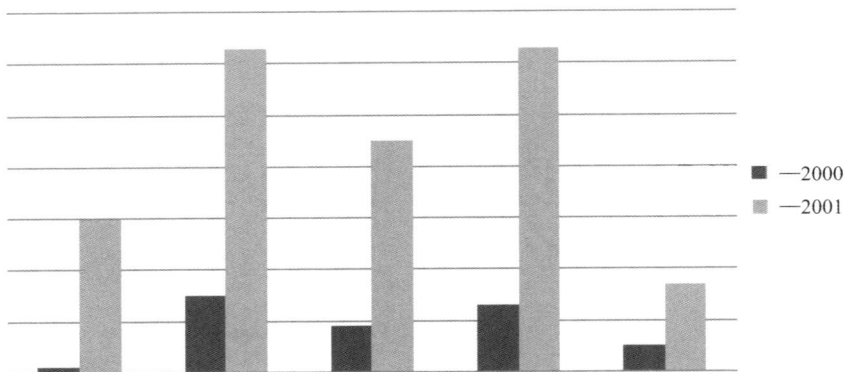

图 1-8　2000 年前后论文研究方向对比

112 篇,占总量的 14％,针对公益广告规范道德价值观的文章占比 11％,而对于公益广告其他作用的研究则比较少。

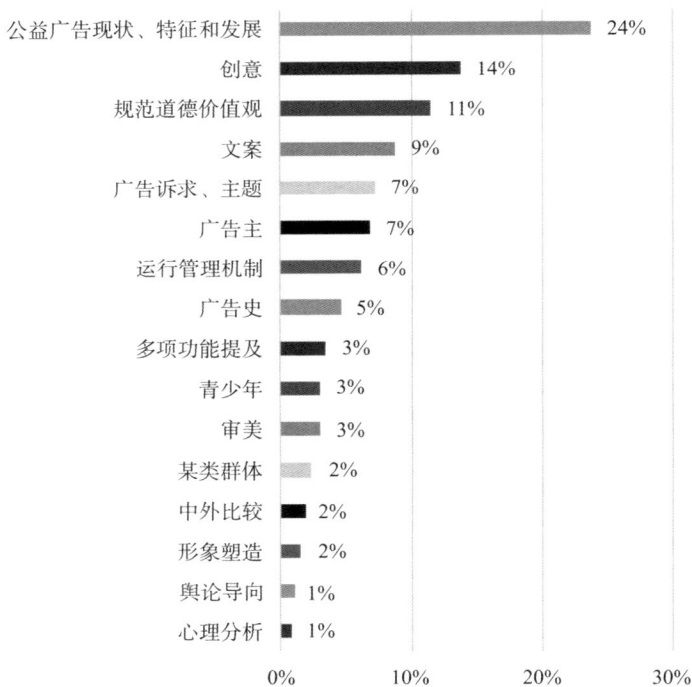

图 1-9　公益广告研究主题重点

5. 研究媒介类型统计

如图 1-10 所示,在研究公益广告的媒介平台上,未具体谈及媒介的公益广告论文有 147 篇。在余下的 650 篇文章中,针对广播电视媒介进行公益广告分析的文章有 214 篇,占总量的 33％,其中硕士论文 52 篇,期刊论文 162

篇;针对报刊等平面媒介进行分析的文章有 104 篇,占总量的 16.1%,但针对报刊的研究仅有 6%,其中硕士论文 1 篇,期刊论文 12 篇;随着新媒体的兴起,分析在新媒体上进行公益广告的研究文章有 133 篇,特别是从 2013 年开始,针对微博、微信等互联网媒体的公益广告传播日益增多。同时涉及两种以上媒体的文章有 189 篇,说明公益广告媒介组合的研究也得到研究者们的关注。

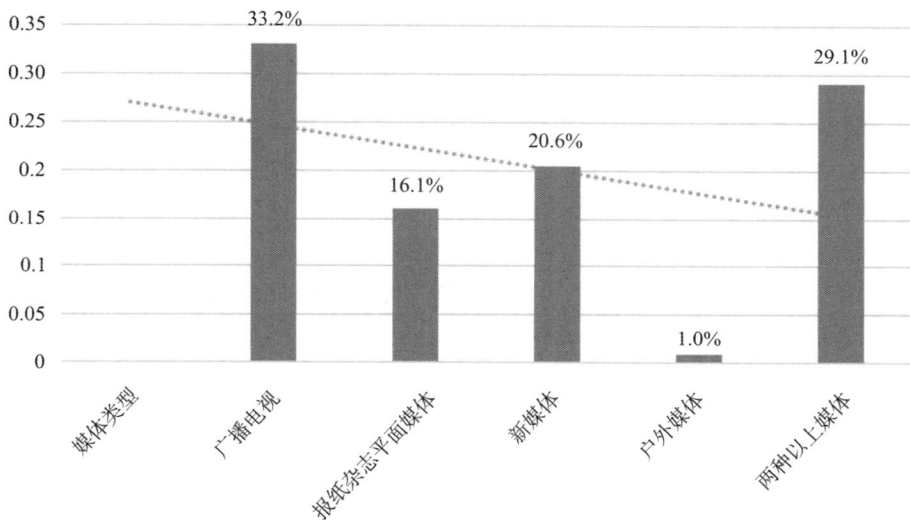

图 1-10 公益广告研究媒体类型

(四)研究发现

通过对文章的整理研究,总的来看,大陆学者对公益广告的研究呈现上升趋势,出现过几个小的高峰期。

1. 对公益广告研究呈现上升趋势

1996 年,我国第一个以公益广告为主题的理论研讨会——全国首届电视公益广告研讨会在山东曲阜召开①。之后中央电视台每年都召开公益广告的研讨会,搭建了共同探讨公益广告的交流平台,公益广告出现新的气象。

第一,1991 年杜延林的《公益广告之社会功能刍议》开启了我国的公益广告研究。从 1996 年起,中央电视台每年召开一次"公益广告研讨会",这种全国性的理论研讨会,给广告学、管理学方面的专家、学者以及媒体行业的从业人员提供了能够进行创作交流的平台,推动更多的学者投身公益广告的研究。从 1994 年起,关于公益广告的研究数量日益增多。

① 刘林清、和群坡主编:《公益广告学概论》,中国传媒大学出版社 2014 年版,第 45 页。

　　第二,1997 年是研究的明显转折点。这一年,国家工商行政管理总局下发《关于开展"中华好风尚"主题公益广告月活动的通知》,在全国范围内开展"中华好风尚"主题公益广告月活动。据统计,这次活动中,全国共制作发布各类公益广告16 860件[①]。同时,还召开公益广告研讨会。在政府主管部门的推动下,出现公益广告热。可以看出,这种全国范围内公益广告活动的开展及形成的公益广告热带动了研究热情和兴趣,所以 1996 年的研究数量激增。1996—2001 年这六年里,除"中华好风尚"主题公益广告活动之外,国家工商行政管理局还在全国范围内组织了 1997 年的"自强创辉煌"、1998 年的"下岗职工再就业"、1999 年的围绕"建国 50 周年"、澳门回归的宣传以及 2000 年的"树立新风尚、迈向新世纪"的公益广告活动,得到广告界和社会各界的广泛响应和支持,取得明显成效。1996—2000 年,全国报刊、广播、电视、杂志、户外等的广告媒介共发布公益广告 8 万余件。

　　第三,2007 后对公益广告的研究又进入新的阶段。其主要原因是 2008 年北京奥运会的举办,带动大量公益广告的投放,也促使更多的学者来关注公益广告的问题。

　　第四,2012 年后公益广告的研究达到小高峰。主要是新媒体技术的蓬勃发展,给公益广告带来新的发展机会。

　　2. 关于研究方向和研究主题总结

　　早期研究者对于公益广告的基本理论研究主要聚焦在公益广告特征、社会功能与作用、公益广告发展历史,主要是观点性文章,方法多为定性分析,但也为后期的公益广告学术研究发展起到了铺垫作用。

　　(1)关于传播理论研究。对公益广告传播理论的研究集中在两个方面,一是针对公益广告定义、现状、特征的研究,另一是针对公益广告发展史的研究。

　　第一,关于公益广告的相关概念。在搜集到的 797 篇文章中发现,虽然讨论公益广告的定义及相关概念的文章非常多,但正如国内外对广告还未形成统一、公认的解释一样,在公益广告领域里,对于公益广告基本概念的探讨,人们未达成完全一致的看法。公益广告的相关概念有公关广告、公益营销、意见广告、公共广告等。

　　公关广告主要指企业或者社会组织通过宣传自身的社会责任、价值观念、经营理念来塑造企业在社会上的良好形象,沟通企业与公众的关系,从而提高企业的知名度和美誉度而展开的宣传活动。

　　公益营销是与公益组织合作,充分利用其权威性、公益性资源,搭建能让

---

　　①　王云、冯亦弛:《公益广告十五年》,《新闻大学》2003 年第 2 期。

消费者认同的营销平台,促进市场销售的营销模式①。公益营销也属于市场营销,它不但满足企业市场营销的需求,又可以为企业获得良好的社会责任形象和较高的美誉度。

意见广告多指企业集团针对各类社会现象,阐述企业的态度,这是企业形象广告的外延②,表明企业在社会事件中的态度。企业可以针对社会现象阐述态度,既可以宣传组织的宗旨、信念、文化或者政策,也可以传播社会热点话题。

公共广告是国外学者提出的概念。在国外,公共广告的实施是按照商业广告进行的,包括广告的目的、对象、创意、传播、效果评估。公共广告是相对于商业广告而言的,公共广告的发布者也多是社会公共机构,比如红十字会、濒危动物保护等社会团体,他们针对所关心的社会问题发布广告。学术界普遍认为公共广告和公益广告本质上是一样的。

第二,关于公益广告的定义。对于公益广告的称谓和认识,学界目前仍未统一,不少研究者把公益广告等同于上文提到的"公共服务广告""公共广告""意见广告"等,说明大家对公益广告内涵的认识比较混乱。尽管对公益广告的界定各有异同,但研究者提出或援引的公益广告的定义大都彰显公益广告对公众社会层面的作用和影响,从道德和精神文明的高度来把握公益广告的涵义。我国的公益广告肩负建设社会主义精神文明的重任,因而很多研究者对公益广告的定义都聚焦于此。比较经典的公益广告定义如下:

高萍:公益广告是为公众利益服务的非商业性广告,旨在以倡导或警示等方式来传播公益观念,促进社会精神文明建设③。

潘泽宏:公益广告是面向社会广大公众,针对现实和不良风尚,通过短小轻便的广告形式,以其特殊的表现手法,激起公众的欣赏兴趣,进行善意的规劝和引导,匡正过失,树立新风,影响舆论,疏导社会心理,规范人们的社会行为,以维护社会道德和正常秩序,促进社会健康、和谐、有序运转,实现人与自然和谐永续发展为目的的广告宣传④。

张明新:公益广告指不以盈利为直接目的,采用艺术性的表现手法,向社会公众传播对其有益的社会观念的广告活动,以促进其态度和行为上的改变⑤。

---

① 黄薇:《现代公益广告传播教程》,中国传媒大学出版社 2016 年版,第 35 页。
② 吕慧君:《中国公益广告运行机制研究——以 CCTV 为例》,《新闻传播与写作》,2014 年第 6 期。
③ 高萍:《公益广告初探》,中国商业出版社 1999 年版,第 37～39 页。
④ 潘泽宏:《公益广告导论》,中国广播电视出版社 2001 年版,第 56 页。
⑤ 张明新:《公益广告的奥秘》,广东经济出版社 2004 年版,第 78 页。

　　唐忠朴:公益广告指为了促进公共利益,唤起人们对社会各种现实问题的关心,呼吁人们以实际行动来解决或改善这些问题,由政府、社团、媒体、企业以及广告公司合作实施、共同推动的广告活动①。

　　陈刚:广义的公益广告,指传播公益内容的广告,对这类广告的界定有若干种表述形式,比如公共服务广告指利用广告技巧,传播公益理念,为社会公众服务,不以盈利为目的的公共传播形式。公共广告是由社会公共机构,即绿色和平组织、社会保护协会等社会团体对他们所关心的问题发布的各类广告。意见广告是企业集团针对某类社会现象,阐述企业的态度,表明企业在社会中的个性。这类公益广告传达的是公益内容,但在广告中直接标出企业名称②。

　　结合以上定义,可以发现,国内公益广告的定义主要分成三种类型:

　　第一种从公益广告的受众出发,强调公益广告是面向社会公众,为公众利益服务的广告形式,如高萍和唐宗朴的定义。

　　第二种主要强调公益广告的社会化作用,强调公益广告不以营利为目的,而为了唤醒人们对社会问题的关注,以实际行动来解决和改善问题,如张明新和潘泽宏的定义。

　　第三种主要强调公益广告的传播内容,指出公益广告的内容是针对社会问题、现实问题提出的呼吁或者解决方案,是对社会有益观念的传播,发布对象主要是政府、公共机构或者企业团体,同时这种传播内容的发布是要注重创意和艺术表现手法,比如陈刚的定义。

　　综合以上研究者的观点,笔者认为公益广告简而言之就是"由社会公共机构或企业团体等通过媒介发布,目的是传播公益观念、传达社会责任、解决社会问题等为公众利益服务的非营利性广告"。

　　第三,关于公益广告的特征。公益广告除了具备同商业广告一样的时效性、艺术性、针对性等特点外,也拥有其独特的属性。纵观所研究的样本,归纳起来公益广告主要有以下六个特征:

　　非盈利性:这是公益广告最明显的特征。公益广告虽然也是诱导性传播,但是其广告信息均围绕公众利益,而不是广告主利益③。

　　义务性:公益广告的广告主的行为,反映出其强烈的义务性,无论是政府机构、社会团体,还是企业,都体现出资者对社会公益事业的责任和义务感。

----

　　①　唐宗朴:《中国本土广告论丛》,中国工商出版社2004年版,第89页。
　　②　陈刚:《改革运行机制——重塑中国公益广告发展构架》,《广告大广观》(理论版)2008年第2期。
　　③　许振波:《我国公益广告的历史、现状、未来》,《淮北职业技术学院学报》2007年第1期。

社会性:公益广告的主题及其广告产生的效应有显著的社会性。

观念性:公益广告传达符合公众利益的基本观念,主要针对公众行为规范、社会协调发展以及社会热点问题。

教育性:公益广告以广告的表现手法和独特的艺术魅力,对社会公众产生教育目的,赋有教育使命。

倡导性:公益广告的职责之一就是唤醒人们内心深处最纯最美的东西,引导人们向善、向美的方向发展①。

除此之外,还有学者提出,公益广告具有鲜明性、国际性、说服性。

第四,关于公益广告的发展史。关于公益广告,学者们更关注电视公益广告的发展史,目前未见单独针对报刊公益广告的发展史的研究。根据王云、陈辉兴等学者的研究,我国公益广告的发展历程可以分为孕育期、发轫期、成长期、发展期和繁荣期五个时期。

孕育期(1978—1985 年):1979 年 1 月 14 日,丁允朋在《文汇报》上发表《为广告正名》一文,提出"应该运用广告给人们以知识和方便,沟通和密切群众与产销部门之间的关系",这篇文章吹响中国广告业复苏的号角。随着中国广告事业的恢复和发展,地方电视台陆续开辟栏目进行公益性的宣传活动。这段时期的公益广告活动绝大多数由政府及其相关部门发起组织,这段时期可看作中国公益广告的孕育期②。

发轫期(1986—1993 年):1986 年,贵阳市节水办公室和贵阳电视台联合发布公益广告《节约用水》。这是中国第一条经过专业化创作的公益广告,标志着中国现代意义上的公益广告的诞生。1987 年 10 月 26 日,中央电视台在黄金时段首次推出特殊的电视专题栏目——《广而告之》。这是中国第一个真正意义上的公益广告栏目,在中国公益广告发展史上具有里程碑式的意义,"公益广告"概念逐渐深入人心。③。

成长期(1994—2000 年):这是中国公益广告的成长期。这段时期里公益广告活动的参与主体呈现多元化的趋势,除政府和电视媒体之外,还有企业、广告公司、社会团体。这一时期,我国的公益广告活动紧扣社会热点,每年都会有一个或一个以上相对集中的重大主题。围绕这些重大主题形成系列公益广告,如"中华好风尚"系列、"自强创辉煌"系列、"下岗再就业"系列、"知识改变命运"系列、"树立新风尚、迈向新世纪"系列。这些系列公益广告播出之

---

① 张明新、余明阳:《我国公益广告探究》,《当代传播》2004 年第 1 期。

② 陈辉兴:《中国电视公益广告三十年传媒观察》,《传媒观察》2008 年第 8 期。

③ 罗兰秋:《中国公益广告第 3 个 10 年的传播辉煌——以"迎奥运、讲文明、树新风"主题广告为例》,《新闻界》2008 年第 5 期。

后,引起社会的广泛关注,产生较好的社会效果。电视台开始采用多渠道的融资方式,有的电视台采用企业赞助的融资方式,有的电视台采用公开竞标的方式,开创了中国公益广告公开拍卖的先河。

繁荣期(2001—2012 年):从 2001 年开始,中国公益广告步入政府主导下的有计划、有组织的全方位的快速发展阶段。这段时期,政府和相关部门加强对电视公益广告的组织和管理。公益广告对塑造和改善企业形象具有重要作用,吸引着越来越多的企业参与公益广告事业,成为公益广告的热心支持者和赞助商,出现"媒体搭台,企业唱戏"的局面①。2007 年 5 月 16 日,中央电视台《新闻联播》完整播出由该台广告部策划制作的长达两分钟的公益广告《相信篇》,该公益广告用著名演员濮存昕真挚感人的话语,消除人们对于公益事业的不信任,唤起人们内心的公德意识和行动信心,阐释了"公益广告也是一盏灯"的中心思想。2008 年的北京奥运会、2011 年的上海世博会也给我国的公益广告发展带来了新的发展契机。

由于不同媒介的发展有先后区别,报刊公益广告的发展与其他公益广告的发展历史也有所区别,有必要对其进行梳理和补充。

(2)关于传播内容的研究。对 797 篇文章进行分析后,发现我国研究者对公益广告的传播内容研究非常重视,有 35.2%的研究围绕公益广告的传播内容展开,如图 1-11 所示。

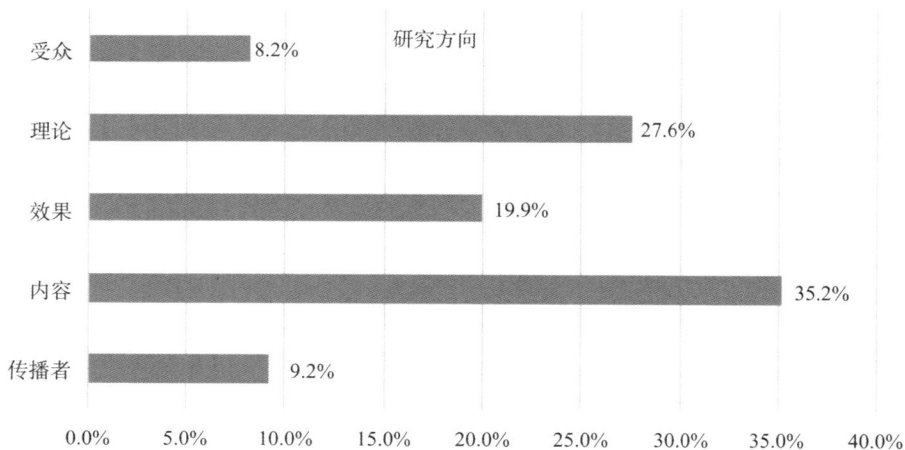

图 1-11　关于公益广告传播内容的研究方向

首先,广告是信息传播活动,其主要的工作就是输出有效的内容,引起受

---

① 陈辉兴:《孕育发轫成长繁荣——中国电视公益广告三十年》,《传媒》2008 年第 7 期。

众的关注、兴趣,让受众留下较为深刻的印象,并最终能引起受众行为的转变。因此有效而有创意的内容,是考查一则广告是否成功的重要因素。研究者们研究公益广告的文案、表现形式、创意内容等,有助于改善公益广告的整体传播效果,所以对广告内容的研究就成为重点。其次,由于我国的公益广告开展的时间比较晚,发展的层次也比较低,制作水平也不高,主要传达的是概念而不是创意形式,因此研究者格外关心公益广告的传播内容的创作。

笔者根据广告学的基本理论,把广告的传播内容分为广告文案、广告创意与视觉表达、广告诉求与主题三个部分。

第一,公益广告文案。针对公益广告文案,王苑丞、侯丽梅认为受众通过理解公益广告文案中文字的意义、情蕴以及隐含的社会意义来接收广告要传达的信息,形成基本认识,发生情感上的变化,最终驱使其采取有益行为,公益广告的文案起画龙点睛的作用①。明珊指出,公益广告的文案是公益广告最重要的组成部分,其语言特色应该根据不同的地域、经济、文化行为等有所区别,就算是统一的文化主题,根据不同的地域特色,也要有不同的表现②。彭小球提出,公益广告文案的创作既要扬长更要揭短,要构思新颖,要给受众意外的惊喜③。

第二,公益广告创意。公益广告的创意部分主要是探讨公益广告的创意策略以及未来的发展方向和趋势。对于公益广告创意策略,研究者们各抒己见。孟秀玲在《齐鲁晚报》的公益实践过程中提出,创意要更接地气,内容要更易传播且进行多平台的传播,话题要紧跟社会热点,避免直白的政策重复,借助赛事活动等增强公益广告的影响力等④。吴来安通过研究中央电视台从1986年起播出的公益广告创意后提出,公益广告的符号呈现经历了从“图像”传播到“意旨”传播的变迁,未来场景化成为公益广告重要的趋势⑤。还有的研究者提出,当前的很多公益广告存在居高临下的弊端,应当以平民化的视角接触受众。也有研究者指出,针对儿童、青少年、老年人等不同受众的创意策略应有所不同。另有研究者提出,在融媒体的时代背景下,公益广告应该采用互动发展的方式,增强公益广告的趣味性。可以看出,当下的公益广告创意策略研究注重的是传播技巧。

①　王苑丞、侯丽梅:《央视公益广告文案的语言特征探析》,《应用写作》2018年第10期。
②　明珊:《探析成都地铁广告文案特色》,《传媒论坛》2018年第1期。
③　彭小球:《公益广告文案正文写作的文体样式及其注意事项》,《写作》2016年第3期。
④　孟秀玲:《公益广告如何引人共情——以《齐鲁晚报》公益广告传播为例》,《新闻研究导刊》2018年第10期。
⑤　吴来安:《图像·意旨·场景——基于央视公益广告符号传播变迁的思考》,《新闻学》2019年第6期。

(3)对于公益广告传播效果的研究。公益广告传播的效果也是学者们关注的重点,有 19.9％的研究围绕公益广告的效果分析展开,我国学者对于公益广告的效果的研究主要聚焦其社会效果和功能。

第一,规范社会道德,引导价值观。例如,何佳讯、田淡认为公益广告有规范行为,规范道德,引导价值观等功能。其他研究者认为,公益广告有"提倡新的道德风尚以助社会健康发展"及"规范公众的行为和举止;传递社会提倡的精神美德"等诸多功能。有研究者把公益广告誉为"精神文明建设的轻骑兵",称公益广告有"弘扬精神文明的社会责任"。有研究者指出,公益广告"是推动社会主义精神文明建设中不可忽视的舆论力量",等等。这些意见都强调公益广告对于我国社会主义精神文明建设所起到的巨大作用[①]。

第二,审美与文化整合功能。公益广告具有审美特性,必定影响受众的审美趣味和价值观。公益广告通过艺术作品来表现时,就具有审美功能。人们把接受公益广告的过程当成欣赏艺术作品的过程,除了思想意识得到了熏陶之外,还能享受美。公益广告的艺术性越强,越具有感染力,越能引起人们的注意,也越能使人们在不知不觉中接受教育。因此,公益广告还可以提高人们的审美情趣,陶冶人们的情操,激发人们对真善美的渴望和追求[②]。

还有人研究公益广告的形象塑造功能、舆论导向功能、对商业广告的制约功能等。但公益广告的社会功能如何具体体现,是否有实际效果,特别是在融媒体时代,如何更好地发挥公益广告的社会效果,这些问题鲜有学者进行深入研究。

(4)针对传播者的研究。这方面的研究也值得关注的。73 篇针对传播者的研究中,35 篇专门探讨公益广告的运作机制与管理,38 篇探讨广告主与公益广告的关系。讨论广告主时,主要涉及政府部门、企业、媒体和广告公司。

研究者们都认可,我国最主要的公益广告传播者是政府相关部门,他们认为这会带来很大的弊端,比如政府指令性太浓郁,广告效果不理想,参与者无法明确其职责。

公益广告第二个重要发布者是媒体。薛可提出媒体参与发布公益广告源于我国媒体是政府的喉舌,另外由于我国媒体正在朝企业化方向发展,发布公益广告也有利于媒体打造社会责任形象[③]。有人指出,媒体参加公益广

---

① 吴元梁:《论公益广告的社会功能》,《电视研究》1997 年第 4 期。
② 叶梅英:《试析电视公益广告宣传的策划》,《声屏世界》2000 年第 1 期。
③ 薛可、王丽丽、余明阳:《卷入度、论据强度及赞助商对公益广告效果影响研究,《新闻与传播研究》2013 年第 1 期。

告活动会遇见问题,"比如计划性和目标性不够强,媒介进行发布较少筛选,导致很多公益广告的发布流于形式"。另外,还有人提到媒介发布公益广告普遍存在"大台重视,小台忽视,公益广告受冷落"的问题①。

在谈及企业参与公益广告活动时,多数研究者谈到公益营销或者社会营销,讨论企业参与公益广告发布的意义、企业参与公益广告的运作模式。随着公益广告进入繁荣稳定发展期,公益广告主体日益丰富,除了政府、媒体、企业外,广告公司和公益机构也纷纷加入公益广告队伍。随着互联网公益事业的发展,越来越多的慈善机构投身于此②。

(5)针对受众的研究。对受众行为的研究在国外开展得比较充分,在商业广告中,受众行为又称消费者行为,它是"感情、认知、行为以及环境因素之间的动态互动过程,是人类履行生活中交互职能的行为基础"③。商业广告的目标受众行为研究是为了了解"消费者最终购买或使用产品或者服务",公益广告的目标则是"实现广告说服的目的,接受广告诉求的观点,最终改变受众的行为"④。

国内关于受众行为的研究处于起步阶段,涉及公益广告受众研究的文献不多,主要针对青少年展开研究。刘一平《谈谈公益广告的受众意识》一文认为,造成我国公益广告整体水平不高的重要原因是我国公益广告事业发展中受众意识淡漠,应当增强公益广告的受众意识,加快公益广告事业的发展。何佳讯、田淡也认为我国公益广告的良性运行机制还未建立,因为公益广告没有商业广告的业绩导向,容易忽略受众的需要,忽略受众导向。有的研究者提出,"观众是公益广告的最终评判员",也突出强调公益广告必须关注受众⑤。

(6)针对广告媒介的研究。媒体是信息传递的载体、渠道、中介物、工具或技术手段,也指从事信息的采集、加工制作和传播的社会组织,即传媒机构⑥。按照媒体的定义,"公益广告媒体"指那些能够向消费者传递公益广告信息的媒体。

---

① 许振波、张莹、聂亚敏:《我国公益广告传播中存在的问题及其思考》,《淮海工学院学报》2016 年第 1 期。

② 李振寰:《新世纪以来我国公益广告传播者思考》,《广告大观》2010 年第 2 期。

③ 曹鹏:《公益广告:传统媒体大有用武之地》,《新闻记者》2013 年第 6 期。

④ 葛红:《你我皆凡人——探讨公益广告中的平民视角》,《现代广告》2001 年第 7 期。

⑤ 郑文华:《好雨知时节——论电视公益广告在我国的发展历程》,《声屏世界》2004 年第 1 期。

⑥ 薛可、王丽丽:《卷入度、论据强度及赞助商对公益广告效果影响研究》,《新闻与传播研究》2013 年第 1 期。

公益广告媒体领域的研究具有以下三个特点：

第一，电视媒体一枝独秀。在所有主题中，关于电视媒体的研究遥遥领先，比重占到 32%，拥有绝对的优势。电视媒体之所以成为研究焦点，和其影响力密不可分，电视媒体在我国一直是最有影响力的媒体，拥有最大受众人群和广告收入份额。虽然，近几年新媒体的异军突起给电视造成不小的冲击，但其依然占据我国媒体的统治地位，这点是毋庸置疑的。

第二，平面媒体遭受冷遇。样本中共有 105 篇，占比 16.1%，其中单独针对报刊的公益广告研究非常少，仅占 4%。平面公益广告也是受众接触的一大有效媒介，应得到更多的重视。

第三，近年来关于新媒体的研究趋多。从 2013 年起，关于新媒体公益广告的研究日趋增多。伴随着新媒体时代的到来，结合新媒体技术开展公益广告，成为学者们日趋关注的问题。

3. 关于理论框架运用

在考察 797 篇文章后，笔者发现仅有 135 篇文章明确提及理论框架，占比 17.2%。常被提及的理论有议程设置理论、社会责任理论、公益营销理论、第三效果理论，如图 1-12 所示。理论范式使用得越多，表明这一领域内的研究越规范和科学。上述分析说明公益广告领域内的研究理论化成果比较少，使用还不太成熟。

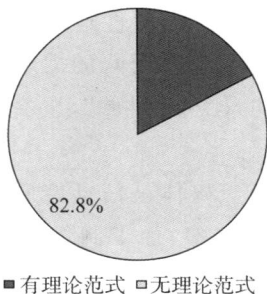

82.8%

■有理论范式 □无理论范式

图 1-12　公益广告论文对于理论框架的运用

4. 研究方法应进一步规范

拥有系统而规范的研究方法是学科成熟的标志。如图 1-13 所示，797 篇文章中，694 篇（占 86.9%）选择概括总结性的定性研究方法，剩余 103 篇（占 13.1%）使用定量研究方法。定性研究方法的使用依旧是绝对主流，虽然定性的方法有助于人们更好认识和解释社会现象，但运用定量研究方法可以更好地解释客观现实，消除偏见，能够更加全面地达到对公益广告研究的正确认识。

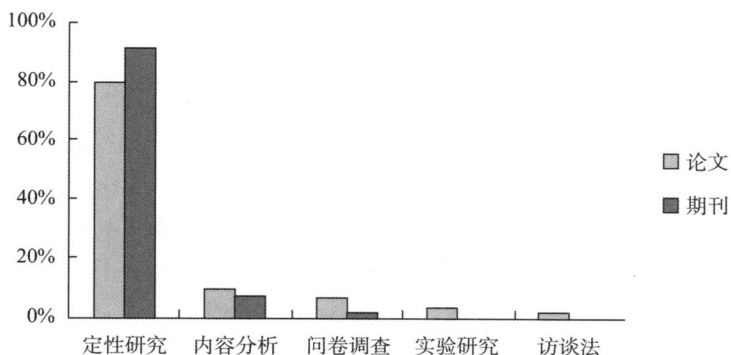

图 1-13 公益广告论文对于理论框架的运用

(五)小结和讨论

如图 1-14 所示,第一,公益广告的研究数量总体呈现上升趋势,出现三次小高峰。1991 年后,我国出现公益广告的相关研究。从 1995 年开始,公益广告的研究数量平稳增多,一直到 2008 年迎来第一个研究高峰。这个阶段,由于奥运会等大型活动的举办,讲文明、树新风等公益理念得到大范围的传播。2010 年,出现较小的下降趋势,2011—2013 年迎来第二个增长的高峰,各种公益广告研讨会相继召开,学术刊物也刊登相关文章,公益广告进入快速发展阶段。2013—2016 年,公益广告研究又增长放缓,但在 2017 年迎来新的小高峰。从 2013 年后,新媒体各项技术逐渐发展,媒介形式越来越丰富,新媒体新技术的语境促使更多学者展开相关的研究。第二,从对公益广告的基本理论研究看,公益广告发挥着重要的精神文明建设作用,但两者关系还未完全厘清。

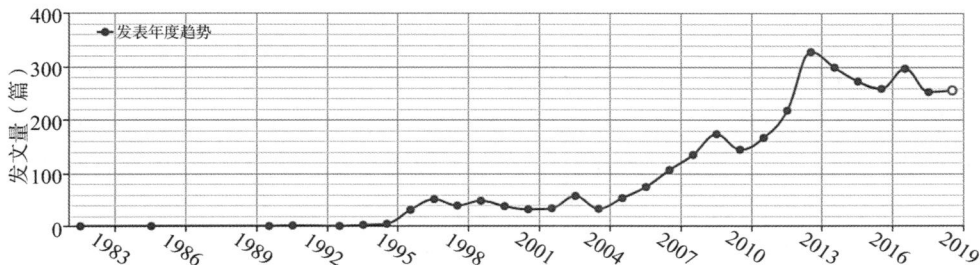

图 1-14 公益广告研究总量变化

第三,从传播学框架考察 1991—2018 年中国大陆的公益广告的研究成果发现,研究者关注的问题按其重视程度依次为:传播内容、传播理论、传播效果、传播者、受众、媒介。

内容研究面广泛,研究者提出的公益广告发展策略也多种多样,反映出公益广告作品本身的多样化、时新性给不同人带来的不同理解和感受。

在传播理论研究中,缺乏专门针对公益广告的理论。

在传播效果研究中,研究者关注公益广告的社会效果,缺乏实证性研究。

在传播者研究中,研究者并不否认政府、媒体、企业、广告公司、社会团体应当共同参与,对于这些参与者在公益广告活动中的地位却有不同的认识。研究者对公益广告传播者关系如何界定、如何明确其具体权责还未达成共识,对于公益广告的控制管理也只停留在对经验的总结上,深度不够,鲜有良策。

受众研究发现,受众研究未受到足够的重视。虽然一些研究者强调受众导向,也提出具体的操作上的建议,但这样的研究非常少,受众研究仍然未完全开展起来。

在媒介研究中,研究者关注电视公益广告研究,但对报刊等平面媒体和新媒体的关注甚少,研究不全面。

总的来说,国内公益广告在中国学术领域并未引起足够的重视,研究多集中在商业广告,公益广告研究相对较少。从已经公布或发表的研究成果看,国内公益广告学的研究存在研究主题偏窄,不够全面,缺乏理论指导、深度不够和研究方法单一,缺乏实证研究和针对性个案研究,以及研究视角局限、缺乏从受众和效果角度的研究的问题。因此对公益广告的研究,可以从多角度拓展,采用更为丰富的研究方法,探索更有针对性的问题。

第三节　研究对象、研究方法和研究思路

公益广告的研究对象是参与公益广告活动的各方主体以及相关主体结成的依存关系,包含公益广告主体、媒体、企业和社会公众。公益广告研究的主要是公益广告活动及表现的规律、公益广告各方之间的关系以及政府对这种关系的调整和规范。

一、研究对象

本书的研究对象主要是参与报刊公益广告活动的各当事主体及各当事主体相互结成的依存关系,研究报刊公益广告活动及表现的规律。

(一)研究对象选定

1986年,贵州电视台播出公益广告《节约用水》,标志着我国有了真正意义上的公益广告,因此本书也以1986年为起点,研究中国大陆报刊公益广告的发展(无特别说明,报刊公益广告均指中国大陆的公益广告)。选取报刊公益广告样本时考虑以下四个方面的因素:样本来源媒体的主导性、代表性;所选样本在来源媒体中的重要度;所选样本所反映事件的重大性;所选样本制作者身份的代表性。

遵循上述原则,本书以《人民日报》《解放日报》《厦门日报》这三份中央级、省级、地方级的报刊,对1986—2018年刊登的所有公益广告进行抽样,以此作为内容分析的样本。

《人民日报》是中央级别的报刊,在我国的广告发展历程中有较大的社会影响和一定的标本意义。众所周知,《人民日报》以其话语权威牢牢地占据我国媒体的制高点,代表国内媒体的主流。就我国党报的现状而言,《人民日报》在业界的领先地位毋庸置疑,主导了我国报刊改革与发展的方向。另外,就话语样本广告内容的重大性和话语样本的重要性来看,《人民日报》有重要的社会影响力,其有义务和责任刊登公益广告。也正因其重要,需要媒体机构和编辑部认真把关,精心制作,这样的话语样本更能稳定、客观地反映公益广告所在时代的话语风格和样态。

《解放日报》是上海出版的大型综合性日报,创刊于1949年5月28日,曾为中共中央华东局机关报兼上海市委机关报,现为中共上海市委机关报。中国新闻界知名人士范长江、恽逸群、杨永直、魏克明等先后主持过《解放日报》的工作,强大的采编队伍,使其成为区域政治、经济、社会新闻的信息枢纽。在传播知识与信息的同时,《解放日报》积极地投入公益广告的制作与宣传中,取得显著成效。为落实中宣部、中央文明办等部门的精神,更好地完成为社会公众服务,《解放日报》较好地完成公益广告的制作、刊出任务,得到中央宣传部的多次表扬,是省级报刊的杰出代表。

《厦门日报》创刊于1949年10月22日,是中共厦门市委机关报,是闽南地区发行量最大的报刊,是厦门市的权威主流媒体。厦门市连续三年被评为全国文明城市,公益广告占商业广告播出总量的10%,比例之高位于全国前列。《厦门日报》是厦门地区的旗舰纸媒,一直重视公益广告,创刊时间久远,是研究报刊公益广告的良好的地区样本。

选择抽样报刊,从公益广告的受众出发,考虑使用都市报或者晚报为研究对象,但根据《2016年福建省21家报纸公益广告转向审读情况报告》(如表1-5)和预抽样的结果,党报公益广告占报纸版数1.12%,占广告版数的比例为 7.61％。都市报、晚报公益广告占报纸版数的比例仅为 0.35％,占总广告版数的比例为 1.65％。都市报、晚报是纯商业化报纸,其刊登公益广告数量偏少,不适宜作为报刊公益广告的研究对象。

表 1-5　党报、都市报和晚报刊发公益广告情况对比

报纸类别	公益广告 条数	公益广告 版数	公益广告占报纸 版数的比例	公益广告占广告 版数的比例
党报	137	37.5	1.12％	7.61％
都市报、晚报	110	32	0.35％	1.65％

数据来源:连永:《2016 年福建省 21 家报纸公益广告专项审读情况报告》,《福建审读通讯》2016 年 9 月。

(二)抽样原则

本书对 2013 年、2014 年的《人民日报》《解放日报》和《厦门日报》上刊登的全部公益广告进行预调查后发现,每月的上半月基本都刊登公益广告,上半月比下半月刊登公益广告的频率更高。因此,针对 1986—2018 年三份主要报刊上公益广告,采取每月抽取一则的抽样原则,抽取时间为当月 1—15 日,按顺序抽取,如 1 日—15 日未抽取到公益广告,则时间顺延至当月月底,如果未抽取到公益广告,则当月记为 0 则。需要指出的是,2000 年以前,我国公益广告还处于起步萌芽期,公益广告数量较少,因此本书对 2000 年以前三份主要报刊的公益广告的刊登情况为如实记录,全月选取,如果当月都无,则记为 0 则。

为了与企业的形象广告相区别,本书对公益广告中企业赞助的界定采用 1997 年中共中央宣传部、国家工商管理行政总局等四部委发出的《关于做好公益广告宣传的通知》中的规定“报刊、户外公益广告标注企业名称面积不超过报刊、户外广告版面的 1/10”。符合这一面积规定的出现企业名称的公益广告属于公益广告,其余属于企业的形象广告。

(三)编码原则

本书编码依据以下四大类标准进行:版面安排、主题表现、创意表现、广告主等。

1. 版面安排

根据广告心理学,广告的传播效果受版面顺序和版面内容这两个因素的影响。《日本读卖新闻》都会研究读者的报刊接触习惯和广告接触习惯,读者接触注意到广告,首先取决于其能接触到刊载广告的版面,接触不到版面一

般接触不到广告,因此,版面阅读率是广告接触的最高限度,版面阅读率越高,广告接触的可能性就越大[1]。据李普曼的"议程设置"理论,公益广告在报刊中的位置,在一定程度上也影响受众对信息重要性的判断,必然影响公益广告的传播效果[2]。

如表 1-6,2018 年北京主要报刊版面阅读率调查中,头版、今日要闻、今日关注、本地新闻、中国新闻等版面的阅读率大于国际新闻、教育文化、生活等版面[3]。

表 1-6 2018 年北京主要报刊版面阅读率

版面名称	阅读率	版面名称	阅读率
头版	44.48%	寒冬夜行	36.17%
今日要闻	43.67%	书香周刊	36.13%
本报调查	42.58%	慈善	36.06%
今日关注	41.90%	乐活	34.34%
本地新闻	41.02%	文娱报道	33.08%
中国新闻	40.59%	五色土副刊	31.67%
理财周刊	38.80%	体育新闻	29.62%
生活周刊	38.24%	健康	25.62%
世界新闻	36.28%	人才	20.45%

数据来源:姚林:《报纸广告传播效果评价体系研究》,《慧聪国际资讯》2018 年 12 月。

刊登时间也影响读者对传播内容重要性的判断,如表 1-7 所示,从版面位置、广告规格、刊登时间三方面统计分析三份报刊的公益广告的版面情况[4]。

表 1-7 报刊公益广告版面安排编码

版面位置分类	编码顺序	版面规格分类	编码顺序	刊登时间分类	编码顺序
要闻版	1	报花广告	1	周一	1
经济版	2	报眼广告	2	周二	2
文化休闲版	3	半通栏广告	3	周三	3
国际版	4	单通栏广告	4	周四	4

---

① 姚林:《报纸广告传播效果评价体系研究》,《慧聪国际资讯》2018 年第 12 期。
② 尧雪莲:《报纸广告传播效果制约因素研究》,《东南传播》2009 年第 12 期。
③ 王永斌:《报纸版面学》,人民日报出版社 2006 年版,第 179~180 页。
④ 王永斌:《报纸版面学》,人民日报出版社 2006 年版,第 185 页。

续表

版面位置分类	编码顺序	版面规格分类	编码顺序	刊登时间分类	编码顺序
广告版	5	双通栏广告	5	周五	5
社会综合版	6	半版广告	6	周六	6
其他版	7	整版广告	7	周日	7
		跨版广告	8		

2. 主题表现

公益广告的主题指公益广告宣传的方向,每则公益广告都有其明确的主题①。根据具体国情,根据国内外文献关于公益广告类型的划分,结合报刊公益广告的作品特点,将报刊公益广告主题进行如下分类,基本涵盖所有公益广告的主题:

(1)道德伦理类。此类主题弘扬和提倡社会公德、职业道德、家庭美德及社会伦理。

(2)生态资源类。此类报刊公益广告的主题是保护生态环境、节约使用资源。

(3)慈善救助类。此类公益广告关注社会弱势群体或困难群体。

(4)文化教育类。此类公益广告的主题是保护文化遗产、知识改变命运、推广普通话。

(5)安全秩序类。此类公益广告关注公共安全和社会秩序。

(6)政策法规类。此类公益广告涉及国家的方针政策和法律法规,以唤起社会公众对这些方针政策和法律法规的关注和了解,增强遵纪守法的意识。

(7)节庆法制类。此类公益广告大都是告知、庆祝某一重大节日是围绕重大节日,倡导积极向上的价值观,引导社会舆论。

(8)卫生健康类。此类公益广告的主题为珍惜生命远离毒品,预防艾滋病,关注心理健康。

为了考察我国报刊公益广告对热点事件的反映情况,根据《中国改革开放 30 年关键词(1978—2008)》《中国改革开放全纪录(1978—2012)》和《中国改革开放四十年:回顾与思考》等书中记录的改革开放四十年以来的社会热点事件,根据百度指数中每年评选出的搜索热词作为社会热点事件的判断依据,与搜集的公益广告样本的标题及文案进行比对,判断该时期的公益广告是否反映社会热点。

---

① 尧雪莲:《报纸广告传播效果制约因素研究》,《东南传播》2009 年第 12 期。

3. 创意表现

报刊广告的创意表现是衡量传播效果的重要因素。为了考察我国报刊公益广告的创意表现，从图片使用、诉求方式、人称使用、说服方式、色彩印刷等方面进行统计。

(1)图片使用。图片是报刊广告特有的，也是报刊公益广告的特色。使用图片，从形象生动阐述理念，以免读者觉得兑教和枯燥无味，可以吸引读者的注意力，以获得较好的传播效果。图片配合适当的标题，可以起到画龙点睛的作用。图片使用情况可分为文字口号、图文相关、图文无关、漫画式①。

(2)诉求方式。公益广告的诉求方式是公益广告制作者宣传公益理念时使用的传播技巧，旨在更加有效地刺激目标受众，达到预期的传播效果。基于公益广告特殊的宣传地位，公益广告的诉求方式可分感性诉求和理性诉求两大类②。感性诉求方式最显著的特点是语言具有明显的煽动性和刺激性，刺激目标受众的感官系统，通过意境的营造，影响目标受众的思维，引导目标受众的行为。例如《人民日报》2008 年 6 月 10 日刊登的公益广告《多救一个孩子，就多一份希望》，广告刊登时正值汶川大地震抗震救灾的关键时刻，这则公益广告充分利用百姓的感情需要，语言情感色彩强烈，表露出对灾区儿童的关怀之情，取得很好的宣传效果。

理性诉求方式以理服人，语言具有逻辑性和条理性，直接作用于目标受众的理性思维③。例如《解放日报》2008 年 5 月 10 日刊登的公益广告《奥运没有这项比赛》，通过摆事实、讲道理的方式向公众传达遵守社会秩序、规范言行的重要性。使用这种诉求方式不用过多情感渲染，更多通过直白的语言阐述公益思想。

(3)人称使用。人称代词在公益广告中有重要的作用，使用不同的人称代词会导致文章叙事风格的差异④。人称代词的合理运用可以取得意想不到的传播效果。人称代词可以分为三类：第一人称代词、第二人称代词和第三人称代词。第一人称代词以"我""我们"和"咱"等指代说话者自己。用这类人称代词把叙述者置于显现的位置，增加了真实性，有利于传受双方的良性互动，拉近了传受双方的距离，增强了公益广告的亲和力。比如《厦门日报》2016 年 3 月 10 日刊登的公益广告《人人助我，我助人人》，广告以"我"为叙述主角，使读者产生强烈主体意识，以主人翁的口吻号召大家互帮互助，热心参

① 罗俊：《主流报纸中公益广告的话语研究》，江西师范大学 2012 年硕士论文，第 23 页。
② 李彬：《传播学引论》，新华出版社 2006 年版，第 56~58 页。
③ 陈培爱：《广告学原理》，复旦大学出版社 2003 年版，第 78 页。
④ 罗俊：《主流报纸中公益广告的话语研究》，江西师范大学 2012 年硕士论文，第 24 页。

与公益慈善事业,拉近了传受双方的距离,易于达到理想的传播效果。

第二人称代词是以"你""你们"等直接指示对方的人称代词。用这类人称代词指示性较强,目的性明显,使受众马上联想到自己。比如《解放日报》2008 年 3 月 28 日刊登的公益广告《你愿意为它买单吗》,广告以"你"作为叙述的主角,拒绝过度包装,指代明确,读者读完后,立即联想到平时的经历,你愿意为一双筷子付出 200 元吗? 读者内心会不愿意,以此起到号召拒绝过度包装的作用。

第三人称代词是指代"我""你"等第一、二人称代词以外的人称代词。多以"他""她""他们"等出现,只要不出现"我""你"这类指代就统称为第三人称代词。使用第三人称代词时较为随意,没有严格的使用要求,限制较少。比如《厦门日报》2003 年 1 月 27 日刊登的公益广告《弘扬美德、尊老爱幼》,文案采用第三人称口吻,指代较为随意,号召大家发扬中华民族尊老爱幼的传统美德。

(4)色彩印刷。众所周知,彩色印刷的图片广告更赏心悦目,能更好地达到传播效果。本书将色彩印刷分为黑白和彩色两种。

4．广告主

公益广告的广告主是公益广告活动的主导者,是公益广告的发布者和具体实施者。研究对公益广告主可以了解公益广告参与者的总体情况。按照公益广告主的性质,将其分为五类:政府、媒体、社会非营利组织、企业和个人。本书中的企业指以盈利为目的的单位,由于传媒行业的特殊性,将媒体单独列出,不计算在企业类。为了进一步了解企业与公益广告的互动情况,将企业又细分为国有企业、民营企业和外企。其中社会非营利组织又称非政府组织,指以公益为主要目的而成立的组织和单位,如中国少年儿童慈善救助基金会、中国红十字总会等。

为了保证抽样样本的全面和真实,研究者邀请两位本科生(高燕琳和黄春娜)一同协助收集、编码及校对,以 SPSS 和 EXCEL 为研究工具。

二、研究方法

本书围绕 1986 年以来中国大陆报刊公益广告的发展史、报刊公益广告如何发挥其社会化功能及如何建立更好的作用机制等问题,借鉴社会学、经济学、传播学和美学等学科的相关理论,结合定量与定性的方法,对报刊公益广告发展这一问题进行客观、理性、全面的深入探讨。

(一)历史研究法

历史研究法首先强调历史资料的搜集、整理和考订,历史学研究必须充分占有材料,分析各种发展形式,探寻这些形式的内在联系,只有这项工作完成之后,现实的运动才能适当地叙述出来。史学家范文澜在20世纪30年代编著《大丈夫》时就提出"无一语无来历,无一事无根据",不论古代史、近代史,都是客观存在的事实,任何人不得凭空牵附,要求客观的历史迎合自己主观的态度①。因而,全面而系统地占有材料,是研究历史的基础。报纸是记录历史的载体,其新闻报道、照片、文章、广告等都是史料,为研究人类文明、城市发展、社会变迁提供事实与佐证,从报刊刊登的公益广告入手,组合、总结、提炼,加以认真的研究和整理,最后回归"历史的真实",使我们得以在报刊史料中见证历史发展的面貌与真实。本书资料收集主要包括以下两个方面:(1)有关报刊公益广告的素材方面,利用厦门大学图书馆、厦门市图书馆旧报库中的《人民日报》《解放日报》和《厦门日报》,因为《解放日报》有所缺失,特前往上海进行补充,最后获得1986年以来的这三份报刊上刊登的上千幅公益广告。(2)通过搜集国内相关的书籍、中国期刊网的论文,通过馆际互借和委托他人的方式收集有关的香港与台湾学者的公益广告类的书籍。

(二)定性研究法

定性研究方法,也称文化人类学方法,是"质的研究"方法,属于社会学研究法。其宗旨是"以研究者本人作为研究工具,在自然情境下采用多种资料收集方法对社会现象进行整体性探究,使用归纳法分析资料和形成理论,通过与研究对象互动,使其行为和意义建构获得解释性理解。"②就研究思路而言,定性研究法主要采用文献梳理与归纳的方法,在占有原始资料的基础上来建立分析类别,通过对材料的解析得出结论,通过材料确认使观点得以论证。本书以此方法帮助建构报刊公益广告的社会化功能及体现,探讨建立更好地发挥其社会功能的机制。

(三)内容分析法

内容分析法是传播学研究重要的实证方法,美国学者贝雷尔森曾经这样定义内容分析:"内容分析,是一种对明示的传播内容进行客观、系统和定量描述的调研方法。"③该定义强调内容分析的四个特性,分析对象是"明示的内容",程序有的客观性、系统性及定量性。本书具体做法如下:以年代作为主

① 朱本源:《历史学理论与方法》,人民出版社2006年版,第79页。
② (美)马茨·艾尔维森著,陈仁仁译:《质性研究的理论视角:一种反身性的方法论》,重庆大学出版社2009年版,第124页。
③ (美)艾尔·巴比著,邱泽奇译:《社会研究方法》(第11版),华夏出版社2009年版,第134页。

线,对分为五个阶段中的三份报刊中的公益广告的广告文本进行分析,循着"确定课题→选定对象→实施调查→整理分析→提出结论"这一程序进行。本书的调查的对象定位为三份主要报刊中的公益广告,通过抽取样本、编码设计、内容统计分析、提出结论,最终梳理1986年以来报刊公益广告的演进过程中每个阶段广告总量、版式位置、创意表现、广告主等方面的特点。

(四)比较分析法

比较分析法是"确定事物之间异同的思维方法",本书使用的比较分析法,既包括纵向的比较,也包括横向的比较。

纵向方面,主要是比较报刊公益广告发展的不同阶段,分析不同历史阶段报刊公益广告发展的特点,从而对中国大陆报刊公益广告发展的历程有比较全面、系统的把握。横向方面,主要是比较三份报纸的刊登公益广告的实践,中央、省级和地方级别的报纸在办报实践上有所不同。本书还对不同国家的公益广告运行模式进行比较分析。通过分析当前世界公益广告的四大运行模式,与我国公益广告模式进行对比总结,以助益于我国公益广告的发展。

(五)访谈法

访谈法指通过口问耳听,直接考察和搜集第一手资料的方法,有助于对研究对象获得整体性和多角度视角,有助于研究的深入开展①。为了让本书更有实践和操作价值,研究者采访了《厦门日报》社长李泉佃、《厦门日报》广告部主任章均、新格品牌管理咨询有限公司董事长苏晓东、厦门市广告协会会长王和平、厦门市文明办主任黄鹤麟、厦门大学新闻传播学院博导陈培爱等专家学者,从不同的角度共同探讨公益广告的社会化功能及运行机制。

(六)问卷调查法

问卷调查法是社会科学经常使用的方法,用书面形式间接搜集研究材料②。它通过向调查者发出简明扼要的征询单(表),请示填写对有关问题的意见和建议来间接获得材料和信息。在一个典型的调查中,研究者先选择调查对象作为样本,然后利用标准化的问卷进行调查,以保证受访者能够充分

---

① 戴元光:《传播学研究理论与方法》,复旦大学出版社2004年版,第56页。
② 戴元光:《传播学研究理论与方法》,复旦大学出版社2004年版,第78页。

回答问题①。问卷调查法的实施需遵循客观性、必要性、可能性和资源性的原则。本书设计并进行"报刊公益广告对受众社会教育作用的调查"及"关于垃圾分类公益广告社会效果调查"等,共回收有效问卷698份,以此调查受众对报刊公益广告的态度及报刊公益广告对受众能否发挥社会化教育作用。

三、研究思路

本书参照"提出问题—分析问题—解决问题"的思路设七个章节,首先在第一章绪论提出研究的背景和意义,对国内外的公益广告研究进行综述,阐明研究方法、对象及思路。接下来的第二、三、四、五章节主要分析本书提出的问题,第六章是拟提出问题的对策,第七章梳理总结结论,展望未来的研究。

(一)概述报刊公益广告研究的理论基础

分析报刊公益广告的内涵、特征和分类;简述报刊公益广告发展的历史;以社会责任理论、议程设置理论、涵养理论和影响不一理论作为报刊公益广告的理论基础。

(二)对1986—2018年的三份主要报刊的公益广告进行内容分析

将报刊公益广告分为初始阶段(1986—1995年),成长阶段(1996—2000年),发展阶段(2000—2006年),繁荣阶段(2007—2012年),融合发展阶段(2013年至今)五个阶段。根据每个阶段的政治经济、广告相关大事记,展现该阶段公益广告的版面表现、广告主题、广告主等方面的特点并进行总结。

(三)报刊公益广告的发展与展望

对报刊公益广告的发展特点进行总结,对三份报刊进行对比和总结,并对报刊公益广告的发展趋势进行展望。

(四)报刊公益广告的社会功能探讨

通过对报刊公益广告受众的问卷调查结果,探讨报刊公益广告的社会功能。

(五)融媒体背景下实现报刊公益广告的社会功能的策略探讨

通过前文分析,阻碍报刊公益广告社会功能实现的困难主要是资金短

---

① (美)艾尔·巴比著,邱泽奇译:《社会研究方法》(第11版),华夏出版社2009年版,第206页。

缺、过于商业化、创意不足和运行机制不顺,从组织构建、资金筹集、创意表现、组织维护、监管监督五个方面提出具体策略。探讨在融媒体背景下,结合新媒体技术,更好地实现报刊公益广告的社会功能。

本书的基本框架如图 1-18 所示。

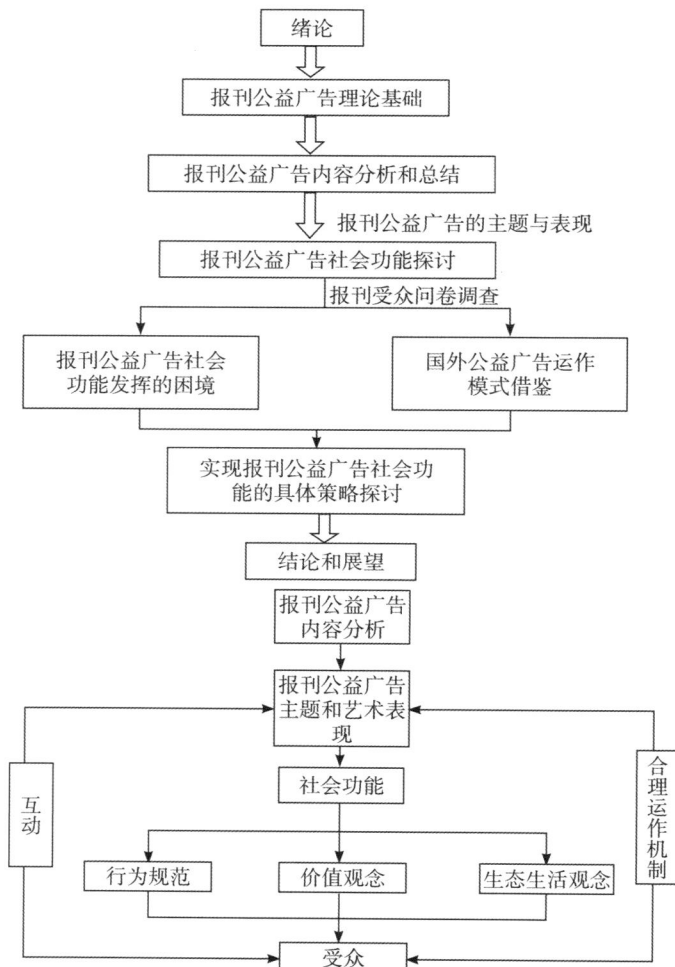

图 1-18　研究的基本框架

第四节　研究创新和研究难点

公益广告是宣传中华民族优秀传统美德的有效方式,借助创意设计、制作技术和各种媒介传播的优势,使人们增强社会公德意识,提高职业道德水平等。当前,对公益广告的研究多是定性的分析,研究局限于广播电视媒体,缺乏针对平面媒体公益广告的定量研究。

一、研究创新

公益广告既是广告事业的组成部分,也是中国特色社会主义文化建设事业的有机组成。推动公益广告的研究,必须全面准确把握新形势新任务和受众的新要求新期待,以科学的公益观念指导公益广告的发展。对公益广告的研究,从研究对象到研究方法,都应有所创新。

(一)研究对象新

在公益广告的传播中,报刊,尤其是主流报刊,发挥着不可替代的作用。本书在掌握大量一手资料的基础上,以1986—2018年《人民日报》《解放日报》和《厦门日报》三家中央报刊、省级报刊、地方报刊中的公益广告为样本,进行定量研究和定性研究,进行横向对比,丰富、深化针对公益广告的研究。为公益广告的研究提供思路,中国大陆报刊公益广告的实践离不开科学理论的指导,有利于报刊公益广告的科学发展。

(二)研究角度新

广告"为商业发展之史乘,亦即文化记录之进步",公益广告具有社会教育功能,主要体现为整合社会文化、影响大众价值观念和大众审美的方面,本书对中国大陆报刊公益广告进行内容分析,结合对报刊公益广告受众的问卷调查,从公益广告的社会化功能出发,探讨报刊公益广告实现社会功能的理论基础和实现方式,讨论能促进报刊公益广告社会功能实现的具体策略。

(三)研究结论新

本书立足中国国情和借鉴国外有益经验,通过访谈和调研,提出在组织构建方面建立公益广告委员会,在资金筹集方面采用多渠道筹集资金和基金运作,在创意表现和选题方面系统科学表现主题,在组织维护方面建立沟通管理、危机预警和合作机制,在监管监督方面构建全方面监督网络,在传播推广方面结合新媒体增强互动等具体策略。

(四)研究方法新

本书主要采用定性和定量结合的研究办法,如问卷调查法、内容分析法和历史分析法,科学全面地对报刊公益广告的发展进行深入研究。

二、研究难点

我国报刊公益广告发展三十余年,除了沿用定性研究法,内容分析法、个案研究法等方法也应用于公益广告的研究,但是也面临着诸多困难。

(一)搜集资料的困难

《人民日报》《解放日报》和《厦门日报》等是中央级、省级、地方级的重要党报报刊,它们具有信息量大、涉及面广的特点,因而成为最具影响力的主流报刊。这三份报刊上刊登的公益广告经历由萌芽到繁荣发展的变化,对研究现代公益广告发展史有重要的参考价值。由于公益广告刊登时间不固定,选取时间跨度较大,在庞杂的内容中选取与文章主题相关的广告样本成为难题。2000 年之前的报刊公益广告很少,只能以全本搜索的方式进行,《解放日报》样本不全,还需去外地搜集资料,工作量比较大。

(二)多角度研究的困难

本书不仅局限于报刊公益广告自身数量的统计和广告创意手法变化的研究,更充分利用历史学、社会学、传播学、美学等学科的研究视野,挖掘公益广告表象之下更深层面的、这一时代所特有的经济、文化、精神等观念与价值变迁。联系时代话语、广告表象,透过表象剖析本质。

(三)探讨运行机制的困难

最后,通过史料分析、内容分析、问卷调查和访谈等方法,探讨出较有实践意义和针对性的发挥报刊公益广告社会功能的具体策略,使其更好地发挥社会功能。

第二章
报刊公益广告的研究理论基础

公益广告既是广告事业的组成部分,也是中国特色社会主义文化建设事业的表现,推动公益广告事业的繁荣发展,必须以科学的研究理论全面宏观地指导公益广告事业。为了更好地研究报刊公益广告研究,本章将着重介绍报刊公益广告的内涵、特征和分类;简述报刊公益广告发展的历史。

第一节　中国大陆报刊公益广告的内涵

纵观我国公益广告发展的历程,会发现公益广告概念时常被混淆,公益广告的具体范围还模糊不清。有人认为,公益广告应该纯粹地为社会公共利益服务,不能掺杂商业信息。随着社会责任感成为公众关注的焦点,逐步发展成为企业的义务,很多企业开始使用公益来包装营销行为。虽然,企业和社会团体在宣传公益理念时推广品牌是可以接受的行为,但商业诉求过度挤占公共传播资源,不利于公益广告的长期发展,因此,有必要对公益广告的概念做出比较清晰的界定。

一、公益广告的定义与分类

公益广告有许多定义,总结不难发现,公益广告定义主要有以下五个特征[①]。

（一）公益广告的最大特质是非营利性。

（二）公益广告的主要参与者是政府、社团、媒体、企业。

---

① 刘林清、和群坡主编:《公益广告学概论》,中国传媒大学出版社 2014 年版,第 13 页。

（三）公益广告的传播内容是对社会公众有益的观念。

（四）刊布公益广告的目的是促使公众态度和行为的改变。

（五）公益广告的对象是社会大众。

因此，综合以上研究者的观点，公益广告简而言之就是由政府部门、社会公共机构或企业团体等通过媒介发布，以传播公益观念，传达社会责任，解决社会问题等为公众利益服务的非营利广告。

根据传播主题不同，公益广告可以分为道德类、时政类、环保类、国家类和城市形象类。

按照执政理念分类，公益广告可以分为两大类：一大类是宣传执政的宗旨、目的和价值追求，比如"立党为公、执政为民"；第二大类是为实现执政的宗旨而选择的路径、方略和基本方式，比如"稳定压倒一切""从严治党""反腐倡廉"。

依据传播媒介的不同，公益广告可以分为电视公益广告、广播公益广告、报刊公益广告、网络公益广告、户外公益广告、互动公益广告。

二、报刊公益广告的内涵与特征

本书所说报刊公益广告，指不以营利为直接目的，采用艺术性的表现手法，以报刊为传播媒介，向社会公众传播其有益的社会观念的广告活动，以促使其态度和行为上发生改变。

报刊公益广告是特殊的广告形式，具有鲜明的特征。

（一）公益性

公益性是报刊公益广告区别于其他报刊广告的本质特征[1]。报刊公益广告的广告目的、广告内容和广告诉求主题等都有鲜明的公益性。从目的看，与带有明显营利性质的商业广告不同，报刊公益广告更注重社会效益，服务于公共利益，而不是为个体或私人利益服务，其目的是唤起公众对社会问题的关注，加强或改变公众的价值观念，引导和规范社会公众的行为；从广告内容看，报刊公益广告传播的是有利于人类发展和社会进步的思想意识、行为方式和道德观念，不反映具体的商品或服务内容；从广告诉求主题看，报刊公益广告的主题与人自身的完善，与人与人、人与自然、人与社会的和谐发展

---

① 胡东雁：《中国电视公益广告二十年》，上海戏剧学院 2010 年硕士论文，第 23 页。

有关①。

(二)人本性

报刊公益广告之所以受公众的欢迎,在于它以人为本②。顾名思义,即以人为中心,以人为根本。以人为本,根本上要实现人自身的完善以及人与自然、人与社会、人与人之间关系的总体和谐发展。长期以来,报刊公益广告关注的中心始终是人,明显以人为本,因此引起受众的共鸣。

(三)观念性

报刊公益广告传播的不是有形的商品,而是无形的观念,观念性成为报刊公益广告的重要特征。观念是报刊公益广告的内核,对其功能的发挥有决定作用。报刊公益广告蕴含和表达的观念可以是多层次、多方面的,它既可以表达实践观念,也可以表达深层次的哲理观念③。但是,报刊公益广告向社会公众传播的这些观念,无论是实践观念,还是哲理观念,都必须有利于人类发展和社会进步,能够引导公众的行为。

(四)教育性

报刊公益广告以倡导的方式向社会公众传达导向性的信息,引导社会公众向"真、善、美"的方向发展,说服公众接受报刊公益广告倡导的思想意识、行为方式和道德观念。报刊公益广告中"提倡什么,反对什么",十分明确,因此其对社会公众的价值观念和行为方式有明显的教育导向作用。

(五)策划性

报刊公益广告的特性是策划性。报刊可以结合当下热点进行分阶段的选题策划,让公益广告呈现系列化、主题化,更能吸引读者的注意。

三、报刊公益广告的类型

根据不同的广告主及公益广告的表现形式,报刊公益广告可划分成不同

---

① 陈挚:《公民道德建设视域中的公益广告作用研究合肥工》,工业大学 2010 年硕士论文,第 23 页。

② 马连鹏:《公益广告社会教育作用研究》,大连理工大学 2004 年硕士论文,第 30 页。

③ 吕慧君:《我国公益广告的思想政治教育功能研究》,天津大学 2013 年硕士论文,第 26 页。

的类型。

(一)按广告主来划分

报刊公益广告的参与主体主要是广告主、媒介、企业、受众、政府部门,以此来划分,可以划分为政府型、媒体型、企业型。

1. 政府型报纸公益广告

这类公益广告主要由政府部门或相关的部门主管机构来刊登。例如,在中国,各级文明办就"道德"主题刊登广告;人口与计划生育部门就"优生优育刊登广告";环境保护部门刊登环境类的公益广告;卫生部刊登健康卫生相关公益广告。在国外,还有若干政府公共服务插播新闻报道,例如美国政府在报刊上刊登政府禁毒和打击恐怖主义的公益广告。

2. 媒体型报纸公益广告

这种公益广告中,媒体是主体,党报发挥了良好的示范效应,承担了媒体应发挥的社会责任。

3. 企业型报纸公益广告

这种公益广告的主体是企业。从 1993 年起,报纸上的公益广告出现企业的名称,从那时起,企业公益广告逐年增加,出现很多经典的报刊公益广告,例如万森集团在《厦门日报》上发表的系列公益广告"人,梦想家",主题涉及环保、家庭伦理、保护未成年人。

4. 社会非营利组织型报刊公益广告

这种公益广告主要由社会非盈利组织刊登,如红十字会、儿童保护组织,国内外这种组织都非常多。

(二)按表现结构来划分

从表现结构看,报刊公益广告有以下形态。

1. 政论型

以犀利明快的语言,富有象征性的图像,阐述政策,揭示原理。其特点是高屋建瓴、义正词严,以理服人。如"偷税漏税国法难容"(《人民日报》)、"节约能源刻不容缓"(《解放日报》)、"请理性消费"(《厦门日报》)。

2. 揭露曝光型

对妨碍社会进步的不良行为及丑恶现象,用夸张的手法,揭露其危害之所在,使人们触目惊心,引以为戒。如《不该流出的泪水》(《厦门日报》)、《有理还得有礼》(《解放日报》)、《如此这般何时得了》(《人民日报》)。

3. 讽刺小品型

对不符合社会道德规范的落后观念或日常生活中的不正确行为,给予幽默式的嘲讽,让人们在戏剧性的轻松气氛中醒悟,转变态度。如《交通安全系列》(《人民日报》)、《清洁靠大家》(《厦门日报》)

4. 歌颂倡导型

藉由温馨感人的情景,正面讴歌促进社会公益的好人好事,倡导优良的风尚和习惯,鼓励人民为创造美好社会而努力。如《让世界充满爱》(《人民日报》)、《捐出爱心》(《解放日报》)、《保护鸟类》(《厦门日报》)。

5. 情理交融型

一方面诉诸理性的讲述,另一方面又以情节导入,动之以情,晓之以理,以微风潜入夜的形式让读者接受公益理念。

第二节 中国大陆报刊公益广告的历史

中国大陆报刊公益广告的历史比广播、电视、网络类公益广告更长久。从近现代社会起,随着广告事业的逐步发展,屡屡出现反映中华民族生死存亡、解放斗争的广告活动。像五卅运动中抵制使用干涉中国内政的日、英等国家产品,当时还设计了标志,在报纸上刊登广告,可算是早期公益广告活动的雏形[①]。

早在新中国成立初期,《人民日报》《文汇报》上就出现类似公益广告的形式。广告内容的制作主要围绕社会主义建设和国家的方针政策进行,如为配合新中国的经济建设,宣传社会主义国家的总路线,"鼓足干劲、力争上游、多快好省地建设社会主义""把医疗工作的重点放到农村去""计划生育人人有责"等。为配合国家政府的中心工作,在社会发展的不同时期都会出现相应的公益广告,尽管当时的公益广告还处在标语口语的阶段,大多数人并不把它们视为公益广告,但它们却是新中国公益广告的雏形,起到唤起人们思想觉悟,提高全民素质的诉求目的,推动了社会的发展。

改革开放以后,商业广告迅速发展起来,社会经济的迅猛发展为商业广告开拓出巨大的市场空间,使商业广告成为广告复兴时期唯一的广告样式。随着现代社会的发展,广告作为为大众服务和传播信息的手段,不仅仅用来传播商品信息,也用来传播社会文化与道德观念。

中国具有现代意义的公益广告是在改革开放以后发展起来的。社会逐

---

① 倪宁:《广告新天地——中日公益广告比较》,中国轻工业出版社2003年版,第104页。

渐重视公益活动和公益事业,1984 年由《北京日报》《人民日报》《经济日报》《工人日报》《北京晚报》等多家报刊联合主办"爱我中华、修我长城"的赞助活动,倡议广告发出以后,得到全国 30 个省市的支持和赞助,海外国家积极参加这项活动,通过公益广告的宣传收到数千万的赞助款项,及时修复了北京八达岭长城,恢复了长城的原貌[①]。"爱我中华、修我长城"的公益广告活动举办后,引起媒介、工商企业、广告公司等各方面的关注,他们自觉地组织起来与政府有关部门积极配合,开展公益广告宣传活动,使公益广告活动逐渐上规模,成为广告界不可缺少的内容。

1986 年由贵阳电视台制作的广告《节约用水》,成为新中国第一条经过专业设计策划的公益广告。当时,贵州持续干旱,拍摄广告的目的是提高人们的节水意识,唤起人们的社会道德风尚。广告播出以后,产生强烈的反响,一时间形成人人注意节水的社会良好风尚,当年的第四季度,全市的自来水消耗量比上年同期减少 47 万吨[②]。通过这一事件,公益广告的社会性得到重新的认识。在此以后,中国的公益广告活动正式开展起来。

1987 年,中央电视台推出《广而告之》的公益广告栏目,这是在媒体当中第一个作为专门栏目出现的公益广告,在社会和广告界都产生很大的影响。《广而告之》栏目创办初期,本着"提醒、规劝、批评"六字方针,对社会上出现的各类问题及时告之,站在为公众利益和社会利益的角度上,提出批评和告诫,广告效果显著,受到社会各界的广泛好评,收视率很高。《广而告之》节目开办十年来,播出公益广告上千条,通过不断地探索总结经验,摸索出一条符合中国国情的节目播出方式,为中国公益广告事业做出卓越的贡献。

参与公益广告事业的人越来越多,实践的经验越来越丰富。1996 年,国家工商行政管理总局组织展开了以"中华好风尚"为主题的公益广告月活动,活动开展采用各种各样的形式,可以利用电视、广播、报刊、期刊、户外广告及路牌等手段进行综合性、立体化的公益广告宣传,在活动月期间,涌现出一批内涵深刻、设计水平较高的公益广告,在社会上引起强烈的反响,达到较好的宣传效果。其中《南方周末》的"我要读书"报刊广告,用强烈的对比构图将公款吃喝与无钱上学对照起来,形成强烈的视觉震撼。《人民日报》的报刊公益广告《一条大河曾经波浪宽》,以文字为主运用印刷体和书写体的对比方式变现出广告内涵。《解放日报》的公益广告《请注意您在孩子心中的形象》,抓住最为常见的孩子爱模仿行为,创作出引人深思的公益广告。据统计,在这次公益广告活动月期间,全国共制作发布各类公益广告16 860件,其中电视广告

---

① 阿伦娜:《中日报纸广告的表现形式》,中央民族大学出版社 2012 年版,第 98 页。

② 王云、冯亦弛:《公益广告十五年》,《新闻大学》2003 年第 2 期。

4 582条,播放127 460条,广播2 749条,播放82 470次;报刊广告4 123条;户外广告5 406条;招贴广告 50 多万张①。这次公益广告活动是一个非常好的综合性活动,造成一定的声势,得到大众的认可。

1997 年,中国全面展开了"自强创辉煌"的主题公益广告活动。这次活动主要是讴歌中华民族在中国共产党的领导下,经过长期奋斗取得的辉煌成就,宣传"自信、自尊、自立、自强"的民族精神。公益广告在全国各地的主要媒体同时播出后,给予全国人民极大的鼓舞。《人民日报》还登载了评论,其中北京 60 多家报刊都在显著的位置上刊登了通栏版面,公益广告的活动的热潮加上公益广告本身的宣传,给人们增添奋进的精神,对社会朝现代化方向发展充满了信心。

在"自强创辉煌"公益广告月期间,全国共制作发布各类公益广告24 155次,比上年增长 43%。其中影视公益广告6 548条,播放158 544次;广播广告3 912条,播放117 630次,报刊广告5 961条,户外广告7 725条,另外,还印制了3 100多张招贴公益广告②。

1998 年,"下岗再就业"的主题公益广告活动,是以关注社会发生的现象为出发点,鼓励下岗职工下岗不失志,正确对待下岗问题,树立自信、自强精神和正确再择业的观念,广告发布后得到了社会大众的关注,成为社会关注的热点问题。这一年在中国的公益广告活动中涌现出许多创意独特、内涵深刻、制作精良的优秀广告作品,据统计有 2 万多件,比上一年有所增加。这一公益广告活动的推广,为促进社会主义精神文明建设发挥了积极的作用。以后的公益广告活动更加朝健康、道德、环保、交通安全等多样化方向发展。

进入 2000 年,公益广告活动发展迅速,题材的丰富性、品种的多样性、积极参与社会的作用性都得到体现。如 2000 年的公益广告活动以"树立新风尚,迈向新世纪"为主题,围绕党中央、国务院确定的中心工作,讴歌中国人民迈向新世纪的精神风貌③。2003 年,为了号召人们众志成城抗击"非典",各大报纸都高频率登出"非典"系列公益广告。公益广告是社会的产物,是市场经济的产物,它始终站在社会发展的前沿,与时代同步,反映时代、表现时代、引导时代,才能在时代的受众中引起共鸣。脱离了时代,脱离了市场,公益广告也就失去存在的价值。

2007 年以后,报刊公益广告进入繁荣阶段,公益广告的宣传出现规模化、

---

① 王云、冯亦弛:《公益广告十五年》,《新闻大学》2003 年第 2 期。

② 王云、冯亦弛:《公益广告十五年》,《新闻大学》2003 年第 2 期。

③ 广言:《春雨润物细无声——全国开展公益广告活动五年回顾》,《广告大观》2000年第 9 期。

策划性强、艺术性高等特点。社会各界对公益广告的关注持续提高,作为关注度较高、保存性良好的印刷媒体的代表,报刊公益广告得到更多关注。

随着 2008 年北京奥运会、汶川地震等社会大事件的发生,我国公益广告主题的社会性更加明显,以润物细无声的方式贴近人民生活。报刊上公益广告的数量日益增多,内容和表现形式也更加多样化,让读者在潜移默化中接受公益广告的理念。这一时期出现许多公益广告的经典作品。这一阶段,报刊公益广告的宣传更有针对性、组织性和计划性,广告主也更加向多元化。

参照报刊公益广告发展的实际情况和其他学者的研究,本书以报刊公益广告发展的重大事件将其划分为五个阶段,初始阶段(1986—1995 年)、成长阶段(1996—2000 年)、发展阶段(2001—2006 年)、繁荣阶段(2007—2012 年),融合发展阶段(2013 年至今)。

第三章
中国大陆报刊公益广告内容分析
（1986—2018 年）

在中国,现代意义上的公益广告活动始于改革开放,中国公益广告活动经历了由自发到自觉,由政府部门倡办到企业及媒体共同参与的过程①。

媒体在公益广告上的行动比较早,现代形态的公益广告节目最早出现在电视媒体上。1978 年,中国的公益广告就曾以文字或画面的形式出现在电视屏幕上,当时的中央电视台播出公益广告节目②。此后,各地方台逐步行动,20 世纪 80 年代初,广东电视台在省委第一书记任仲夷建议下,以"立此存照"为题,在电视新闻节目中开辟带有公益性质的新栏目,该栏目在观众中引起强烈反响③。

1978—1985 年,我国的经济发展水平不高,电视这样的现代化媒体比较少,当时的公益广告活动绝大多数由政府及其相关部门发起组织,使用的传播媒介主要是户外媒体或平面媒体,宣传内容也大多与各职能部门的主管事务有关,如交通安全、健康卫生、保护环境、植树造林、预防火灾、优生优育。由于这个阶段是社会转型初期,人们的思想意识还未完全摆脱计划经济时代的影响。尽管这个时期媒体的公益性宣传还不使用严格意义上的公益广告,但确实已经具备公益广告的特征。

1984 年 7 月 5 日,由人民日报社、北京日报社、经济日报社等多家单位联合主办"爱我中华,修我长城"宣传活动,全国 30 个省市乃至港澳地区和外国都参与。公益活动刚刚起步,各界虽然关注,在当时对整个社会来说都是个新名词,但仅限于在媒体上投放宣传片,广告显得稚嫩,影响力就更加有限。主要宣传国家政策和政府形象,以说教的语气。这可以算是报刊公益广告的

---

① 倪宁:《广告新天地——中日公益广告比较》,中国轻工业出版社 2003 年版,第 67 页。
② 潘泽宏:《广告的革命——社会文化广告论》,湖南大学出版社 2001 年版,第 45 页。
③ 王云、冯亦弛:《公益广告十五年》,《新闻大学》2003 年第 2 期。

孕育期。

公益广告的产生和发展与社会政治背景、广告业的发展密切相关,本章根据报刊公益广告发展的重大事件将其划分为五个阶段,初始阶段(1986—1995年)、成长阶段(1996—2000年)、发展阶段(2001—2006年)、繁荣阶段(2007—2012年)、融合发展阶段(2013年至今),并结合每个阶段的政治经济背景进行内容分析和总结。

(第一节) 报刊公益广告的初始阶段
(1986—1995年)

世界上最早的公益广告诞生于20世纪40年代的美国,中国真正的公益广告出现在改革开放之后。公益性质的宣传古而有之,在每个历史阶段都有,但这种宣传时有时无,而且形式单调,几乎没有创意可言,依托的媒介也非常单一。新中国成立之后,公益性宣传多为配合政治运动,以招贴和海报为主要形式,因为当时还没有公益广告概念,仅能称为海报或者宣传画。1979年,我国广告业回复,中央电视台以文字或画面的形式播出类公益广告节目。1979年1月14日,《文汇报》发表丁允朋署名文章《为广告正名》,提出"应该运用广告给人们以知识和方便,沟通和密切群众与产销部门之间的关系",这篇文章的发表成为中国广告业复苏的表征①。随着中国广告事业的发展,各类公益组织相继出现。比如20世纪80年代初展开的"爱我中华,修我长城"活动就是由北京广告公司倡导的国际性公益活动,这个活动最初以报刊公益广告的形式出现,号召大家开展募捐活动。尽管这一时期广告公司和媒体进行的公益性宣传并不冠之公益广告之称,实际上具备公益广告的特征和性质。这一时期的公益广告主要依托报刊等平面媒体。

一、该阶段大事记综述

1978年,中国共产党十一届三中全会做出全党转移工作重点,实行改革开放的伟大战略决策,开启我国社会主义建设新的历史时期。1987年,中国共产党第十三次全国代表大会在北京举行,第一次系统地阐明了社会主义初级阶段理论,明确提出党在社会主义初级阶段的基本路线,确定了今后经济

---

①　刘林清、和群坡主编:《公益广告学概论》,中国传媒大学出版社2014年版,第27页。

建设、经济体制改革和政治体制改革的基本方针。同年,国务院颁布《广告管理条例》,进一步规范广告行业,为行业健康发展提供了有力保障。在政府的领导和支持下,成功举办世界广告大会,借鉴了发达国家广告行业先进的技术和经验。

1992 年年初,邓小平南方讲话发展,针对人们思想中普遍存在的疑虑,重申了深化改革、加速发展的必要性和重要性,从中国实际出发,站在时代的高度,深刻总结十多年改革开放的经验教训,在一系列重大的理论和实践问题上,提出新思路,有了新突破,将建设有中国特色社会主义理论大大向前推进了一步。同年 10 月,中国共产党第十四次全国代表大会在北京举行,会议总结了十一届三中全会以来的实践经验,决定抓住机遇,加快发展;确定我国经济体制改革的目标是建立社会主义市场经济体制;提出用邓小平建设有中国特色社会主义理论武装全党①。这次会议统一了全党思想,继续坚持党的基本理论和基本路线不动摇,将中国特色社会主义的伟大事业继续推向前进,具有重大的现实意义和战略意义。这一年改革开放的步伐全面加快,有力地推动了国民经济的高速增长。1992 年,国家工商行政管理总局下发《关于加快广告业发展的规划纲要》,提出优化行业结构,转换广告经营机制,促进国内广告市场与国际广告市场接轨。企业的现代广告意识不断增强,广告公司提供全面服务的业务增多。媒体纷纷扩大版面,增开频道,对广告的需求也大大增加。这一年广告业得到全面快速增长,截至 1992 年,全国广告营业额达到 678 675 万元,比上一年增长 92%;广告经营单位 16 683 户,增长 42%②。

1993 年,国家提出要加快改革开放和现代化建设的步伐,中国共产党十四届三中全会,审议并通过《中共中央关于建立社会主义市场经济体制若干问题的决定》,全会指出,社会主义市场经济体制是同社会主义基本制度结合在一起的③。建立社会主义市场经济体制,就是要使市场在国家宏观调控下对资源配置发挥基础性作用。要进一步转换国有企业经营机制,建立适应市场经济,产权清晰,权责明确、政企分开、管理科学的现代企业制度。

伴随着国民经济的迅速发展和产业结构的改革,市场竞争机制进一步形成,企业及消费者广告意识进一步增强,人们的需求日益增长,大力促进了广告业的发展,我国广告市场日益繁荣,创造了广告恢复发展以来的最快的发

---

① 编辑部:《中国改革开放 30 年最具影响力的 30 件大事》,《中国经济周刊》2008 年第 10 期。

② 迟福林主编:《中国改革开放全纪录(1978—2012)》,五洲出版社 2013 年版,第 101 页。

③ 编辑部:《中国改革开放 30 年最具影响力的 30 件大事》,《中国经济周刊》2008 年第 10 期。

展速度。

1994年,我国经济体制改革的重点是转换国有企业经营体制,积极探索现代企业制度的有效途径;深化财税、金融、外贸、外汇体制改革,初步确立新型宏观调控体系的基础构架。配套推进价格改革、农村经济体制改革、政府机构改革、社会保障制度和住房制度改革等其他方面的改革,广告进入稳步发展时期,行业结构趋向合理,广告公司已成为行业的骨干力量。同时,全国开展广告公司实力评价和广告专业技术岗位资格培训,将提高经营单位质量和从业人员素质纳入规范化管理,行业的整体素质和效益得到提高。我国的经济体制从传统的计划经济体制向社会主义市场经济体制转变,经济增长方式从粗放型向集约型转变。

随着我国国民经济进入稳定增长的轨道,深化改革和扩大对外开放有力地促进了生产建设的发展,公益广告的政治环境和经济环境逐步形成。

根据《中国改革开放30年关键词(1978—2008)》和《中国改革开放全纪录(1978—2012)》等书中记录的改革开放三十年以来的社会热点事件,该时期的社会热点是改革、第一个教师节、合同制、新三大件、企业承包经营责任制、中国福利彩票诞生、改革、学雷锋、希望工程、邓小平南方谈话、科教兴国、王海打假等。

二、该阶段报刊公益广告分析

该阶段共选取《人民日报》《解放日报》和《厦门日报》三份报刊从1986—1995年发布的公益广告41则,其中,《解放日报》数量较多,共22则,《人民日报》13则,《厦门日报》6则,如表3-1所示。

表3-1　1986—1995年三份报刊抽样数量

报刊名称	数量	百分比
厦门日报	6	14.6%
人民日报	13	31.7%
解放日报	22	53.7%
合计	41	100.0%

经过查阅,1986—2018年,三份报刊正式刊出公益广告的时间均比较晚。其中,《人民日报》于1984年7月19日的国际新闻版上刊登了关于"爱我中华,修我长城"的类公益广告,号召海内外华人为长城贡献力量。

《人民日报》正式刊登公益广告在90年代初,1990年4月19日在国际新闻版上刊登了关于希望工程的公益广告,标题为"伸出希望之手,为希望工程添砖加瓦",号召大家为希望工程伸出援助之手。

《解放日报》上最早的公益广告是"献爱心,共筑希望工程",刊登于 1988 年 8 月 13 日的广告版,版面面积较小,属于半通栏广告。

《厦门日报》最早刊登的公益广告是 1991 年 6 月 16 日由厦门市粮食局和厦门经济特区粮油进出口贸易公司发布的"生命与粮食共存——纪念世界粮食日",是报眼广告,位置相对重要。

(一)版面编排

这一阶段,报刊公益广告较少,因此所有的公益广告都计入统计。这一阶段公益广告的版面普遍比较小,版面位置不够理想。

1. 版面名称

《日本读卖新闻》每年都会研究读者的报刊接触习惯和广告接触习惯,读者能够接触注意到广告,首先取决于其能否接触到刊载广告的版面,接触不到版面一般接触不到广告,因此,版面阅读率是广告接触的最高限度,版面阅读率越高,广告接触的可能性就越大。根据李普曼的"议程设置"理论,公益广告在报刊中的位置,影响受众对信息重要性的判断,影响公益广告的传播效果。

1986—1995 年三份主要报刊公益广告样本的版面情况如下:

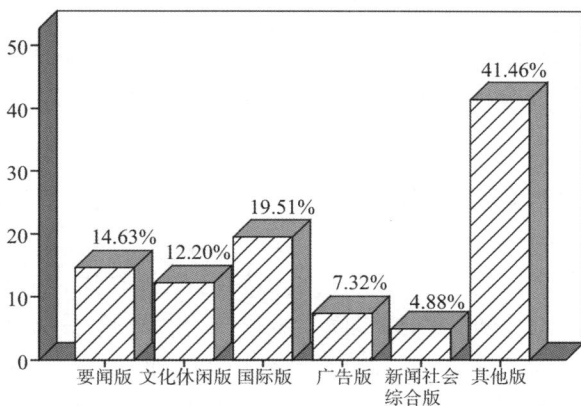

图 3-1　1986—1995 年三份主要报刊公益广告版面名称分布

41 份公益广告样本中,刊登在教育社区等其他版面和广告版中的公益广告广告 20 条,占 48.78%;刊登在国际版面中广告 8 条,占 19.51%,如图 3-1 所示。总的来说,1986—1995 年报刊公益广告的版面位置相对不重要。

2. 广告规格

版面阅读率不是决定广告接触的唯一要素,广告规格(版面面积)、广告行业(产品)、类别、广告色彩、刊载星期也影响广告注目率。

抽样结果,如图 3-2 所示,1986—1995 年三份主要报刊公益广告的广告规格分布如下:半通栏和单通栏的广告版面最多,占 60% 以上,有几则半版广告,其余是较小的报眼广告形式,占 12.2%,这个时期未出现引人注目的半版广告是整版广告。总体来说,这段时间内,公益广告刚刚萌芽,所以不太受重视,广告版面普遍面积不大。

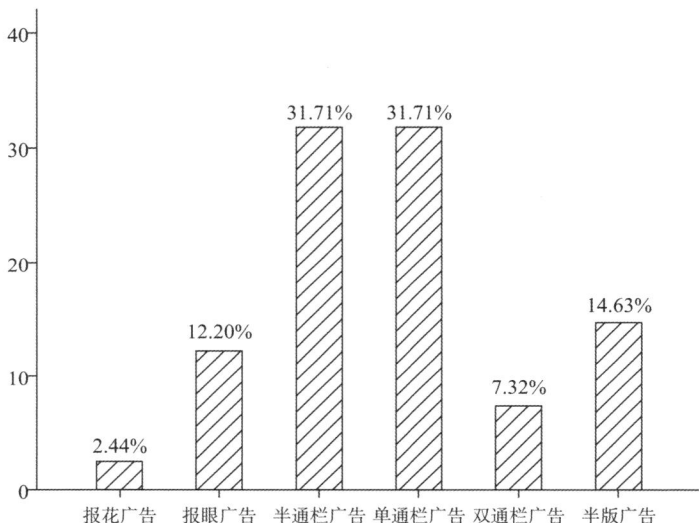

图 3-2　1986—1995 年三份主要报刊公益广告的广告规格

3. 刊登时间

刊登时间也会影响广告效果,1986—1995 年三份主要报刊公益广告的刊登时间如图 3-3 所示:

1986—1995 年,三份主要报刊的公益广告刊登在周四和周一的频率最高,分别达到 34.15% 和 21.95%,周二的刊登频率最低,仅为 2.44%,只刊登了一则公益广告。周五、周六、周日的公益广告不多。1986—1995 年,公益广告刊登时间并不理想,因此很难在社会上形成规模和影响力。

这时期,三份报刊上公益广告的刊登时间略有差异,其中《厦门日报》的刊登时间频率最高的是周五,是较好的时间段;《人民日报》刊登时间频率最高的是周四;《解放日报》刊登时间频率最高的是周一。

总的说来,该阶段公益广告比较不受重视,版面规格以小面积为主,刊登版面相对随机,刊登时间也较不理想,公益广告还没有形成规模和影响。

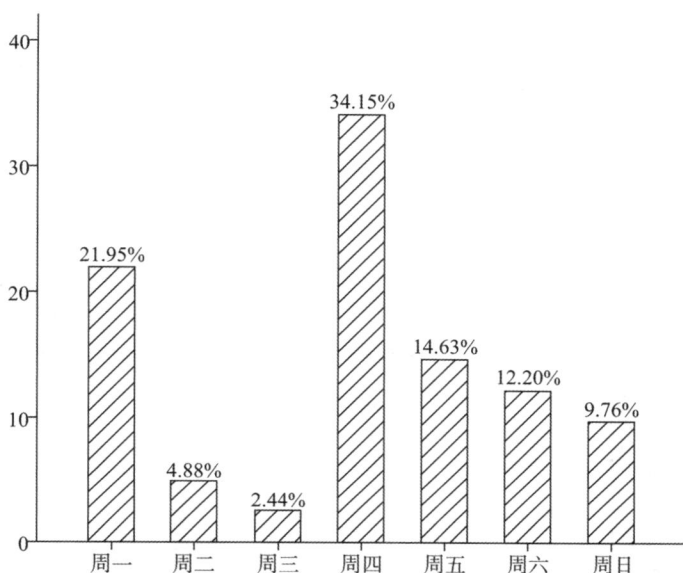

图 3-3 1986—1995 年三份主要报刊公益广告的刊登时间

(二)主题表现

每则公益广告都有明确的主题,统计公益广告的主题表现可以观察该时期公益广告的重点。

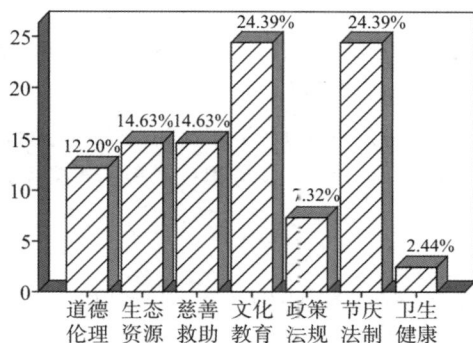

图 3-4 1986—1995 年三份主要报刊公益广告主题分布

统计结果显示,1986—1995 年,三份主要报刊公益广告的主题围绕着文化教育和节庆法制展开,约占抽样样本量的 50%,三份报刊都宣传希望工程,扩大了人们对这一事件的关注。其次是生态资源和慈善救助,约占抽样样本量的 30%。1986 年,贵阳电视台发布了我国第一条报刊公益广告《节约用水》,保护环境,节约资源成为我国公益广告重要的主题。这个阶段是公益广告的初始阶段,主题分布没有太强的倾向性,公益广告还在摸索阶段。

　　这一时期三份报刊公益广告主题有自己的倾向性,《人民日报》有 9 则关于希望工程的文化教育类的公益广告;《解放日报》上的公益广告最多,有 22 则,其中多为关于节庆法制的主题。

　　根据《中国改革开放 30 年关键词(1978—2008)》和《中国改革开放 30 年大事记(上下)》等书中记录的改革开放三十年以来的社会热点事件,据百度指数中每年评选出的搜索热词作为社会热点事件的判断依据,与搜集的公益广告样本的标题及文案进行比对,判断该时期的公益广告是否反映社会热

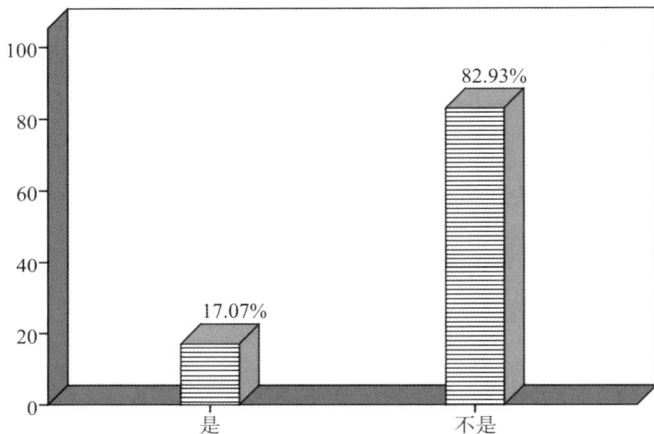

图 3-5　1986—1995 年三份报刊公益广告反映社会热点情况

点。该时期的 41 则公益广告中,有 7 则反映当时的热点,如希望工程,占 17％,说明公益广告与社会热点事件的关系并不密切。

　　概括来说,本阶段报刊公益的广告主题主要是文化教育和节庆法制,相对狭隘,少关注社会热点问题,社会参与程度较低,很难唤起公众的共鸣。

(三)创意表现

　　考察这一阶段报刊公益广告的创意表现,多以纯口号的文字,图片使用比较少,几乎看不到有创意的公益广告。

1. 图片使用

　　报刊广告的创意表现是衡量传播效果的重要因素。图片是报刊广告的特有的,也是报刊公益广告的特色。使用图片,可以形象生动地阐述理念,以免读者觉得说教和枯燥无味,可以吸引读者注意,获得较好的传播效果。图片配合适当的标题,可以画龙点睛。资料收集发现 1985—1995 年的 41 则报刊公益广告,纯文字口号的有 12 则,占总量的 29.27％,使用图片的公益广告 29 则,占总量的 70.73％,公益广告开始注意对图片的使用,以改善其传播效

果,甚至还出现八则漫画广告。《解放日报》较注意漫画的使用,如 1994 年 3 月 12 日为宣传公平买卖所做的公益广告采用漫画的形式,配合"将心比心,以心换心"的文案,传播效果比较丰富,形式比较亲民。

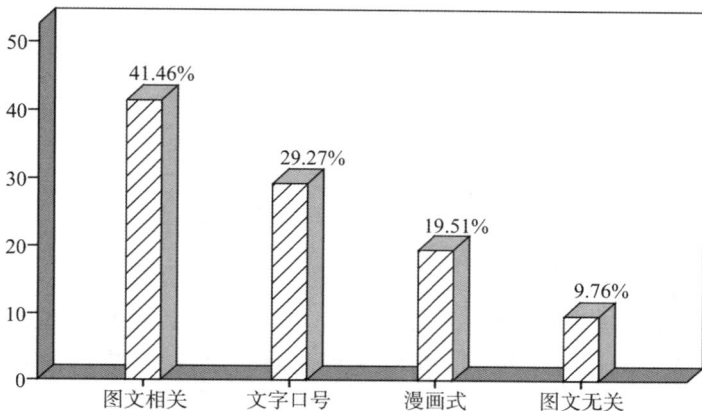

图 3-6　1986—1995 年三份主要报刊公益广告图片使用情况

2. 诉求方式

公益广告的诉求方式是公益广告的制作者对公益理念宣传时所使用的传播技巧,更加有效地刺激目标受众,收获预期的传播效果。

1986—1995 年,主要报刊公益广告的诉求以感性为主,37 则公益广告采用感性的表现手法,4 则采用理性的表现手法,如图 3-7 所示。可见该时期比较重视感性诉求方式的使用,公益广告弘扬社会正义,号召人们规范自己的言行举止,具有非强制性,采取亲切自然的方式来影响目标受众较为合理。

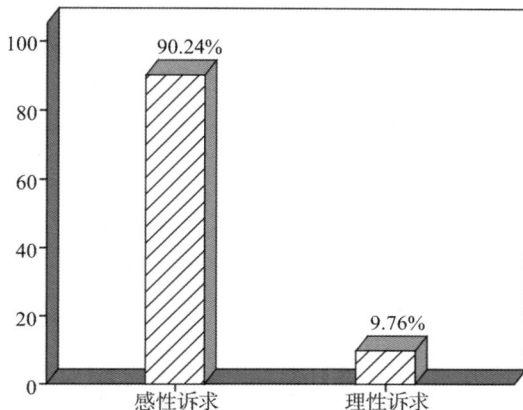

图 3-7　1986—1995 年三份主要报刊公益广告的诉求方式

3. 人称代词

人称代词有重要的作用,不同的人称代词导致文章叙事风格差异。
1986—1995 年三份主要报刊的公益广告的人称使用情况如表 3-2 所示:

表 3-2　1986—1995 年三份主要报刊的公益广告人称使用

人称	数量	百分比
第一人称	16	39.0%
第二人称	3	7.3%
第三人称	22	53.7%
合计	41	100.0%

22 则公益广告使用第三人称,占 53.7%,16 则广告使用第一人称,占
39%,第二人称使用得比较少。第三人称的限制比较少,而第一和第二人称
的限制比较多,多使用第一人称,如"我""我们",更能增加读者的同理心,效
果更好。

4. 色彩印刷

众所周知,彩色印刷的图片广告更加赏心悦目,能更好地进行传播。如
表 3-3 所示,该时期的公益广告以黑白印刷为主,占 63.4%,彩色印刷的公益
广告仅有 15 则,占总量的 36.6%。值得注意的是,《厦门日报》这个时期虽然
仅有 6 则公益广告,但全为彩色印刷,表现效果较好。

表 3-3　1986—1995 年三份主要报刊公益广告色彩印刷

色彩	数量	百分比
彩色	15	36.6%
黑白	26	63.4%
合计	41	100.0%

5. 说服方式和心理需求层级

根据马斯洛需求层次理论,人的需求可分成生理需求、安全需求、爱和归
属感(亦称为社交需求)、尊重需求和自我实现五类,依次由较低层次到较高
层次排列。

1986—1995 年三份报刊公益广告心理需求层级统计如表 3-4 所示:这一
时期报刊广告主题是希望工程等慈善救助事业和节约用水等保护资源,在生
理层次和情感层次体现得比较多,尤其是情感需求方面,占 39%。该阶段未
见对安全、尊重和自我实现的明显需求。

表 3-4　1986—1995 年三份报刊公益广告心理需求层级统计

需求层次	数量	百分比
生理层次	10	24.4%
安全层次	4	9.8%
情感层次	16	39.0%
尊重层次	5	12.2%
自我实现层次	6	14.6%
合计	41	100.0%

总而言之,该阶段报刊公益广告基本无创意表现可言,不重视图片的使用,基本为黑白印刷,诉求方式较单一,心理需求层次以生理和情感需求为主。

(四)广告主

公益广告的广告主是公益广告活动的主导者,是公益广告的发布者和具体实施者。通过对公益广告主的研究可以了解公益广告参与者的总体情况。

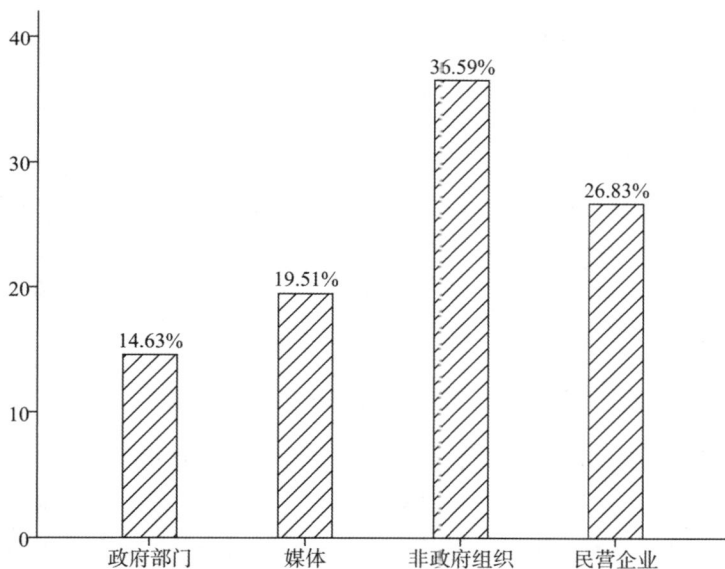

图 3-8　1986—1995 年三份主要报刊公益广告广告主

经统计,该时期三份主要报刊公益广告的广告主主要是政府、媒体、社会非营利组织,也出现企业赞助,如图 3-8 所示。三份报刊均为党报,党报是党、政府和人民的喉舌,是政府政治系统的有机组成部分,其主要职责是宣传群众、教育群众、引导社会舆论和维护政府权威及其良好形象[1]，因此公益广告的广告主为媒体单位时也可视为广告主为政府。该时期的广告主政府媒体占主导，占 34%，社会非营利组织占 36.59%，主要因为该时期中国青少年基金会发布了较多的希望工程广告。值得注意的是，该阶段已经出现企业对公益广告的赞助，如《人民日报》1990 年 4 月 19 日刊登的中国青少年基金会的希望工程公益广告"学雷锋、献爱心，共筑希望工程"，特别标明由北京人文函授学院提供赞助。

总的来说，报刊公益广告的初始阶段，广告主以媒体和政府为主。

三、该阶段报刊公益广告特点总结

经过七年的孕育，中国公益广告终于起步，进入自觉发展的阶段。该阶段发生了两件标志性事件。

(一)《节约用水》广告标志着中国公益广告的诞生

1986 年，贵阳市节水办公室和贵阳电视台联合发布《节约用水》公益广告。这是中国第一条经过专业化创作的公益广告，标志着中国现代意义上公益广告的诞生[2]。该公益广告一改以往标语式、口号化的说教方式，运用专业的艺术化创作手段，将"节约用水"这样一个现实主题融入生动形象的电视画面中，表现节约用水的紧迫性和必要性，唤起人们的节水意识。这条公益广告播出后，引起贵阳市市民的强烈反响，产生较好的传播效果。据统计，当季贵阳市自来水消耗比上年同期减少 47 万吨，自觉节水的意识走进千家万户，公益广告发挥强大作用。但公益广告还是新事物，并未引起广告业界和学界更多的关注，这个时期几乎不见其他报刊公益广告。

(二)《广而告之》节目是公益广告发展史上的里程碑

1987 年 10 月 26 日，中央电视台在黄金时段首次推出特殊的电视专题栏目——《广而告之》，播出关于文明乘坐公交车的公益广告——《别挤了》，这是中国第一个真正意义上的公益广告栏目，在中国公益广告发展史上具有里程碑的意义[3]。"公益广告"的概念由此逐渐深入人心。中央电视台广告部在《广而告之》开播之初明确提出："通过提醒、批评、规劝，向广大人民群众传播

---

① 周卡林：《谈电视公益广告的宣传引导功能》，《中国广播电视学刊》2000 年第 6 期。

② 王云、冯亦弛：《公益广告十五年》，《新闻大学》2003 年第 2 期。

③ 陈辉兴：《孕育发轫成长繁荣——中国电视公益广告三十年》，《传媒》2008 年第 7 期。

各种有益于社会进步的思想、行为方式和道德准则,以改变人们的价值观和道德观,达到培育良好社会风气、促进社会文明与进步的目的。"基于这一宗旨,《广而告之》栏目播出大量契合社会现实、主题多样、传播效果好的公益广告。据统计,1987—1995年,《广而告之》栏目播出的公益广告达到844条①。国家级电视台开办公益广告栏目,形成良好的示范效应,各地电视台纷纷播出公益广告片,开办公益广告节目,迈出我国公益广告发展的第一步。

(三)报刊公益广告远远落后于电视公益广告

1984年,《北京日报》《人民日报》《经济日报》《工人日报》《北京晚报》等多家报刊联合主办"爱我中华、修我长城"的赞助活动,倡议广告发出以后,得到全国30个省市的支持和赞助,港澳地区和海外国家积极参加这项活动。通过公益广告的宣传,国家收到数千万的赞助款项,及时修复了北京八达岭长城,恢复了长城的原貌。这是较早的报刊公益广告的雏形,但是《人民日报》正式刊登的第一则公益广告,在1990年。根据调研结果,报刊公益广告的发展远远落后于电视公益广告。

1986—1995年,经统计,《人民日报》《解放日报》和《厦门日报》这三份有代表性报刊共刊登公益广告41则,很少,公益广告还未得到足够的重视,无法充分发挥社会功能。从版面安排看,版面位置相对不重要,以半通栏和单通栏为主,没有半版以上的广告,较难引起大众的注意。在创意表现方面,开始注意使用图片,纯口号式和标语式的公益广告仍然大量存在,与商业广告相比,表现手法单一,几乎无创意可言,发展速度还是比较缓慢。广告主题围绕着文化教育和节庆法制展开,题材相对狭隘,社会热点问题少有提及,社会参与程度较低,很难激起公众的共鸣。

(四)媒体承担了主要角色

在报刊公益广告发展的初级阶段,媒体主要承担公益广告制作发布所需费用并扮演重要的角色。随着广告市场的深入发展,一些企业的社会责任意识加强,意识到公益广告是改善自身社会形象的有效方式,逐步参与公益广告运行。1993年,出现企业以承担广告制作费的方式加盟公益广告,如《解放日报》刊登的由太阳神集团赞助的"教师节"广告等,缓解了报刊广告部制作经费的压力,同时企业也借助媒体平台宣传自己。1995年,在杭州举行的公益广告拍卖会上,题为"保护水资源"的报刊公益广告以16.8万元的成交额由

---

① 刘林清、和群坡主编:《公益广告学概论》,中国传媒大学出版社2014年版,第95页。

浙江金亿集团拍得,此举开公益广告拍卖的先河①。企业的参与为公益广告注入活力,为公益广告的长远发展提供支撑。1995 年,在全国第四届优秀广告作品评选活动中,评出 9 项公益广告荣誉奖,由新华日报社制作的报刊公益广告《江苏省控制人口增长取得丰硕果实》便是其中之一。

第二节 报刊公益广告的成长阶段 (1996—2000 年)

1996 年,党和政府组织全国性的公益广告活动,面向社会征集广告作品,出台相应的法规政策,规定在报刊、电台、电视台关于公益广告的制作和播出情况,引导公益广告的规范化发展。中央文明办、中央宣传部、中央纪委、国家工商行政管理总局等联合组织开展了一系列公益活动,这促进了公益广告事业的发展。媒体、广告公司、社会组织和个人等都广泛地参与公益广告的投资、制作和播出。报刊公益广告发展较快。

一、该阶段大事记综述

1996—2000 年,我国实现稳中有进的总体要求,巩固和发展了"九五计划"的良好开局。

1997 年 7 月 1 日,中国宣告对香港恢复行使主权,设立香港特别行政区,我国的统一大业向前迈进一大步。9 月 12 日,中国共产党第十五次全国代表大会在北京举行。大会的主题是高举邓小平理论旗帜,把建设有中国特色社会主义事业全面推向二十一世纪。大会系统、完整地提出并论述了党在社会主义初级阶段的基本纲领,指出全党要毫不动摇地坚持社会主义初级阶段的基本路线,把以经济建设为中心同坚持四项基本原则、坚持改革开放两个基本点统一于建设有中国特色社会主义的伟大实践中,促进国民经济持续、快速、健康发展,发展面向现代化、面向世界、面向未来的、民族的、科学的、大众的社会主义文化,同时以企业改革尤其是国企改革为中心,积极推进经济体制改革,实施科教兴国战略和可持续发展战略,加强精神文明和民主法制建设,积极推进祖国和平统一大业。

---

① 黄升民、丁俊杰:《报纸广告策略与个案分析》,北京广播学院出版社 1997 年版,第 102 页。

在此背景下,我国加大经济体制改革力度,全面推进国有企业改革、金融体制改革和政府机构改革,随着"减员增效、下岗分流、规范破产、鼓励兼并"政策的推进,1997 年,全国共有 1 100 多万职工下岗。此后,下岗职工问题作为经济现象开始凸显,引起社会各方面普遍关注。1998 年 6 月起,长江、松花江、嫩江流域发生大洪水,抗洪抢险斗争得到全党全军全国人民的全力支持,经过两个多月的顽强拼搏,全国抗洪救灾工作取得决定性的伟大胜利。

1999 年 10 月 1 日,中华人民共和国成立五十周年,首都举行盛大阅兵仪式和群众游行。12 月 20 日,中国政府对澳门恢复行使主权,标志着实现祖国的完全统一又取得重大进展。2000 年 6 月,江泽民在《在中央思想政治工作会议上的讲话》中指出:"法律与道德作为上层监护的组成部分,都是维护社会秩序、规范人们思想和行为的重要手段,它们互相联系、互相补充。法治以其权威性和强制手段规范社会成员的行为,德治以其说服力和全道理提高社会成员的思想认识和道德觉悟。道德规范和法律规范应该互相结合,统一发挥作用。"这一年,中共中央提出实施西部大开发政策,增加资金投入,改善政策环境,扩大对外对内开放政策,吸引人才和发展科技教育,为 21 世纪我国经济发展开拓新的空间,有利于增强我国经济增长的拉动,有利于更好地调动全国力量参与国际竞争和拓展国际市场。

这一阶段,中共中央在经济工作会议中指出,我国已经胜利实现现代化建设前两步的战略目标,经济和社会全面发展,人民生活总体达到小康水平。

这一阶段,我国广告业继续保持稳定速度的发展,截至 2000 年,全国广告收入 712.66 亿元,增加 90.21 亿元,增长 14.57%,食品、家用电器、化妆品等成为广告投放的热点。广告公司作为行业主体的地位继续增强,广告公司经营单位数、从业人员数、经营额均占全国各项总数的近一半或一半以上。据统计,全国广告经营单位已有 78 399 户,比上年增长 10.73%,从业人员709 076 人。四种主要媒体广告经营额合计 43.4%,占全国广告营业额数的近一半①。同时,国务院相关部门增强对广告的监管力度,针对人民群众反应强烈的药品、医疗、保健食品展开了集中整治,市场秩序有所好转。

这一时期,社会焦点事件和关键词有国企改革、劳动合同制、香港澳门回归、抗洪救灾、下岗再就业、亚洲金融危机、小灵通、从头再来、E 时代、电子词典、《常回家看看》、高校扩招、西部大开发等。

---

① 迟福林主编:《中国改革开放全纪录(1978—2012)》,五洲出版社 2013 年版,第101 页。

二、该阶段报刊公益广告分析

1996—2000 年,我国报刊公益广告的数量明显增多,进入新的发展阶段。政府开始重视和管理公益广告,成为我国公益广告发展的重要引导力量。这一时期,报刊公益广告在版面安排、主题表现、创意表现、广告主、管理组织等方面有了较大的变化,开始快速成长。

该阶段共抽取《人民日报》《解放日报》和《厦门日报》三份主要报刊共 199 则公益广告作为样本进行分析。抽样情况如表 3-5 所示。

表 3-5　1996—2000 年三份主要报刊公益广告抽样情况

报刊名称	数量	百分比
厦门日报	69	34.7％
人民日报	79	39.7％
解放日报	51	25.6％
合计	199	100.0

三份主要报刊的公益广告抽样数量相当,较之 1986—1995 年的十年有大幅度增长,表明 1996—2000 年三份报刊都重视公益广告的刊登。

(一)版面安排

版面安排主要从版面名称、广告规格、刊登时间等几个方面进行统计和研究。这一阶段的报刊公益广告在刊登版面上仍然不够受重视,刊登时间的随意性也较强。

1. 版面名称

分析 199 则抽样公益广告,1996—2000 年,三份主要报刊的公益广告主要集中刊登在健康版、文娱版、广告版等相对不重要的版面上,在广告版和其他版共占 60.81％,比较重要的要闻版和经济版仅有 18 则,占抽样总量的 9％。说明,这一时期,公益广告虽然从数量上有较大幅度的增长,但版面位置相对不重要。

2. 广告规格

从刊登广告的面积上看,广告版面越大,越容易被消费者重视。一般情况下,大版面以其空间开阔,编排自由,关键信息突出的特色,很容易引起读者注意。1986—1995 年十年中,我国报刊公益广告的面积都较小,未出现半版或者整版的广告形式。1996—2000 年,我国的报刊公益广告的面积增大,

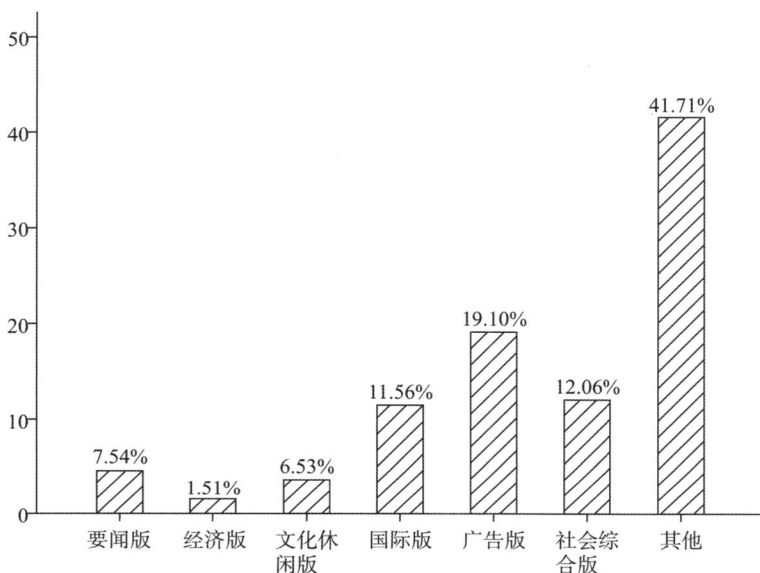

图 3-9 1996—2000 年三份主要报刊公益广告版面

以单通栏广告和双通栏广告为主，在抽样的 199 则公益广告中，共有 146 则单通栏或双通栏的广告，占总量的 73.4％。这一时期，出现半版广告和整版广告等较大面积的广告，占总量的 17.1％。尤其是《人民日报》，作为中国共产党中央委员会的机关报，从 90 年代以来，为推动公益广告事业持续繁荣发展付出很多努力，投入大量人力、物力和财力，制作发布了一大批主题鲜明、导向正确、寓意深刻、制作精良的公益广告，是发布公益广告的旗帜。版面安排上，双通栏面积以上的公益广告占 74％，有 4 则整版公益广告和 18 则半版广告，视觉效果较好。

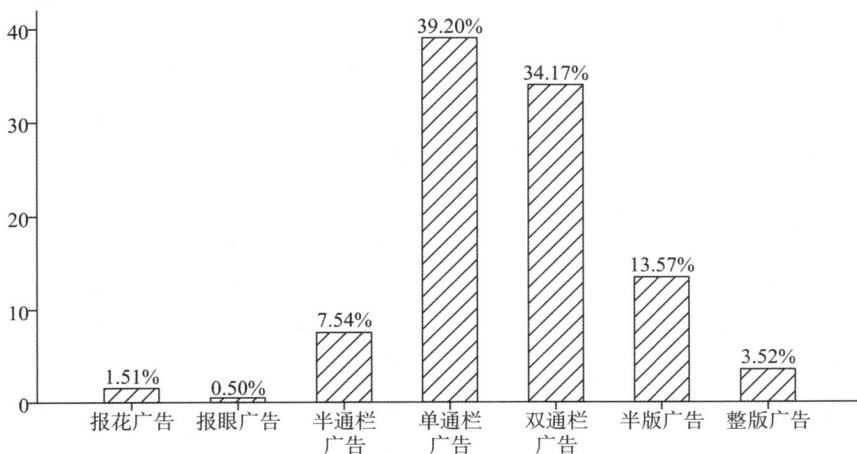

图 3-10 1996—2000 年三份主要报刊公益广告版面面积

《人民日报》2000 年 6 月 17 日刊登的公益广告,由水利部水土保持司为号召读者保护环境而制作投放,标题是"水土流失,我国的头号环境问题",采用了整版广告的形式,视觉效果较突出。

3. 刊登时间

图 3-11　1996—2000 年三份主要报刊公益广告刊登时间

广告的效果取决于刊登时间,能被更多的消费者阅到,则能更好地改善传播效果。根据统计,1996—2000 年三份主要报刊公益广告的刊登时间较之1986—1995 年有明显不同。周一到周五刊登的频率较平均,但一般报刊阅读率最高的周五——报刊比较黄金的时间段,刊登公益广告的频率也最高,达到 20.1%。《人民日报》是党的中央机关报,对公益广告格外重视,刊登时间比较好,在抽样的 70 则公益广告中,有 20 则刊登在周五,占总量的 25.3%。《解放日报》也是同样情况,抽样的 51 则公益广告中,有 14 则刊登在周五,占总量的 27.5%。《厦门日报》刊登公益广告频率最高的是周三,有 15 则,占总量的 21.7%。

通过分析,该阶段报刊公益广告的刊登效果得到改善,版面面积日益增大,出现半版、整版的大面积广告,刊登时间也有所改善,但位置不够理想。

(二)主题表现

随着社会的发展变化,受社会环境各种因素的影响,公益广告发展的每个阶段都有特点。1996—2000 年属于公益广告的成长期,公益广告的主题多与自然环境、生态资源相关,占 31.16%,道德伦理和慈善救助的关注度也上升,占 17.59%。面对 1998 年的特大洪涝灾害和下岗再就业的思潮,公益广告成为政府有效的宣传工具。在政府主导下,"下岗再就业"等话题成为热点话题。由此可见,从 2000 年起,我国的公益事业开始向组织化和规模化迈进,进入较快速的发展繁荣阶段。但从公益广告的主题变化趋势看,公益广告还并未完全发挥作用,主要是政府和党的宣传二具,偏向舆论引导和政府宣传。

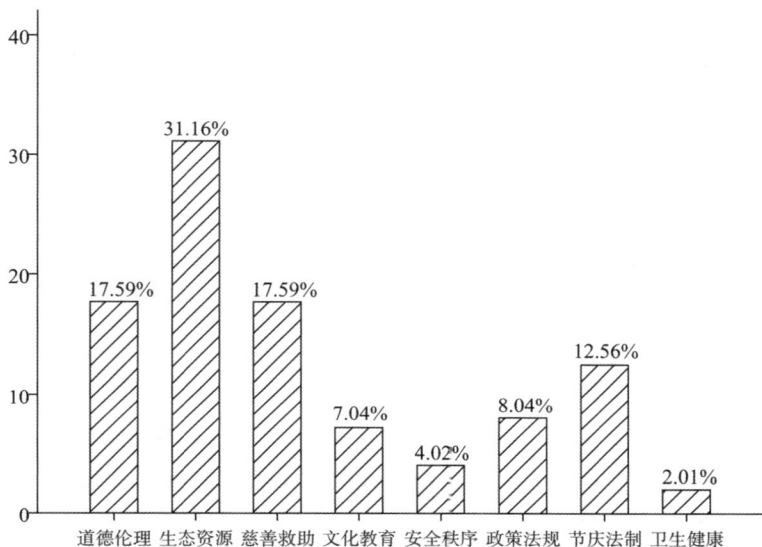

图 3-12　1996—2000 年三份主要报刊公益广告主题分布情况

　　这一时期,公益广告主题呈现系列化特征,在政府以及媒体等各方面力量支持下,"中华好风尚""自强创辉煌""下岗再就业""树立新风尚、迈向新世纪"等主题形成系列广告。

　　1996 年 6 月 18 日,国家工商行政管理总局组织开展"中华好风尚"主题公益广告月,这是中国公益广告史上第一个由国家行政管理部门组织开展的大规模公益广告活动。1997 年 4 月 11 日,国家工商行政管理总局又组织开展"自强创辉煌"的主题公益广告月活动。2000 年 1 月 5 日,中央文明办、国家工商行政管理总局再次共同组织"树立新风尚、迈向新世纪"的主题公益广告宣传月活动。通过有组织地开展公益广告月活动,这一时期的公益广告主题呈现系列化的特征。

　　各地市积极响应政府号召,各地的公益广告活动开展得如火如荼。1997年 1 月 24 日,《安徽日报》利用半个版面刊登题为"决不让一个特困职工过不了年"的公益广告,各地困难职工只要拨打广告中刊登的电话号码,很快就会有工会、民政部门的干部在调查属实后,带上米、面、油、肉等过年用品上门慰问。广告刊发后,多家媒体转发报道,在全国引起强烈反响,特别是经中央电视台《新闻联播》报道以后,影响面更广[1]。之后,该省教委、省总工会针对下

---

① 班允凤:《报刊公益广告策略与价值刍议》,《中国出版》2006 年第 7 期。

岗职工再就业面临困难的情况,商讨开办免费技能培训班事宜,《安徽日报》广告处又建议以"自强创辉煌"为主题,策划公益广告。得到认可后,设计人员精心创意策划"用知识打开您再就业的大门"半版公益广告,公布该省 7 所大学免费为下岗职工开设家电维修、计算机应用等培训内容和联系方式,引起社会共鸣,社会效益巨大。

1997 年 4 月 7 日,厦门市"向不文明行为告别"公益广告宣传月活动启动。此次公益广告活动月由中共厦门市委宣传部、厦门市工商局主办,厦门市广协承办,包括"FUN 杯"公益广告设计大赛及评选、展览、拍卖和颁奖及交响乐晚会等一系列活动。社会各界包括广告公司、媒体单位及个人积极参与,活动收到 500 多件作品,作者有小学生、军人,甚至聋哑人,除厦门本地外,还有来自泉州、漳州、福州等地的作者。专家对参赛的 500 多件广告作品进行评选后,50 件作品荣获公益广告政府奖。组委会还举行公益广告冠名权拍卖会,有 16 件作品参加拍卖,总成交额达 524① 万元,拍卖所得设立公益广告基金,由市广告协会统筹用于公益广告的开发。同时,组委会还精选出 150 件公益广告优秀作品,制作出 180 米长的公益广告灯箱墙,将厦门市中山公园装扮得分外绚丽,厦门人民在惊叹公益广告艺术魅力的同时,再次感受到中华民族传统美德和良好风尚。

这一时期最主要的社会热点话题和关键词有国企改革、劳动合同制、香港澳门回归、抗洪救灾、下岗再就业、亚洲金融危机、小灵通、从头再来、E 时代、电子词典、《常回家看看》、高校扩招、西部大开发等。这一时期提到这些热点话题的公益广告有 23 条,占抽样总量的 11.5%,较上一时期有小幅增长。在举国上下抗洪救灾的热潮中,涌现出大量以抗洪救灾为主题的公益广告,宣传万众一心、顽强拼搏的抗洪精神。针对下岗职工再就业这一题材,制作一系列鼓舞斗志、感动人心的公益广告,如《人民日报》的《从头再来》《支持就是力量》,引起社会广泛关注,其影响力远远超过众多商业广告,成为人们广泛议论的话题。

表 3-6　1996—2000 年三份主要报刊公益广告社会热点反映情况

是否社会热点	数量	百分比
是	23	11.5%
不是	176	88.5%
合计	199	100.0%

---

①　张力军、张建华:《地方报刊应如何对待公益广告》,《电视研究》2000 年第 10 期。

总之,该阶段的公益广告主题初步呈现系列化的特点,开始与社会重大热点事件相结合,引发人们的关注。

(三)创意表现

从艺术的角度来审视广告,每个成功的广告都是商业运作与艺术的完美结合,公益广告也如此。从艺术表现方面来审视报刊公益广告的创意很有必要。

1. 图片使用

图片可以吸引读者的注意力,让人眼前一亮,达到更好的宣传效果。1996—2000 年的 199 份抽样公益广告中,只有 26 则采用纯口号的形式,未使用图片,剩下的 173 则都配有图片,比例达到 86.9%。说明这一阶段公益广告的图片运用比较普遍,图片得到重视。

抽样的公益广告中,对于图片使用情况各有不同,统计情况如图 3-13 所示:出现少量的漫画表现形式,占总量的 6%;但也有 10 则公益广告只有简单的配图,并没有针对性地反映广告诉求。剩余的 151 则公益广告图片较有效地反映广告诉求,传播效果较好。

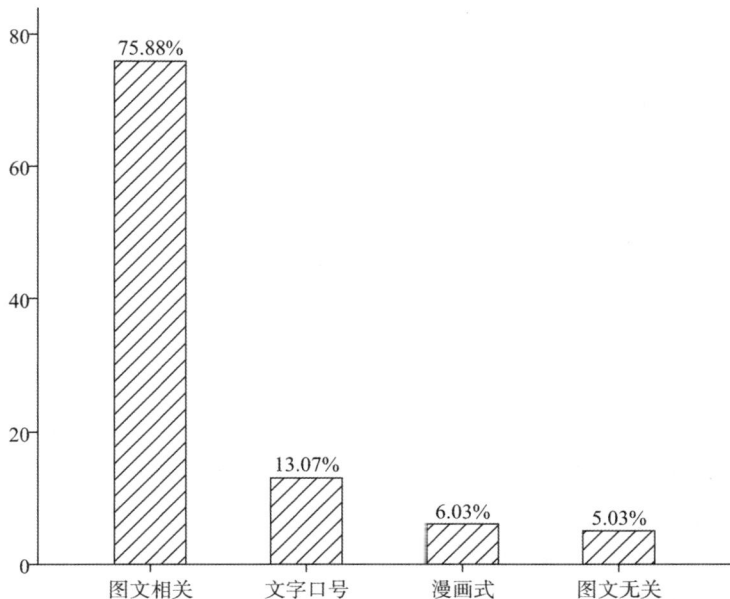

图 3-13　1996—2000 年三份主要报刊公益广告图片使用情况

2. 诉求方式

用不同的诉求方式有不同的传播效果,恰当的诉求方式可引起受众共鸣,增强可读性,达到情理交融,较易劝服。合理把握和运用公益广告的情感诉求规律和原则,以及正确发挥公益广告的社会功能,不仅影响社会公众的思想情操和价值观念,而且决定着公益广告的道德感召力量,决定其艺术上的成败。1996—2000年抽样的199则报刊公益广告中,有187则采用感性的诉求方式,占总量的94%,表明当时的大部分公益广告采用情感诉求的方式。情感诉求通过强有力的感染力使人们领悟广告诉求。公益广告以情感诉求方式为主,可以通过作品表现使广告受众产生特定的情感体验,进而触动心灵,改变态度,从内心深处认同公益观念,内化到自己的言行中。

表 3-7　1996—2000 年三份主要报刊公益广告诉求方式

诉求方式	数量	百分比
感性诉求	187	94%
理性诉求	12	6%
合计	199	100%

3. 人称代词

1996—2000年三份主要报刊公益广告中,仅有15则使用第二人称,使用第一人称数有29则,超过第二人称。大部分的公益广告采用第三人称,共计155则,占总量的77.8%,这与上一阶段的情况相似,第三人称的使用限制较少,更有利于文案的发挥。

表 3-8　1996—2000 年三份主要报刊公益广告人称使用

人称	数量	百分比
第一人称	29	14.6%
第二人称	15	7.6%
第三人称	155	77.8%
合计	199	100.0%

4. 色彩印刷

众所周知,彩色印刷能达到更好吸引读者注意的目的。在1996—2000年的三份主要报刊公益广告的色彩印刷方面,75则公益广告采用了彩色印刷,仅占37.7%,剩余124则抽样公益广告采用了黑白印刷的方式,占62.3%。可见在该阶段公益广告的艺术表现效果不够受重视。值得注意的是,《厦门日报》的69则公益广告中,58则采用彩色印刷,达到较理想的传播效果。

表 3-9　1996—2000 年三份主要报刊公益广告色彩印刷

色彩印刷	数量	百分比
彩色	75	37.7%
黑白	124	62.3%
合计	199	100%

总之,该阶段公益广告的创意重视图片的使用,标语口号式广告逐渐减少,诉求方式以感性为主,虽然增加了彩色印刷,但创意方面略显单一。

(四)广告主

这一阶段的公益广告的广告主多元化,除媒体、政府参与外,广告公司、企业和非政府组织等也积极参与。这一阶段,公益广告的发布仍由政府部门和媒体主导,占到抽样总量的 60.7%。值得注意的是,在抽样的公益广告中,企业参与占到 24.6%,尤其是少数有长远眼光的民企介入公益广告的制作和发布。例如,1993 年 9 月,广东太阳神集团在《人民日报》上发布公益广告"太阳神与奥运精神同在",这则广告充分体现广东太阳神集团愿与中国体育事业和中华民族的命运紧密联系在一起的社会责任感和民族荣辱感,在读者中留下良好的企业印象。

表 3-10　1996—2000 年三份主要报刊公益广告广告主情况

广告主	数量	百分比
政府部门	28	14%
媒体	93	46.7%
非政府组织	29	14.6%
国有企业	4	2%
民营企业	41	20.6%
外企	4	2.1%
合计	199	100%

三、该阶段报刊公益广告特点总结

1996—2000 年,我国公益广告进入新的发展阶段,开始快速成长。政府开始重视和管理公益广告,成为我国公益广告发展的重要引导力量。该阶段公益广告呈现出组织规模化、运作规范化、主题系列化、主体多元化、融资多样化等特点。在政府以及媒体等各方面力量支持下,围绕"中华好风尚""自强创辉煌""下岗再就业""树立新风尚、迈向新世纪"等主题形成系列广告。

(一)组织规模化、运作规范化、主题系列化

从1996年起,政府开始重视和管理公益广告,组织了大量规模化的公益广告活动,运作越来越规范。影响较大的有以下三次。

1.1996年的"中华好风尚"主题公益广告活动

1996年6月18日,国家工商行政管理总局发出《关于开展"中华好风尚"主题公益广告月活动的通知》,以弘扬中华民族优秀的传统美德和优秀传统文化。这是中国公益广告史上第一个由国家行政管理部门组织开展的大规模公益广告活动。该通知动员广告投放量较大的广告主积极出资制作和发布公益广告;要求专业广告公司应至少制作一件公益广告;广告发布者应积极为公益广告提供时间段和版面;期间,省级以上媒体黄金时间播出公益广告应不少于一条,其他时间应不少于两条;省级以上报刊媒体明显版面每周刊出公益广告应不少于一条,其他版面应不少于两条。国家工商行政管理总局此文一发出,全国上下兴起了公益广告创作的高潮。9月—10月,全国范围内组织开展的"中华好风尚"主题公益广告月活动,在各级工商行政管理机关的共同努力下,在广大广告主、广告经营者和广告发布者的积极参与下,取得圆满成功。

据统计,全国共制作、发布各类公益广告16 860件,其中电视广告4 582条,报刊广告4 123条。为鼓励创作高质量、高水平的公益广告,表彰在活动中表现突出的单位和个人,国家工商行政管理局组织专家和政府有关部门进行了评审,从各地选送的241幅公益广告作品中评出107幅优秀公益广告作品。其中,《人民日报》《解放日报》均有获奖的平面作品。

2.1997年的"自强创辉煌"主题公益广告活动

1997年4月到9月,为了贯彻党的十四届六中全会精神和工商形象建设,集中宣传改革开放和两个文明建设取得的辉煌成就,深入进行党的基本理论和基本路线教育,引导人们高举邓小平同志建设有中国特色社会主义理论的旗帜,国家工商行政管理局在全国范围内开展"自强创辉煌"主题公益广告月活动。据统计,"自强创辉煌"主题公益广告月活动期间,全国共制作发布公益广告24 155件,其中,影视广告6 548条,报刊广告5 961条。为了鼓励创作高质量、高水平的公益广告,表彰在活动中表现突出的单位和个人,评出123件作品获得公益广告政府奖。云南日报社平面广告《今天我们自强不息》获平面类金奖。

3. 2000年的"树立新风尚、迈向新世纪"主题广告月活动

2000年1月初,中央精神文明建设指导委员会办公室与国家工商行政管理总局联合召开新闻发布会,再次共同组织开展以"树立新风尚,迈向新世纪"为主题的公益广告宣传活动。围绕以上有规模、运作规范的主题公益广告活动,呈现出了大量系列广告。

(二)公益广告开始与重大社会事件结合

公益广告成为反映经济、政治以及社会发展状态的镜子,围绕与国计民生联系紧密的重大事件,生动反映社会发展状况,对维护社会稳定发挥重要作用。面对1997年下岗问题,媒体通过公益广告宣传来转变下岗职工的再就业观念,其中,围绕下岗职工再就业这一题材制作的《从头再来》等一系列鼓舞斗志、深入人心的公益广告引发关注,宣传下岗工人的自强精神和正确择业观,激发了下岗职工再就业的勇气和信心,引起社会强烈共鸣。1998年特大洪水灾害中涌现出大量以抗洪救灾为主题的广告,宣传了万众一心、众志成城顽强拼搏、坚忍不拔的伟大抗洪精神。

(三)广告主多元化,融资方式多样化

随着社会关注度的不断提高,其价值不断提高,这促使广告公司、企业、社会组织和个人广泛地参与公益广告的投资、制作、刊播等环节。

企业主越来越积极地参与公益广告的制作和发布中。例如长江实业与媒体合作推出"知识改变命运"系列公益广告,引起强烈反响。个人参与公益广告事业的积极性不断高涨,他们自费购买媒体时段或版面,用公益广告向大众宣传环境保护、爱国意识,在全社会起到先锋模范作用。2000年1月23日,湖南的汤逢雨自费在《中华工商时报》头版上刊登公益广告"我们,以德报怨;有人,变本加厉。我抗议",对同日在日本大阪举行的"南京大屠杀——20世纪最大谎言"集会进行抗议。

随着越来越多企业和个人参与公益广告中,媒体的融资方式也更加多样化,比如1999年6月,《厦门日报》公开拍卖公益广告所属权的筹资方式。

第三节 报刊公益广告的发展阶段
(2001—2006年)

2001年被称为公益广告年。此后,工商行政管理总局、广电部、卫生部等

单位联合开展一系列多主题、规模空前的公益广告活动,比如 2002 年的"希望工程助学行动"、2003 年的"抗击非典的第二战场"、2004 年"节约创造价值"、2006 年的"红盾护农"和"新农村"等。政府相关部门也出台文件来加强对公益广告管理。越来越多的广告公司加入公益广告创作,参与主体多元化。

一、该阶段大事记综述

2001—2006 年,我国国民经济保持平稳较快发展,对外开放进一步扩大,就业再就业和社会保障工作取得新的进展,经济体制改革进入新的历史阶段。

2001 年 1 月,全国宣传部长会议明确提出把依法治国与以德治国紧密结合起来。中共中央制定的《公民道德建设实施纲要》指出,加强社会主义思想道德建设,是发展先进文化的重要内容和中心环节。该纲要成为公益广告发展的指导方针。

7 月 13 日,北京申办 2008 奥运会获得成功,激发全国人民的自豪感和爱国热情。11 月 10 日,世界贸易组织第四届部长级会议审议并通过中国加入世贸组织的决定,在中国政府代表签署中国加入世贸组织议定书,向世贸组织秘书处递交中国加入世贸组织批准书 30 天后,中国正式成为世贸组织成员。申奥成功和加入世贸组织,充分展现中国融入世界的决心和信心,也充分揭示我国的综合国力不断提高。

2003 年年初,我国局部地区发生非典型性肺炎传染病,政府采取果断措施,成立全国防治"非典"指挥部,全党全国人民在党中央、国务院的坚强领导下,坚持一手抓"防治非典"这件大事不放松,一手抓经济建设这个中心不动摇,夺取了"防治非典"工作的阶段性胜利,保持了经济较快增长的良好势头。

2004 年,中共中央经济工作会议提出继续加强和改善宏观调控,确保经济平稳较快发展;继续加大对"三农"的支持力度,保持农业和农村发展的好势头;大力推进结构调整,促进经济增长方式转变,着力推进经济体制改革,建立健全全面协调可持续发展的制度保障;统筹国内发展和对外开放,增强国际竞争力。在相关会议上还提出,把反腐倡廉作为重要工作,为经济发展创造良好的条件。提出坚定不移地树立和认真落实科学发展观,全面实施东北地区老工业基地振兴战略。中央纪律检查委员会第三次全体会议在京举行,胡锦涛强调对反腐倡廉工作,要继续坚持标本兼治、惩防并举,加大从源头上防治腐败的根本举措,各级党委和政府要按照建立健全教育、制度、监督并重的惩治和预防腐败体系的目标要求,扎扎实实做好工作。我国国民经济保持平稳较快发展,经济运行中的不稳定健康因素得到抑制,农业、基础设施建设和社会事业等方面的薄弱环节得到加强,粮食生产出现重要转机,部分行业投资增长过快的势头得到初步遏制,对外开放进一步扩大,就业再就业和社会保障工作取得新进展,城乡居民生活继续改善。此外,神舟六号载人航天飞行圆满成功、青藏铁路全线贯通,我国在推进社会主义现代化的征程上又向前迈进了一步。

根据百度搜索热词、《中国改革开放 30 年关键词》和《中国改革开放全纪录(1978—2012)》,这一时期最主要的社会热点话题和关键词是股市、WTO、中国男足、申奥成功、足彩发行、十六大、三个代表、世界杯、"孙志刚事件"、非典、科学发展观、国务院机构改革、刘翔、超级女声、青藏铁路、神舟六号、构建和谐社会、房奴、社会主义新农村等。

二、该阶段报刊公益广告分析

2001 年被称为"公益广告元年",从这年开始,中国大陆报刊公益广告正式进入稳中求变的探索发展期。在新形势下,政府部门和媒体分别在公益广告的组织管理、播出形式上进行尝试和探索·媒体和企业的合作日趋频繁,初步形成新的局面。

按照抽样规则,在三份主要报刊上共抽取公益广告 226 则,这一阶段,基本未缺失样本,其中《厦门日报》抽取 72 则,《人民日报》抽取 82 则,《解放日报》抽取 72 则。

表 3-11　2001—2006 年三份主要报刊公益广告抽样情况

报刊名称	数量	百分比
厦门日报	72	31.9%
人民日报	82	36.2%
解放日报	72	31.9%
合计	226	100.0%

下面将从版面编排、主题表现、创意表现和广告主四个部分对这一阶段的报刊公益广告进行内容分析。

(一)版面编排

公益广告占版面的比例大小对传播效具有重要的影响。由于版面有限,公益广告所占比例越大,地位越能凸显。

1. 版面规格

这一阶段,报刊公益广告的版面面积明显增大,双通栏以上的广告面积占到 69.5％,半版和整版广告共有 101 则,这一阶段的公益广告主要较大版面,以吸引读者注意。

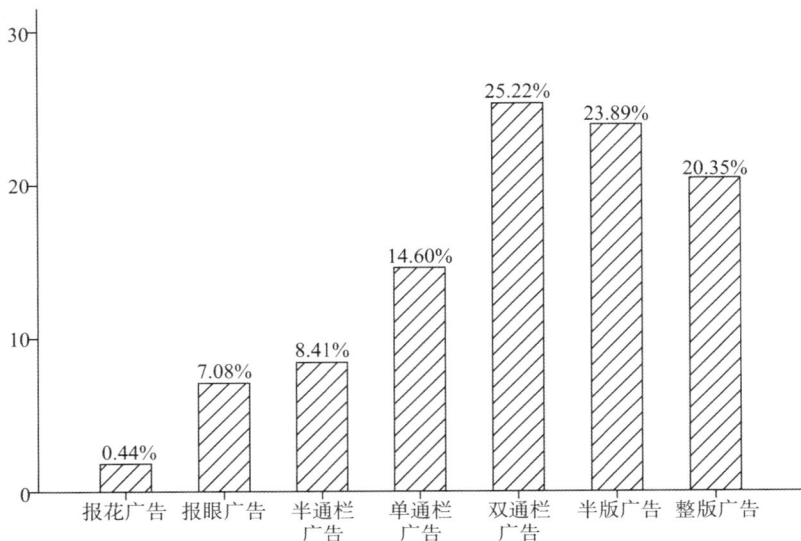

图 3-14   2001—2006 年三份主要报刊公益广告版面规格

2. 版面位置

不同版面的阅读和传播效果不同,在新闻类等阅读率高的版面刊登广告可以获得更高的关注度。

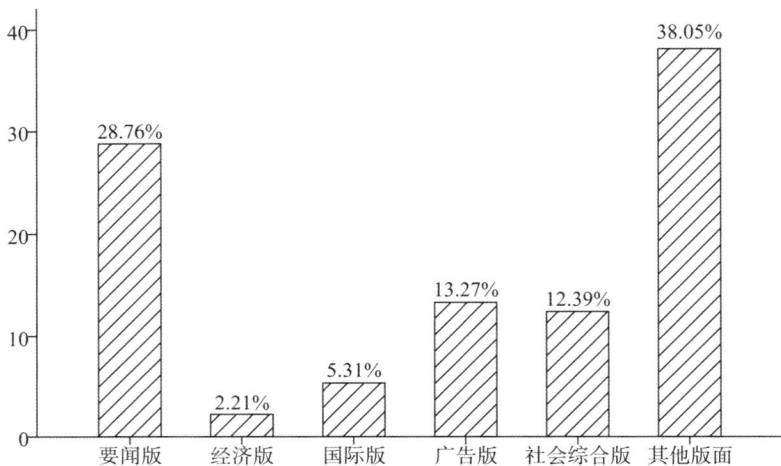

图 3-15   2001—2006 年期间三份主要报刊公益广告刊登版面名称

2001—2006 年,三份报刊公益广告刊登的版面位置都有显著的改善。65 则公益广告刊登在了一版、二版等要闻版上,占抽样总量的 28.76％。刊登在要闻版上更容易获得读者的青睐,表明这一阶段的公益广告更受重视,但还有一半以上的公益广告刊登在广告版、综合版和其他版等相对不重要的位置,说明对公益广告的关注还有提升空间。

3. 刊登时间

广告刊登时间也会影响读者对广告的关注程度。通过抽样分析,我们发现一个有趣的现象,2001—2006 年,三份报刊刊登公益广告的时间出现平均化的现象,并不集中于某几天,从周一到周日都有。刊登频率相对最高的是周一,发布了 37 则广告。这一阶段,公益广告的刊登时间也有较大改善,不再是填空式的随机发布,而是有计划的发布。

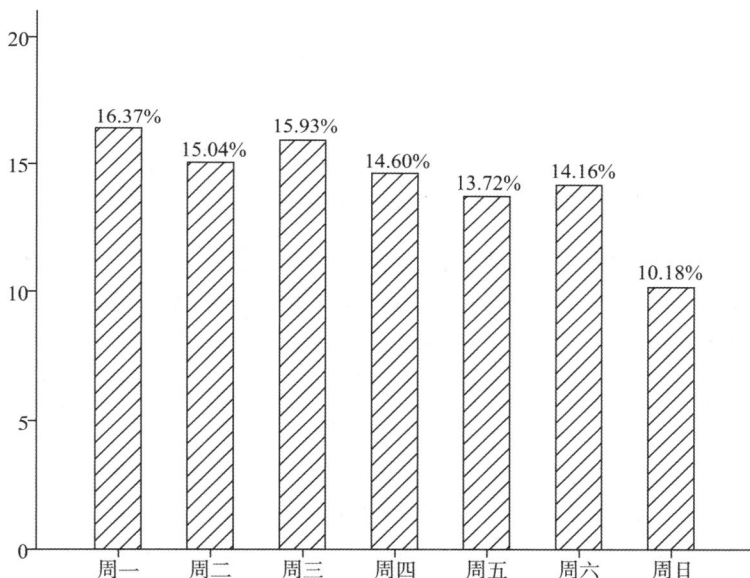

图 3-16　2001—2006 年三份主要报刊公益广告刊登时间

总的说来,该阶段公益广告的版面编排有较大改进,越来越受到重视,版面面积日益增大,版面位置也越来越好。

(二)主题表现

迈入新世纪后,公益广告进入新的发展阶段,在主题表现方面的统计如图 3-17 所示:道德伦理和生态资源依然很受关注,分别占 23.45% 和 27.43%,这一阶段由于更多的企业开始关注公益广告,并且借助公益广告来提升自身品牌形象,因此道德伦理类和生态资源类的公益广告主题更受青睐;政策法规类和节庆法制类的宣传相对下降,占 13.72% 和 7.96%;文化教育类的占抽样总量最少,仅 3.1%。这一时期的公益广告主题更加多元化。

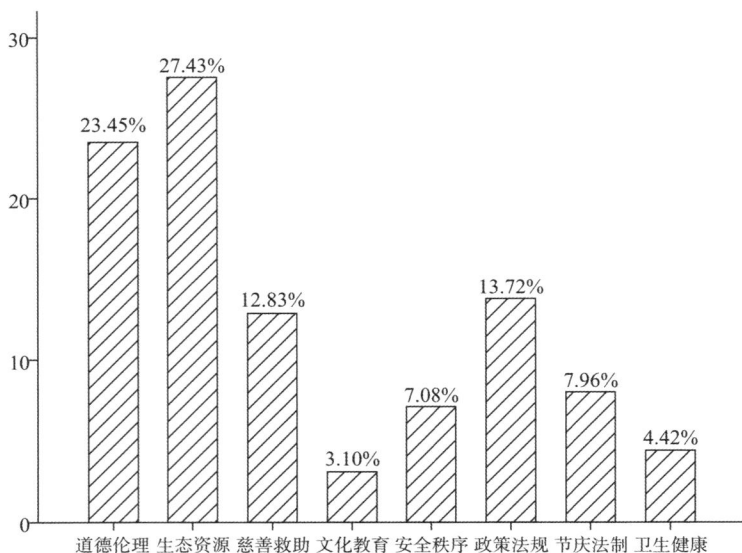

图 3-17　2001—2006 年三份主要报刊公益广告主题表现

这一时期最主要的社会热点话题和关键词是股市、WTO、中国男足、申奥成功、足彩发行、十六大、三个代表、世界杯、"孙志刚事件"、"非典"、西部大开发、科学发展观、国务院机构改革、刘翔、超级女声、青藏铁路、神舟六号、构建和谐社会、房奴、社会主义新农村等，共有 38 则公益广告提到了这些社会热点或关键词，占总量的 16.8％，较上一时期有较大的增长。

在"非典"等关键时期，通过大量刊登公益广告，起到了较好的鼓舞人心的作用。《人民日报》克服特殊时期的重重困难，先后及时推出抗击非典的"万众一心，众志成城，科学防治，战胜非典""沧海横流，显英雄本色"等公益广告。这些公益广告在刊登后，极大鼓舞了民众信心，增强了全国人民万众一心，战胜"非典"的勇气和信念。

同样是表现抗击"非典"的主题，地方性报纸上的公益广告更有针对性和灵活。比如《厦门日报》为了提醒市民注意，于 4 月 24 日刊登《预防非典，别当儿戏》的公益广告。随着形势发展，社会上又出现过度紧张，人人自危的倾向，面对这种情况，《厦门日报》又刊发题为"让我们放飞心情"的公益广告，安抚民众心情。

2004 年，配合党的廉政建设，以讲廉政为主题内容的公益广告大量涌现。2004 年报刊上定期播放或刊登有关艾滋病防治和无偿献血的公益广告，深入持久地开展艾滋病防治和无偿献血知识宣传教育活动。

表 3-12 2001—2006 年三份主要报刊公益广告反映社会热点情况

是否社会热点	数量	百分比
是	38	16.8%
不是	188	83.2%
合计	226	100.0%

该时期的公益广告主题更加多样化,出现预防艾滋病、廉政建设等能及时反映社会重大热点问题的主题,但是与民生紧紧相关的问题涉及较少。

(三)创意表现

1. 图片使用

通过资料收集统计,该时期仍有 34 则公益广告采用口号标语式,占总量的 15%,可见标语式的宣传仍是该时期公益广告的表现形式。84%的公益广告配有图片,且基本图文相关,图片能有效反映广告诉求。图片对于读者有较大的吸引力,可以拉近传受双方的距离,展现图片在表达话语方面的优势,可以促进公益广告的传播效果的改善。

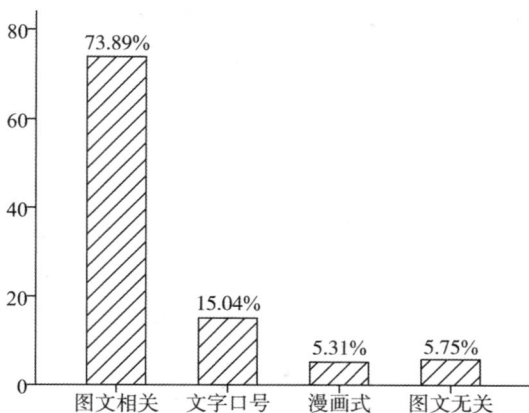

图 3-18 2001—2006 年三份主要报刊公益广告图片使用情况

2. 诉求方式

公益广告的主要作用是传播公益理念,就广告创作而言,广告内容的表现形式比内容本身更为重要。因此,公益广告更需要用恰当的诉求方式实现公益目的。如表 3-13 所示,2001—2006 年三份主要报刊的公益广告以感性诉求方式为主,占 86.3%。如 2004 年 7 月盛夏,许多城市出现水电供应紧张的局面,《人民日报》上刊登的《水的简化篇》,通过水的描写笔画减少,告知大家"减少的不只是笔画",号召大家节约用水。也有 31 则公益广告采用理性的诉求方式,用逻辑性强的数据和对道理的说服使人们接受这一观念。同样是号召节水,《厦门日报》上刊登的公益广告作品《节约资源,健康生活》就采用理性诉求,"全国空调每调高一度,一年将节约数十亿度电",数字不仅说明问题,而且给人们带来强烈的冲击,使人们明白微小的行为都可以给社会带来巨大的影响,加强了人们节约资源的观念,有助于打造节约型社会。

表 3-13   2001—2006 年三份主要报刊公益广告诉求方式

诉求方式	数量	百分比
感性诉求	197	86.3%
理性诉求	31	13.7%
合计	226	100%

3. 说服方式和心理需求层次

除了使用理性诉求和感性诉求的不同诉求方式对传播对象的效果不同以外,采用正面鼓励和反面警惕的说服方式也能产生不同的传播效果。正面鼓励的说服方式利用了人们积极的情感体验,把严肃的行为规范和道德教育内容包容在轻松的氛围中,使读者在愉快的心境中不自觉地产生或接受对某件事物的态度。反面警惕的说服方式可以发挥公益广告的说服、规劝、警示、批评的作用。前瞻性原则帮助人们防微杜渐,让人们受到适当的信息刺激后产生害怕等情感体验,以获得传播效果。针对不同的传播主题和传播内容,应当采用不用的说服方式。

经调研,如表 3-14 所示,2001—2006 年三份主要报刊的抽样公益广告中有 211 则广告采用正面鼓励的说明方式,让人们在较轻松的情绪下接受观点,仅有 15 则公益广告采用反面警惕的手法,说服方式比较单一。

表 3-14   2001—2006 年三份主要报刊公益广告说服方式情况

说服方式	数量	百分比
正面鼓励	211	93.4%
反面警惕	15	6.6%
合计	226	100%

如图 3-19 所示,该时期公益广告的心理需求层级主要集中在生理层级、尊重层级和自我实现层级,分别占 28.3%、26.1%和 24.8%。

4. 人称代词

2001—2006 年三份主要报刊中公益广告的人称代词,如表 3-15 所示,三份报刊公益广告中使用第三人称代词比较普遍,占 86.2%,有 26 则使用第一

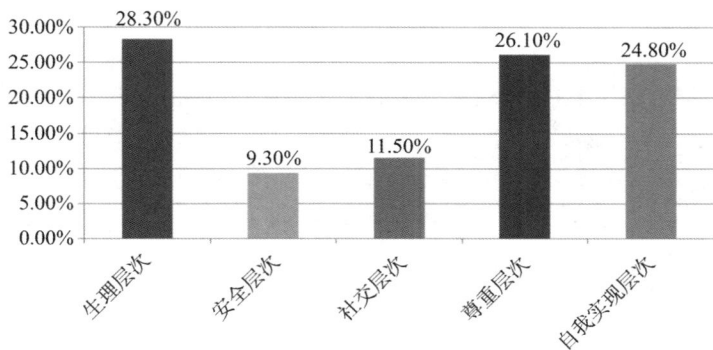

图 3-19　2001—2006 年三份主要报刊公益广告心理需求层级反映

人称。由于第一、第二人称使用时有较多的限制,因此较少使用。但是无论哪种人称代词,只要能让读者顺利接受,增强亲切感,取得好的宣传效果,都可以采纳。

表 3-15　2001—2006 年三份主要报刊公益广告中的人称代词

人称	数量	百分比
第一人称	26	11.5%
第二人称	5	2.2%
第三人称	195	86.3%
合计	226	100.0%

5. 色彩印刷

对于报刊这种媒体来说,彩色的印刷效果肯定超过黑白的印刷效果,能更好地吸引读者的注意,增进传播的效果。

表 3-16　2001—2006 年三份主要报刊公益广告色彩印刷情况

色彩印刷	数量	百分比
彩色	154	68.1%
黑白	72	31.9%
合计	226	100.0%

如表 3-16 所示,这段时期内,彩色印刷的比例大幅增加,共有 154 则抽样公益广告采用彩色印刷,其中《人民日报》和《厦门日报》的公益广告基本是彩色印刷,《解放日报》仍有部分公益广告作品采用黑白印刷。

总之,该时期公益广告的创意有所改善,以大图效果为主,彩色印制比较普及,但创意略显不足,对受众吸引力不够。

(四)广告主

公益广告的广告主是公益广告活动的主导者,是公益广告的发布者和具体实施者。研究公益广告主可以初步判断公益广告参与者的总体情况。该阶段的广告主以媒体和政府为主导,有 66.4％的公益广告由政府和媒体共同发布。这个阶段,企业参与公益广告的制作和发布更为积极,尤其是民营企业,有 42 则公益广告由民营企业发布,占总量的 18.6％。个人对于公益问题也更为关注,2005 年 6 月 5 日,《人民日报》上刊登了一则广告:蓝天下,一片青山绿水,画面正中"善待环境就是善待自己"的红色文字环抱着地球,广告

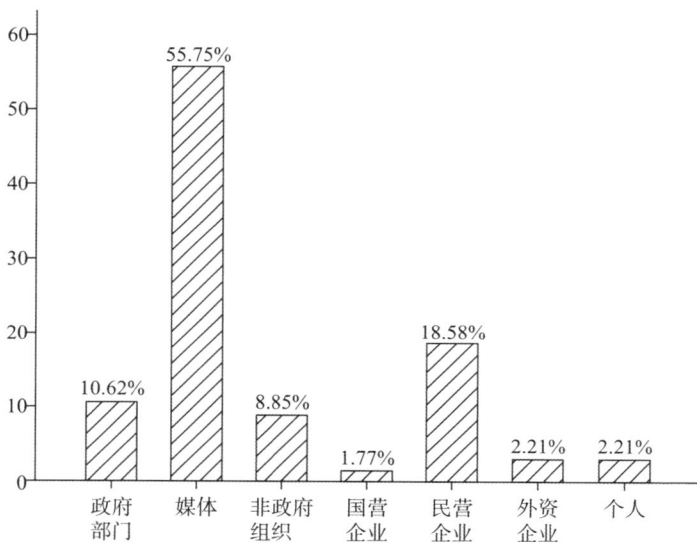

图 3-20   2001—2006 年三份主要报刊公益广告广告主情况

下方署名"农民陈法庆"。这样的公益广告,陈法庆做过多次,为此倾注 43 万元家产。此外,他还创办个人环保网站,接受环保咨询和投诉,这也表明了公益广告的参与者更加多元化。

三、该阶段报刊公益广告特点总结

这一阶段,我国广告市场规模已跃居世界第二,远远高于国民经济的发展速度[1],这为公益广告的发展奠定了基础。党和政府继续加强公益广告的组织和管理,深入开展公益广告宣传活动,公益营销的概念也更加深入人心。

---

[1]   陈辉兴:《孕育发轫成长繁荣——中国电视公益广告三十年》,《传媒》2008 年第 7 期。

(一)政府加强组织和管理公益广告

国家工商行政管理总局、中央文明办每两年定期举办全国优秀公益广告评选活动,国家计生委、中纪委等国家机关也进行专门的公益广告宣传。另一方面,政府部门通过颁布系列规章、文件,进一步规范公益广告活动。

1. 颁布相关法律法规

这一时期颁布的法律法规包括《关于进一步做好公益广告工作的通知》《广电总局关于做好有线电视数字付费频道公益广告片播放工作的通知》等,这些规章和文件为我国公益广告的发布、制作提供了依据,促进了我国公益广告更加健康、有序地发展。国家广电总局发出《关于加强制作和播放广播报刊公益广告工作的通知》规定,要求各级广播电视播出机构每天均应在每个自办频率、频道中播放不少于其广告播出总量 3%的公益广告。该通知明确规定了公益广告在媒体黄金时段的曝光量,提高了公益广告的地位和影响力。

2. 组织公益广告比赛

2002 年 6 月 1 日,国家工商行政管理总局与《经济日报》联合举办首届中国平面媒体公益广告大奖赛。这是国家工商行政管理总局首次与平面媒体合作开展公益广告的展示活动。本次大赛突出强调专业性、权威性、社会性和广泛性。2004 年 8 月 27 日,《南方都市报》举办第一届"责任中国"全国公益广告大赛作品征集,主题涵盖中国面临的国际责任、社会责任、民生责任、环保责任、民族责任。

(二)企业积极参与,塑造企业形象

公益广告得到全社会的认同,许多企业意识到公益广告是企业拉近与公众距离,塑造企业形象的良好手段,于是积极参与公益广告事业。2001 年哈药集团制药六厂在央视全天候播出系列公益广告,这场声势浩大的公益广告活动引起社会关注。除了哈药六厂,热心公益广告的企业还有海尔集团、蒙牛集团、中国移动。虽然人们对这类"公益形态的企业广告"有很大争议,但不可否认公益广告在塑造企业良好社会形象的过程中发挥着巨大作用,是消解公众对企业广告产生抵触心理的好方式。

另外,一些企业借助"非典"等突发性事件,与媒体合作发布公益广告,比如 2003 年"非典"发生时,海尔集团、蒙牛集团就迅速反应,这样容易引起公众的关注并获得良好效果,有利于企业形象的塑造。

2004 年 5 月 10—11 日,《人民日报》《光明日报》《经济日报》分别发布公告,宣布取消刊登形象广告。新闻媒体以新闻形式刊登有偿形象广告,是群

众反映强烈的突出问题,形象广告泛滥,损害了新闻媒体的声誉和公信力。三家中央党报取消刊登形象广告,主动接受社会监督,为全国新闻界做出表率和示范。

第四节　报刊公益广告的繁荣阶段(2007—2012 年)

这一时期,党和政府进一步加强对公益广告的管理,各媒体之间加强了公益广告之间的合作,公益广告的创作和发布平台也逐渐增多。企业更加注重社会责任感,更加积极地参与社会公益事件。这段时间的公益广告围绕重大历史事件和群众普遍关心的热点问题展开,有主题鲜明、反应迅速、投资巨大的特点。比如 2007 年的"迎奥运、讲文明、树新风"系列公益广告,为 2008 年的奥运会创造了和谐、文明的社会氛围。2008 年的抗震救灾系列公益广告,在全社会发挥了正面积极的作用。

一、该阶段大事记综述

2007 年,我国的国内生产总值已由 3 645 亿元跃至 249 530 亿元,世界排名第四①。按照世界银行的划分标准,我国已经由低收入国家步入到了中等收入国家的行列。

2008 年是非常特殊的一年,国际金融危机,国内南方雨雪冰冻灾害、西藏打砸抢烧事件、汶川地震等重大突发事件,使我国面临着严峻的挑战。面对这些复杂因素,党中央及时做出决策部署,团结奋斗,沉着应对,保持了改革发展稳定的大局。北京奥运会的成功举办、神舟七号飞船的成功飞行,向全世界宣告,中华民族实现伟大复兴征程上的又一历史跨越,是我们沿着中国特色社会主义道路奋勇前进的又一个新的起跑线。

2009 年,中华人民共和国成立六十周年。六十年来,在党中央的领导下,勤劳智慧的中国各族人民同心同德、战胜各种艰难曲折和风险考验,谱写了自强不息的壮丽诗篇。2009 年也是新世纪以来我国经济发展最为困难的一年,面对历史罕见的国际金融危机的严重冲击,面对多年不遇自然灾害的重

① 新华月报编辑部:《中国改革开放 30 年大事记(上、下)》,人民出版社 2008 年版,第 121 页。

大考验,各级政府坚持把保持经济平稳较快发展作为经济工作的首要任务。

2010年,国际金融危机影响深远,世界经济格局发生深刻复杂变化。自然灾害频发,国外海地7.3级地震、智利海域8.8级特大地震,国内西南大旱、青海玉树地震、甘肃舟曲特大泥石流等。面对复杂多变的国内外经济环境、来自国内外和自然界的严峻挑战,党中央、国务院团结带领各国各族人民,坚持以邓小平理论和三个代表重要思想为指导,深入贯彻落实科学发展观,牢牢把握经济工作主动权,加快转变经济发展方式,加强和改善宏观调控,发挥市场机制作用,有效巩固和扩大了应对国际金融危机冲击成果。总体来说,经济较快发展,农业基础得到增强,经济结构调整步伐加快,改革开放不断深化,改善民生成效显著,全面完成"十一五"规划确定的目标任务[①]。与此同时,成功举办世博会、亚运会对我国经济的发展和繁荣产生深刻影响。

这一时期最主要的社会热点话题和关键词是北京奥运会、十八大、香港回归十周年、国际金融危机、楼市调控、山寨、海归潮、汶川大地震、玉树地震、富士康十二连跳、大三通、小悦悦、低碳、蚁族、微博、团购、低头族、摔倒老人、食品安全、公共安全、交通拥堵、日本地震、舌尖上的中国、中国好声音、江南style、中国梦、神舟九号、神舟十号、雾霾等。

二、该阶段报刊公益广告分析

2007—2012年,我国报刊公益广告进入繁荣发展时期。党和政府依然是公益广告的主导力量,各种媒体之间出现融合发展趋势,增加了对新媒体的使用。公益广告朝着更加健康有序的方向发展。如表3-17所示,依照抽样规则,本阶段《人民日报》《解放日报》和《厦门日报》三份主要报刊每月都抽取到合适的样本以备考察,共抽取253则公益广告,其中《厦门日报》和《解放日报》均为84则,《人民日报》85则。

表3-17 2007—2012年三份主要报刊公益广告抽取样本情况

报刊名称	数量	百分比
厦门日报	84	33.2%
人民日报	85	33.6%
解放日报	84	33.2%
合计	253	100%

---

① 贺林平:《认真学习中央经济工作会议精神,准确把握2011年经济趋势》,《人民日报》2011年2月6日。

(一)版面安排

较大的面积、较好的位置和理想的刊登时间才可以达到理想的传播效果。这一时期报刊公益广告的版面规格较之以前有大幅度提高。

1. 版面规格

广告面积越大,越能迅速抓住读者的眼球,吸引他们的注意力。如图 3-21 所示,该阶段公益广告面积呈现大版面化的特点,双通栏以上的广告面积占 64.8%,整版广告是这一时期的主流形式,有 64 则,占总量的 1.4% 以上,说明随着政治经济的发展,公益广告得到越来越多的重视,大版面的广告在广告创意方面也能有更多的表现,更能突显公益广告的地位。

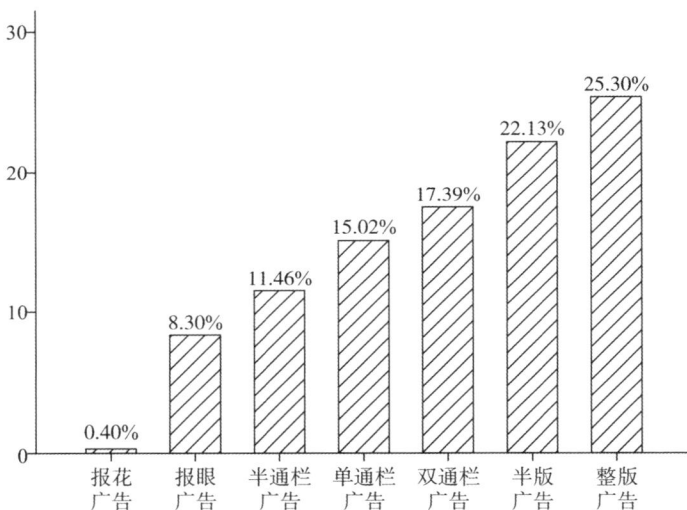

图 3-21　2007—2012 年三份主要报刊公益广告版面大小

2. 版面位置

根据李普曼的议程设置理论,公益广告在版面中的位置,影响读者对其重要性的判断,自然也影响公益广告的传播效果。如图 3-22 所示,经过分析发现,该时期三份报刊公益广告的版面位置并不理想,有一半以上的公益广告刊登于广告版和其他相对不重要的版面上。仅有 38 则公益广告出现在要闻版,但要闻版的公益广告面积普遍不大,以单通栏为主。可见,虽然公益广告的版面面积明显增大,但版面位置还不理想。

3. 刊登时间

如图 3-23 所示,2007—2012 年,三份报刊公益广告刊登时间比较平均,但是在周五刊登的相对多,共刊登了 50 则公益广告。总体来看,该时期公益广告刊登时间比较理想,能在阅读率较高的时间段出现,也有机会获得较好

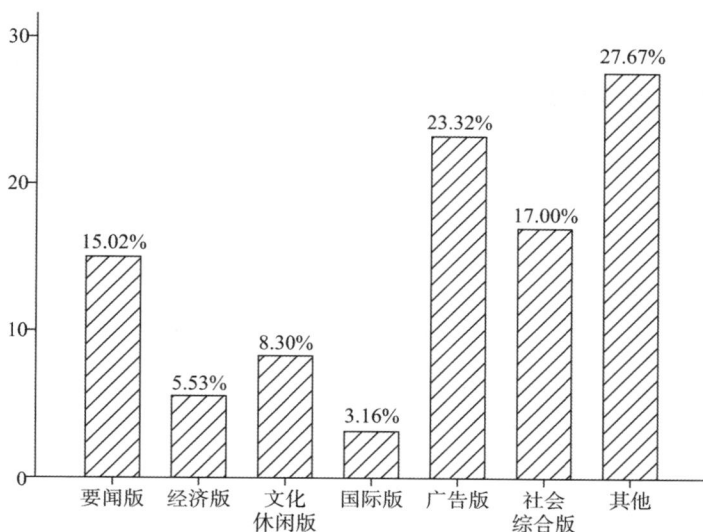

图 3-22　2007—2012 年三份主要报刊公益广告版面位置

的传播效果。

　　总体来说,该阶段公益广告得到越来越多的重视,刊登面积呈现大版面化趋势,刊登时间也比较理想,但是版面位置还可改善。

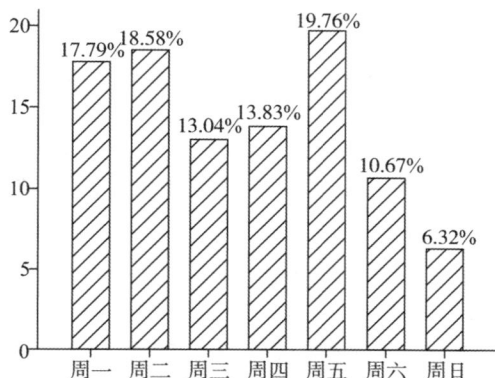

图 3-23　2007—2012 年三份主要报刊公益广告刊登时间

(三)主题表现

　　迈入新世纪,公益广告进入新的发展阶段,更多的企业参与公益广告事业,市场经济的飞速发展,企业进入塑造品牌形象时代,社会营销开始盛行。如图 3-24 所示,这一时期,企业为社会创作出许多报刊公益广告精品。在这个过程中,企业品牌影响力扩大,由于企业的参与,政治政策宣传和社会热点类主题关注程度下降,加之生活水平的大幅提高,公益广告将目光瞄准在道德伦理和生态资源等主题上面,北京奥运会的筹办催生了众多奥运主题公益广告,这类广告主要是公共道德规范类主题,因此道德伦理主题和生态资源主题成为这一时期的主流。同时,政策法规始终是宣传的重点。

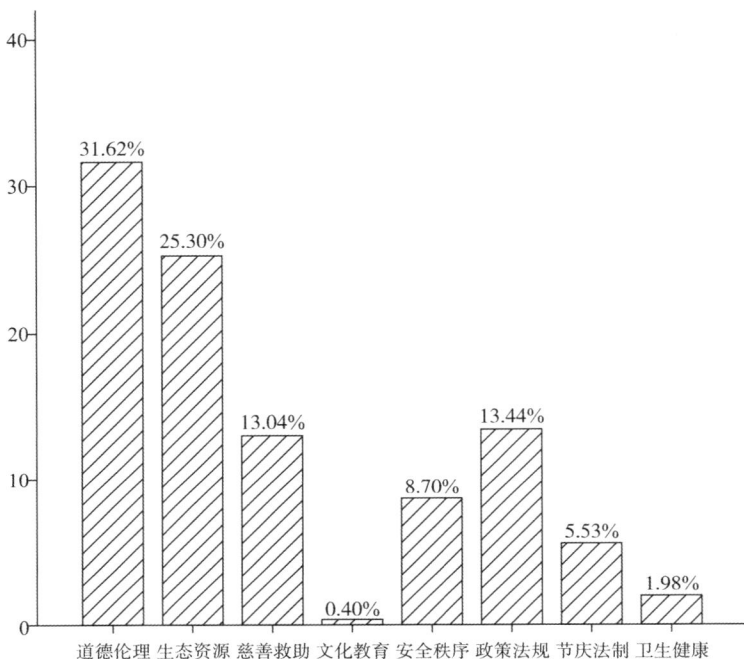

图 3-24　2007—2012 年三份主要报刊公益广告主题表现

2. 反映社会热点

如表 3-17 所示,该时期的公益广告在反映社会热点方面有较大的进展。有 74 则公益广告反映时下热点,占 29.2%,较之上一时期有较大突破。这个阶段,围绕重大历史事件以及群众普遍关心的热点问题,出现一系列公益广告,具有反应迅速、投资巨大、主题鲜明、反应较好等特点。比如 2007 年推出的"迎奥运、讲文明、树新风"公益广告,为 2008 年的奥运会的到来创造了和谐、文明的社会氛围。2009 年涌现的大量迎接祖国六十华诞的公益广告,为六十周年国庆献上厚礼。

表 3-17　2007—2012 年三份主要报刊公益广告对社会热点的反映

是否社会热点	数量	百分比
是	74	29.2%
不是	179	70.8%
合计	253	100%

(三)创意表现

该时期,报刊公益广告创意日益丰富化,图片使用、诉求方式、说服方式、色彩印刷等方面都有较大进展。

1. 图片使用

经过调查统计,该时期的抽样公益广告中标语式广告仅有 5％,比前几个阶段明显减少,表明公益广告越来越重视创意的表现。95％以上的公益广告都使用图片,且约有 98％的图片能有效反映广告诉求,达到较好的传播效果。

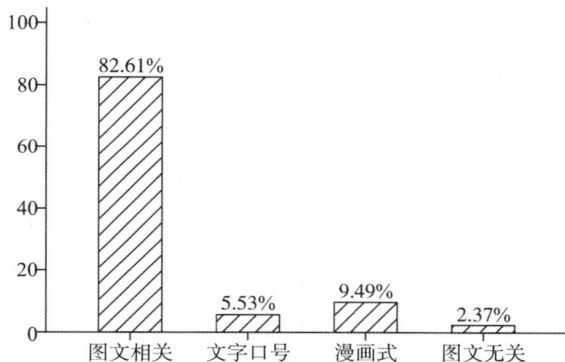

图 3-25　2007—2012 年三份主要报刊公益广告图片使用情况

2. 诉求方式

不同的诉求方式可以达到不同的传播效果。如表 3-18 所示,该阶段公益广告的诉求方式仍以感性诉求为主,有 94.1％的公益广告采用感性诉求方式。仅 15 则公益广告采用理性诉求的方式。但是针对不同的议题,采用不同的诉求方式,可以强化传播效果,所以该阶段的诉求方式仍显单一。

表 3-18　2007—2012 年三份主要报刊公益广告诉求方式

诉求方式	数量	百分比
感性诉求	246	94.1％
理性诉求	15	5.9％
合计	253	100.0％

3. 说服方式和心理需求层级

正面鼓励和反面警惕的说服方式各有利弊。这一时期报刊公益广告的鼓励方式仍是以正面鼓励为主,有 95％以上的公益广告采用正面鼓励的说服方式。在轻松诙谐的喜剧气氛中,使广告受众注意信息,在愉快的心境中产生高兴的、奇妙的、惊讶的、困惑的、接受的、令人振奋的等情绪体验,在情感活动中不自觉地产生或改变对事物的态度。

如图 3-26 所示,该阶段心理需求层级以自我实现层次为主,有 33.99％的公益广告的反应在这一层级上。其次是生理层次,因为人们对自身的环境、水源依然很关注。

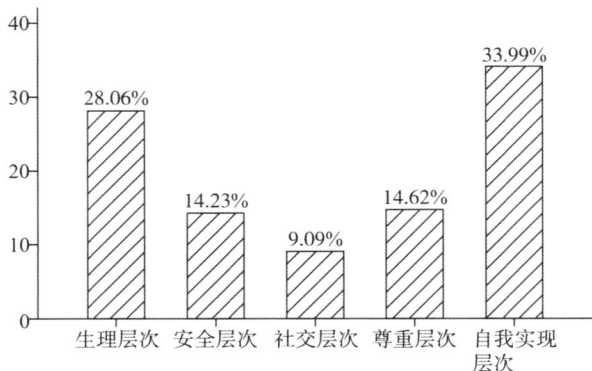

图 3-26   2007—2012 年三份主要报刊公益广告心理需求层级

4. 人称代词

如表 3-18 所示,该阶段的人称代词仍以第三人称为主,有 193 则广告使用第三人称,因为第三人称的限制比较少,指代比较随意。使用第一人称的广告有所增加,占抽样总量的 15.8％。使用第一人称把叙述者置于显现的位置,增加了真实性,有利于传受双方的良性互动,拉近传受双方的距离,增强了公益广告的亲和力。

表 3-18   2007—2012 年三份主要报刊公益广告人称使用情况

人称	数量	百分比
第一人称	40	15.8％
第二人称	20	7.9％
第三人称	193	76.3％
合计	253	100.0％

5. 色彩印刷

如表 3-19 所示,该阶段公益广告的色彩印刷比上一时期也有所改善。86％以上的公益广告采用彩色印刷,视觉效果较好。其中《厦门日报》和《人民日报》基本所有的公益广告都采用彩色印刷。

表 3-19　2007—2012 年三份主要报刊公益广告色彩印刷

色彩印刷	数量	百分比
彩色	217	86%
黑白	36	14%
合计	253	100%

(四)广告主

如图 3-27 所示,该阶段公益广告主参与者的总体情况如下:政府部门和媒体仍然是主导力量,非政府组织和企业协助发展。这一时期,非政府组织的公益广告有所增长,有 10.67% 的公益广告由非营利性组织发布,表明不同广告主的力量在增长。民营企业开始成为是公益广告的企业主力军。

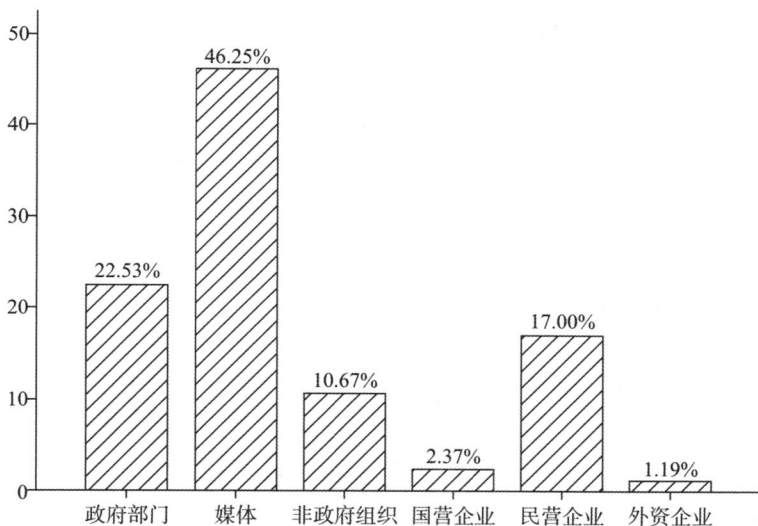

图 3-27　2007—2012 年三份主要报刊公益广告广告主情况

三、该阶段报刊公益广告特点总结

从 2007 年起,我国报刊公益广告进入公益广告的繁荣大发展阶段,公益广告传播社会文明、弘扬道德风尚方面的作用得到党和政府的高度重视,报刊公益广告的数量和质量都有大幅提升。主题表现更加丰富,各种公益广告比赛层出不穷,融资渠道多样化,企业也以更积极的形式融入公益广告的刊播中,各媒体之间展开合作,加强了公益广告跨媒体传播平台的建设,扩大了

公益广告的覆盖面积。具体来说,该阶段公益广告主要呈现出以下特点:

(一)政府进一步加强对公益广告的管理

进入 2007 年,面对举办"奥运会"的契机,为了加强公益广告在弘扬社会正气、塑造社会良好风尚方面的作用,使得公益广告有规可循,我国政府加强了对公益广告的重视和管理,颁布了一系列的相关法规。

2008 年 4 月,国家工商行政管理总局、国家发改委发出《关于促进广告业发展的指导意见》,提出促进公益广告发展的具体意见,如积极发挥政府的引导作用、提高公益广告水平,通过公益广告制度建设,鼓励社会力量积极投入公益广告的策划、创意、制作和传播;采取鼓励措施提高公益广告的刊播比例;研究公益广告发展的扶持政策,形成公益广告持续发展的良性机制。2008 年 6 月,国家工商行政管理总局发出《关于进一步营造和谐有序的奥运广告市场环境的通知》,规范广告行为,持续推动迎奥运广告活动的深入开展。2009 年 8 月,国家广电总局发布《广播电视广告播出管理办法》,规定媒体机构每套节目每日公益广告播出时长不得少于商业广告时长的 3%。

各地市的公益广告事业也有了很大进展,地方政府出台条例加强当地的公益广告管理,当地政府和媒体主办、企业赞助开展公益广告大赛等等。地方各种主题公益广告的广泛开展,提高了当地市民的文明水平,促进了精神文明的全面发展。

(二)多方积极参与,融资渠道更加多元化

企业社会责任意识不断提高,以投资制作公益广告、赞助冠名、公开竞标等方式为公益广告拓展市场化的融资渠道,在一定程度上缓解了公益广告资金来源困难、运行机制缺乏活力等问题。

(三)主题更加多样化,积极响应社会热点

这一时期,公益广告更加丰富多彩,与社会重大事件融合得更加紧密,涉及北京奥运、上海世博、广州亚运、防治甲流、税收、廉政、人口计生、社会和谐等方面,主题鲜明,富有视觉感。如《人民日报》从 2007 年年初起相继刊出"奥运在接力、文明在传递""微笑迎嘉宾、文明遍中华""我们承诺用文明言行展现中国风采""我参与,我奉献,我快乐"等"迎奥运,讲文明,树新风"系列公益广告,隔日定期刊登。《北京日报》在前 8 版的重点版面 4 次提供整版或半版广告空间刊登征兵公益广告,成为首个在本市刊登征兵广告的主流平面媒体。《解放日报》还针对时下的浪费现象,提倡"吃多少,点多少,吃不了,兜着走",号召大家都做合理消费、杜绝浪费的光盘族。

这一时期的公益广告主题更加关注对传统文化的宣传。如 2009 年起，《人民日报》参加由中宣部、中央文明办、工商总局等联合开展的"我们的节日——春节"主题公益广告制作刊播活动，设计发布了《中国风采》等公益广告。《厦门日报》也于 2013 年起刊出"节日·节气"系列，选取值得关注的节日或传统节气为主题，以其独到的构思，精美的画面弘扬中华传统文化，比如夏至时，推出的夏至诗歌以及夏至养生常识，得到读者的欢迎，取得良好的社会效益。

公益广告在一些重大事件、突发事故中充分发挥积极作用。如 2008 年 5 月 12 日的汶川大地震，中央宣传办、中央文明办、国家工商行政管理总局等主办"我们心连心、同呼吸、共命运，夺取抗震救灾的伟大胜利"的主题公益广告活动，《人民日报》《解放日报》等媒体迅速推出专版集中刊发。2008 年 5 月 16 日，《人民日报》整版发布公益广告《十指连心》，生动地传达全国人民对灾区同胞的牵挂，传递着华夏儿女面对天灾的勇气和力量。2009 年 4 月，《解放日报》推出"勤洗手，保健康"预防甲流的公益广告，提醒大家正确洗手，有效预防。

(四)图片运用形式多样化

这一时期的公益广告水平不断提高，出现一大批优秀公益广告作品，引起社会广泛关注。系列化和漫画式的表现形式成为主导，公益广告更加亲民。如《厦门日报》刊登的"文明须知，礼仪先行"系列，以四格漫画的形式展现文明公民应知应做，不教条，不教化，贴近生活，以轻松诙谐的方式宣传正确的价值观。又如《人民日报》刊登的"中国梦"系列，《解放日报》刊登的"空盘活动——我们不浪费"系列，通过系列呈现，加强了传播效果。

(五)明星、名人为公益代言

这一时期，公益广告的表现更加多样化，明星、名人甚至是普通人都成为公益广告的代言人。如中国残联爱心大使刘德华为 2008 年残奥会拍摄公益广告，刊登在《人民日报》；《厦门日报》也邀请厦门大学教授潘威廉、三届残奥会冠军侯勇等人为"厦门文明交通大使"，拍摄平面广告，借由他们健康向上的形象呼吁人们关注文明交通行为。名人代言形式使得公益广告形式更加多样化，增强了公益广告的吸引力。

(六)媒体之间加强合作，融入新媒体

各媒体之间展开合作，加强公益广告跨媒体传播平台的建设。如上海世博会开幕之前，《东方早报》联合《解放日报》等全国 21 家主流媒体，共同刊播公益广告，宣传游客参观世博会的各项信息，为全国各地来上海参观世博会的广大游客提供便利。汶川大地震之后，中宣部等组织开展主题公益广告互

动制作刊播活动,在全国各主流报刊开设专版集中刊发,还在人民网、新华网、中国网、中国文明网等重点新闻网站上刊出平面作品。

在交通部、铁道部、民航总局的配合下,交通运载工具,如火车、汽车、飞机、包括地铁站、火车站、空港站,都发布优秀的平面公益广告,实现公益广告的覆盖最大化。

(第五节) 报刊公益广告的融合发展阶段(2013 年至今)

中国公益广告经过三十多年的发展,取得巨大的进步和成绩,主题选择更加成熟,从开始的分散、小范围到有组织、有规模,更大范围的力量积极参与公益广告事业。新媒体技术的蓬勃发展,使得报刊上静态的公益广告也有"互动"的可能。

一、该阶段大事记综述

2013 年起,中国进入快速发展的阶段。2013—2018 年,中国对世界经济增长年均贡献率达到 28.1%,居世界第一位[①]。中国通过大力度和高水平的对外开放为世界创造红利,在这五年里,中国的政治、经济、科技、文化等方面都有了巨大的变化[②]。

政治方面:2013 年是承前启后的重要一年。这一年,两会选举产生新一届的国家领导人。3 月 5 日,第十二届全国人大一次会议顺利召开,会议选举习近平为国家主席、国家军委主席,李克强为国务院总理,张德江为全国人大常委会委员长。新一届领导人提出要实现中华民族伟大的中国梦,就是要实现国家富强,民族振兴、人民幸福,"中国梦"成为这一年的关键词。中国政府开展对不正之风和腐败问题的严打,习总书记提出要"苍蝇"和"老虎"一起打,把权力关进制度的笼子里。从 2013 年起,继续执行《中共中央政治局贯彻落实中央八项规定的实施细则》,明确提出信念坚定、为民服务、勤政务实、敢

---

① 新华月报编辑部:《中国改革开放 30 年大事记(上、下)》,人民出版社 2008 年版,第 121 页。

② 中央党史和文献研究院:《改革开放四十年大事记》,人民日报出版社 2018 年版,第 135 页。

于担当、清正廉洁的好干部标准。9月,习总书记首次提出共同建设"海上丝绸之路"的倡议,这是促进我国经济转型,深化全球发展区域化,建立国际经济政治新秩序的重大战略部署,同时也是提高中华民族文化软实力,增强我国国际影响力的重要途径。12月,中国中央办公厅发布《关于培育和践行社会主义核心价值观的意见》,指出,富强、民主、文明、和谐,自由、平等、公正、法治,爱国、敬业、诚信、友善这二十四个字是社会主义核心价值观的基本内容。2014年2月,通过决议,把9月3日定为中国人民抗日战争胜利纪念日,12月13日为国家公祭日。3月,政府进一步强化反腐倡廉,提出"三严三实"的要求。2015年6月,政府再次强调反腐倡廉的重要性,要把法规建设落实到反腐倡廉的各个领域。10月,习总书记强调坚持创新发展、协调发展、绿色发展、开放发展、共享发展的五个发展理念。其中创新科技和绿色环保被再次强调。11月,1949年以来两岸领导人首次会面。2016年7月,中国共产党成立九十五周年,党中央号召大家不忘初心,继续向前。2017年,香港回归十周年。2018年,中国改革开放四十周年,展示中国改革开放的决心和信心。

经济:2013年,中国成为世界第一货物贸易大国。8月,国务院正式批准成立上海自由贸易试验区,逐步扩大到福建、广东、浙江、海南、重庆等地。这是我国顺应全球经贸发展新趋势,实行更加积极主动开放战略的重大举措,构建发展的新平台,打造中国经济的升级版。11月,习总书记考察湖南工作时,首次提出"精准扶贫"概念。2014年,经济发展进入新常态,全面深化改革、全面推进依法治国。7月,金砖国家领导人第六次会晤,宣布成立金砖国家新开发银行,总部设在中国上海。9月,中国人民代表大会成立60周年。10月,我国十八届四中全会通过《全面推进依法治国若干中单》;2015年,我国第三产业增加值比重为50.5%,首次突破50%,中国首次成为资本净输出国。3月,国务院批复设立中国(杭州)跨境电子商务综合试验区,后又相继批复天津、北京等城市成为跨境电子综合试验区。11月,中央强调要加强供给侧结构性改革,实现优化自由配置,提高经济增长的质量和数量。2016年,全面展开融资经济体制改革。9月,世界二十国集团领导人第十一次峰会在杭州举行,共建更加开放、创新、包容的世界经济。2017年年初,习主席出席达沃斯世界经济论坛并发表主旨演讲,发出支持经济全球化的时代强音,强调经济全球化是社会生产力发展的客观要求和科技进步的必然结果,要适应和引导好经济全球化,消解经济全球化的负面影响。2017年,分享经济成为热词。7月,中国人民解放军成立九十周年,朱日和阅兵。9月,金砖国家领导人会晤会在厦门召开。10月,中国共产党第十九次全国代表大会举行。大会通过的报告《决胜全面建成小康社会,夺取新时代中国特色社会主义伟大胜利》,做出了中国特色社会主义进入新时代、我国社会主要矛盾已经转化为人民日益增长的美好生活需要和不平衡不充分的发展之间的矛盾等重大政治论断,确立了习近平新时代中国特色社会主义思想的历史地位,提出新时代坚持和发展中国特色社会主义的基本方略,确定了全面建成小康社会、开启全面建设社会主义现代化国家新征程的目标。2018 年,国务院台办、国家发展改革委发布《关于促进两岸经济文化交流合作的若干措施》。中央强调要提倡创新、协调、绿色、开放、共享的发展观,践行共同、综合、合作、可持续的安全观,秉持开放、融通、互利、共赢的合作观,树立平等、互鉴、对话、包容的文明观,坚持共商共建共享的全球治理观,不断改革完善全球治理体系,推动各国携手建设人类命运共同体。

文化:2013 年,政府提出要构建绿色低碳、持久和平、开放包容、清洁美丽的新世界。绿色低碳等环保话题成为热门关键词。2014 年 10 月,文艺工作座谈会提出文艺要以人民为中心。2015 年 4 月,中共中央、国务院印发《关于加快推进生态文明建设的意见》,制定生态文明体制改革的具体框架,"绿水青山"被提到了无比重要的位置。2015 年 8 月,党中央提出要不断增进各族人民对祖国、对中华民族、对中国文化的认同。9 月,举行纪念中国人民抗日战争暨世界反法西斯战争胜利七十周年大会和阅兵仪式,中国宣布裁兵三十万,精兵制胜。2016 年 2 月,在党的新闻舆论工作会议上,习总书记提出,要坚持党对舆论工作的领导,广大新闻工作者要做好党的政策的传播者,社会进步的推动者,主流媒体要充分发挥舆论的先锋作用。8 月,中国纪念长征胜利八十周年。11 月,在中国文联大会上,习总书记强调中华文化是中华民族自豪和自信的源泉。2018 年 5 月,全国生态环境保护大会上讲话提出新时代推进生态文明建设的原则,强调要加快构建生态文明体系。6 月,又再次发布《关于全面加强生态环境保护,坚决打好污染防治攻坚战的意见》。8 月,习主席在全国宣传思想工作会议上讲话指出,中国特色社会主义进入新时代,必须把统一思想、凝聚力量作为宣传思想工作的中心环节。10 月,港珠澳大桥通车,这是连接香港、澳门、珠海的大桥,是世界上最长的跨海大桥。

科技:2013 年 12 月,嫦娥 3 号着陆月球虹湾区域,成为世界上第三个实现月球软着陆的国家。2014 年 11 月,首届世界互联网大会在浙江乌镇举行。会议确定乌镇为世界互联网大会永久会址,每年发布《世界互联网发展报告》以及《中国互联网发展报告》。2015 年,大数据和云计算大范围进入人们的眼帘。1 月,国务院印发《关于促进云计算创新发展,培育信息产业新业态的意见》和《促进大数据发展行动纲要》。11 月,第二次世界互联网大会上,习总书记呼吁共同构建网络空间共同体。2016 年 4 月,习主席强调建设网络良好生态,引导网络舆论,反映民意。6 月,我国自主研制的"神威·太湖之光"超级计算机第 9 次蝉联全球最快的计算机称号。8 月,我国成功发射世界首颗量子科学实验卫星"墨子号"。11 月,我国自主研制的隐形战斗机歼 20 首次亮相。2017 年,我国自主设计的航空母舰下水。这一年,我国自主研制的首台光量子计算机和大型客机都成功亮相。

社会热点事件:2017 年 7 月,国务院发布《新一代人工智能发展规划》。2018 年,在中国科学院第十九次院士大会上,习总书记提出把创新主动权、发展主动权牢牢掌握在自己手中。

根据百度搜索热点,《改革开放四十年大事记(1978—2019)》等,2013—2018 年中国社会热点有中国梦、雾霾、改革、大黄鸭、单独二胎、世界杯、马航失联、抗日胜利七十周年、互联网＋、上海外滩踩踏、神州十一号发射、武汉特大洪水、一带一路等。

二、该阶段报刊公益广告分析

公益广告是服务于全体社会公众的广告,这一阶段的报刊公益广告借助媒体融合发展的趋势,把不同的媒介手段作为辅助和补充,更好地渗入到人们的生活中去。

(一)版面安排

三份主要报刊在公益广告的刊登时间、刊登的版面名称和刊登版面,经过卡方检验,p 值均小于 0.001,显著性非常大。

如表 3-20 所示,在刊登总数方面,《解放日报》最多,为 263 则,《厦门日报》次之,为 171 则,《人民日报》总量最少,为 104 则。这说明地方刊物重视公益广告,超过中央级报刊。

在刊登时间方面,如表 3-20 所示,《厦门日报》周二刊登公益广告的频率最高,占 18.9％,周六刊登公益广告的频率最低,占 8.2％;《人民日报》周六刊登公益广告的频率最高,占 28.3％,周日刊登公益广告的频率最低,占 8.1％;《解放日报》周日刊登公益广告的频率最高,占 22.5％,周一刊登公益广告的频率最低,仅占 9.7％。

表 3-20　三份主要报刊公益广告刊登时间对比

报纸名称	周几							合计
	周一	周二	周三	周四	周五	周六	周日	
厦门日报	16.2％	18.9％	13.8％	14.4％	14.2％	8.2％	14.3％	171
人民日报	9.9％	11.1％	21.3％	12.4％	8.9％	28.3％	8.1％	104
解放日报	9.7％	18.3％	11.8％	13.7％	12.5％	11.5％	22.5％	263
合计	11.8％	17.1％	14.3％	13.6％	12.4％	13.7％	17.1％	538

经过比较可以看出，《人民日报》作为中央机关报，对刊登公益广告较为重视，协调相关部门拿出比较好的时间来刊登公益广告，周六刊登公益广告的频率最高（28.3%）。《解放日报》周日刊登频率最高（22.5%），其次是周二（18.3%）。《厦门日报》刊登时间比较平均，周二也刊登了较多的公益广告（18.9%）。据调查，周二的报刊阅读率相对较低，公益广告刊登在周二的效果较差。

表 3-21　三份主要报刊刊登公益广告版面名称对比

报纸名称	版面名称							合 计
	要闻版	经济版	文化休闲版	国际版	广告版	社会综合版	其他版	
厦门日报	20.2%	6.0%	5.8%	1.3%	7.0%	31.7%	28%	171
人民日报	1.2%	0	1.2%	1.5%	93.3%	0	2.8%	104
解放日报	5.8%	4.0%	32.8%	4.9%	29.8%	5.9%	16.8%	492
合 计	9.5%	3.9%	18.2%	3.2%	34.9%	12.8%	17.5%	504

如表 3-21 所示，在版面选择上，经过卡方检验，p 值小于 0.001，三份报刊有很显著的差异。总的来说，刊登版面位置相对较好的是《厦门日报》，有 34 则公益广告刊登于要闻版，占 20.2%，另外有 51 则刊登于社会综合版面，占 31.7%；而《人民日报》和《解放日报》的公益广告主要出现在广告版、文化休闲版，分别占 93.3% 和 32.8%。值得注意的是，《人民日报》开辟了专门的核心价值观专版，专门宣传我国的核心价值观，其刊登时间也具有连贯性，其有 93 则公益广告出现在专门的广告版面。专门的广告版面用于展示公益广告，整体效果更佳。而《厦门日报》和《解放日报》的公益广告刊登属于见缝插针型，缺乏统一的安排，随机性较强。

表 3-22　三份主要报刊刊登公益广告版面大小对比

报纸名称	版面大小							合 计
	报花广告	报眼广告	半通栏广告	单通栏广告	双通栏广告	半版广告	整版广告	
厦门日报	1.7%	0.0%	2.3%	32.7%	24.3%	33.7%	5.3%	171
人民日报	0.0%	0.0%	0.0%	0.0%	4.7%	1.9%	93.4%	104
解放日报	6.1%	0.6%	1.7%	45.6%	24.2%	19.0%	2.8%	263
合 计	3.0%	0.3%	1.6%	32.7%	20.5%	20.4%	21.5%	538

在刊登版面大小上，三份报刊都出现大版面的趋势，说明三份报刊在公益广告的表现效果还是比较重视的。如表 3-22 所示，《厦门日报》以单通栏和半版广告为主，占 32.7% 和 33.7%，出现 10 版的整版广告，双通栏以上的版

面类型共占 63.3%,说明大部分的公益广告版面面积较大。《人民日报》以双通栏和整版广告为主,其中整版广告有 93 则,双通栏以上广告版面占 100%,《解放日报》单通栏广告最多,占总量的 45.6%,双通栏以上的广告版面占 46%,但《解放日报》刊登单通栏广告的比例是三份报纸中最高的,共有 120 则单通栏广告。总体来看,《厦门日报》和《人民日报》刊登公益广告的版面面积较大。《人民日报》虽然在公益广告的总量上弱于地方性报纸,但都选择较大的版面刊登公益广告,传播效果更好。《解放日报》分给公益广告的版面最小。

(二)主题表现

如表 3-23 所示,三份报刊刊登的公益广告涉及最多的主题是生态资源、道德伦理和慈善救助,关注最少的主题是安全秩序,仅有 2.9%。其中《厦门日报》和《人民日报》最关注道德伦理,分别占 55.7% 和 45.8%,《解放日报》最关注生态资源(34.5%)。在政策宣传的主题方面,《人民日报》稍多,占 9.5%,这也是《人民日报》作为中央级党报应当承担的责任;《厦门日报》占 6.2%;《解放日报》较少,占 2.1%。总体来说,《人民日报》的公益广告主题刊登比较平均,《厦门日报》的公益广告主题则比较集中,除道德伦理、生态资源和慈善救助外,其余主题关注较少。

表 3-23 三份主要报刊公益广告主题分类对比

报纸名称	广告主题分类								合计
	道德伦理	生态资源	慈善救助	文化教育	安全秩序	政策宣传	节庆法制	卫生健康	
厦门日报	55.7%	15.7%	8.3%	5.6%	3.1%	6.2%	2.5%	2.9%	171
人民日报	45.8%	12.1%	13.6%	3.5%	0.6%	9.5%	9.2%	5.7%	104
解放日报	20.6%	34.5%	15.2%	13%	3.6%	2.1%	3.2%	7.8%	263
合计	34.8%	24.2%	12.8%	8.8%	2.9%	4.9%	6.1%	5.5%	504

研究发现,各报由于各自的办报特色和风格,对主题的具体阐释各不相同。《人民日报》是中央级报纸,以关心民生、民治为宗旨,其公益广告多取自现实社会中的重大焦点问题,比如腐败问题、防治沙尘暴等,也更加关注政策传播,政策宣传占总量的 9.5%。另外,重要节点的节日宣传也是《人民日报》关注的重点,比如庆祝 2017 年的香港回归十周年,2018 年的改革开放四十周年。《厦门日报》是地方级报纸,更加接地气,虽然也关注读者关心的问题,但角度更小,都是日常生活中可见的问题,如文明城市、运动有益健康、美化环

境、垃圾分类，《厦门日报》的公益广告主题与城市发展密切相关，2017年的垃圾分类、2018年的地铁文明乘车。

2013—2018年，我国越来越重视生态文明建设，习主席多次在生态文明建设大会上发布重要讲话，这也能从公益广告的主题发布中反映出来。

与其他阶段相比，2013年起，三份报刊的公益广告主题更加多元化，政策类的公益广告相对减少，占比从上一个阶段的13.9%下降到这一阶段的4.9%，深受读者关心的道德伦理类等主题相对增加。

另外，相较于其他报刊，《解放日报》增加了由上海工商管理部门发布的"诚信"系列。《厦门日报》增加了关于虚假医疗广告系列。

(三)创意表现

经过卡方检验，如表3-24所示，三份报刊在诉求方式方面均以感性诉求为主，理性诉求为辅，没有较大差异；但是它们在公益广告所反映的心理需求层级上，p值小于0.001，显著大。《人民日报》《解放日报》《厦门日报》都是自我实现层次，其中《人民日报》最高。根据马斯洛的需求层级理论，所反映的心理层级越高，越能打动读者的内心。

表3-24 三份主要报刊公益广告心理需求层级对比

报纸名称	心理需求层级					合计
	生理需求层次	安全需求层次	社交需求层次	尊重需求层次	自我实现层次	
厦门日报	5.4%	7.0%	7.9%	0.9%	78.8%	171
人民日报	4.4%	1.9%	8.5%	0.6%	84.6%	104
解放日报	2.2%	17.1%	0.7%	15.4%	64.6%	263
合计	3.7%	11.0%	4.6%	9.2%	71.5%	538

在色彩印刷方面，虽然《解放日报》刊登的公益广告最多，有263则，但黑白印刷的公益广告有40则，占总量的15%，黑白印刷的广告观看效果并不佳。《人民日报》和《厦门日报》全部以彩版形式刊登公益广告，虽然印刷成本提高了，但刊出的公益广告的艺术性和观赏性较佳。

表3-25 三份主要报刊图片使用情况对比

报纸名称	有图片	纯粹文字	图文相关	合计
厦门日报	97.7%	2.3%	85.1%	171
人民日报	100%	0%	89.3%	104
解放日报	99.5%	0.5%	75.3%	263
总计	99.0%	1%	83.2%	538

在图片使用情况方面,如表 3-25 所示,《人民日报》的图片使用最为频繁,使用图片的公益广告有 104 则,已达到 100％。《厦门日报》使用图片的公益广告 167 则,占 97.7％,纯文字口号的公益广告较少,仅 3 则。《解放日报》图文相关的公益广告 787 则,占 99.5％,纯文字口号的公益广告只有 3 则,占 0.5％。总之,三份报纸的公益广告都以使用图片为主,占 99.0％,只有极少数时候采用纯文字。

虽然三份报纸主要采用图片,纯文字口号的公益广告减少了,但是图文相关率并不高,三份报刊的总图文相关率是 83.2％,说明在创意使用的方面,这三份主流党报并没有发挥其优势。其中图文相关率最高的是《人民日报》,92 则公益广告图文相关,《解放日报》的图文相关率最低,仅有 75.3％。

另外,统计 2013—2018 年三份报纸上的公益广告的刊登重复率,其中,版面重复率最高的是《解放日报》,单一广告率高达 79％,如 2018 年 1 月刊登的公益广告《关爱地球,绿色出行》,分别刊登于 1 月 5 日、7 日、8 日、17 日、20 日,单月重复 5 次,又于 2 月刊登 3 次,3 月刊登 3 次。虽然重复有利于加强受众的记忆和感知,但没有创意的重复会导致厌烦。其次是《厦门日报》,其广告重复率为 60％,如 2017 年刊登的《少年强则中国强》公益广告,属于“中国梦”公益系列,首次刊登于 2017 年的 3 月 3 日,又于 7 日、15 日、17 日重复刊登,其重复缺少规律,随意性较强。最后是《人民日报》,其广告重复率为 53％,是三份报纸中最少的,如以“中国梦”系列为例,2016 年 2 月 5 日首次刊登,之后于 10 日、15 日、20 日连续刊登,重复较为有规律。

根据“影响不一”理论,同一传播内容到达不同公众后效果相同,因此要针对不同的报纸受众和报纸特色采用不同的表现手法。例如《人民日报》属于中央级党报,风格严肃大气,图片也应大方得体;《厦门日报》属于地方性的党报,更注意区域性,表现形式也更加亲民,采用了漫画、系列广告等形式。

从 2014 年 2 月 17 日起,《人民日报》特开辟专版——图说价值观。每月至少有四次以上的固定版面刊登图说系列,如遇到重要会议等期间,未及时刊出,就会选择密集登出的方式(如 2015 年 3 月,半个月未刊登图说价值观系列,则于 3 月下旬连续 5 天刊登图说系列,保证刊登数量),形式有照片、剪纸、篆刻、漫画、农民画。主题宣传也相对丰富,比如宣传善行无迹、家规家教、文明礼仪;或唱起“三字经”:国为家,勤为本,俭养德,诚立身,孝当先,和为贵,善作魂等。图说系列中采用剪纸、农民画、漫画等艺术形式,多有色彩浓烈、生机冉冉的特点,以更加接地气的方式,缩短与受众之间的距离,淡化广告的色彩,达到更好的传播效果。

在创意表现上,《人民日报》和《厦门日报》采用线上线下融合的方式,比如 2016 年 6 月 1 日,《厦门日报》刊登“宝贝回家”的公益广告,文案为“他们走出了父母的视线,不要让他们走出我们的视线",附上二维码,请大家扫描二维码,下载"孩子去哪儿"的表情包,帮助走失儿童回家。这样有趣的公益活动,线上线下参与,让寻找走失儿童的公益理念传播得更远。

(四)广告主

广告主是公益广告的发布者。《厦门日报》和《人民日报》的广告主大部分由多种广告主共同主导(主要是政府部门和媒体共同发布)。如表 3-26 所示,媒体组织在《解放日报》上刊登的公益广告比较多,占 79.0%。值得注意的是,三份报纸的公益广告商业化现象均不明显,仅 0.7%公益广告是企业刊登的,其中民营企业占比最高(0.4%)。《人民日报》和《解放日报》上都没有外资企业刊登公益广告的情况,只有《厦门日报》上出现外资企业刊登的公益广告,但也只占 0.4%。《厦门日报》企业刊登公益广告的比率是三份报纸中最高的,有 4%,较为重视结合节点在主流报刊上进行宣传,比如上海大众汽车较有社会责任感,连续推出"一起创蔚蓝"的公益广告,宣传节能环保;厦门建发集团是福建省排名第一的国有企业,定期在《厦门日报》的重要节点发布公益广告。

表 3-26　三份主要报刊公益广告的广告主情况对比

报纸名称	广告主							合计
	政府部门	媒体	非政府组织	国营企业	民营企业	外资企业	多种广告主	
厦门日报	27.5%	0.8%	0.4%	3.4%	0.2%	0.4%	67.3%	171
人民日报	3.8%	13.1%	0%	0.3%	0.6%	0%	82.2%	104
解放日报	10.9%	79.0%	0.3%	0.1%	0.4%	0%	9.3%	263
合计	14.8%	41.4%	0.2%	0.2%	0.4%	0.1%	42.9%	538

三、该阶段报刊公益广告特点总结

从 2013 年起,我国报刊公益广告进入公益广告的融合发展阶段。媒体融合是该阶段媒体发展的重要特点,线上媒体和线下媒体共同联动,多渠道宣发,促进公益广告的传播。同时,出现更多配套的线下公益活动推广,主题也更加多元。具体来说,该阶段公益广告主要呈现出以下四个特点。

(一)公益主题更加多元化

分析这一阶段三份报刊的公益广告的主题发现,与其他阶段相比,公益广告的主题更加成熟,更加多元。其中,道德伦理类和生态资源类的总量依旧是最多的,分别占比 34.8% 和 24.2%。同时政策类宣传的比例比上一阶段有所下降,从 13.9% 下降到 4.9%。在道德伦理的主题中,研究者发现,主题表现也更加多元和接地气。比如《厦门日报》推出的"地铁乘车文明系列"、《解放日报》推出的"公共场所戒烟"系列、《人民日报》推出的"关爱弱势群体"系列。另外三份报刊都提及节能减排、绿色环保系列。

(二)媒体融合,增强互动

纸媒的公益广告,总体来说比较单调,如何增强互动呢?这一阶段公益广告表现的另一个重要特点是,更加重视与新媒体的融合,表现形式更加丰富多样。融媒体发展时代,依靠报刊单一表现形式很脆弱,这一阶段的报刊公益广告都借助了新媒体的表现形式,增强与年轻受众的互动。比如《人民日报》2007—2012 年期间庆祝建军节的公益广告以图说价值观的形式出现,但 2017 年,《人民日报》除了在报刊上刊登公益广告外,还利用微信公众号、微博和 app 客户端等共同发布——《快看呐!这是我的军装》H5。这则 H5 将1927—2017 年这九十年间的军装呈现出来,鼓励用户上传照片,利用人脸识别技术进行定制,生成用户专属的不同年代军装照片。《军装照》H5 一经推出浏览量迅猛攀升,短短五天实现浏览次数累计 8.2 亿,独立访客累计 1.27亿[①]。2018 年国庆期间,《人民日报》推出的"56 个民族服装大家穿"的 H5 也深受大家的欢迎。《厦门日报》也布局加强融媒体实践,推出智慧媒体"潮前智媒",从传统的纸媒转化为立体化、互动化的全媒体平台。比如 2016 年 6 月1 日推出的"送遗失儿童回家"的公益广告,利用二维码的形式,读者可以扫描二维码下载表情包,轻松参与其中。2017 年金砖会议期间,《厦门日报》推出互动 H5"厦门欢迎您",点击量突破 500 万。2018 年,为纪念改革开放四十周年,《厦门日报》推出一镜到底的手绘长卷 H5"恋恋厦门",获得 2018 年全国报刊融媒体大赛一等奖。

(三)全民参与共同创作

在这合发展阶段,公益广告的创作更加重视全民参与,共同创作,而非媒体部门的单打独斗。例如《厦门日报》从 2013 年开始每年举办"海峡两岸公益广告"比赛,邀请海峡两岸的创作者们共同创作,为公益广告添砖加瓦,从文案、创意表现等都有更大的提高。投稿的环节也从线下转为线上投稿,更便

---

① 郑晓琦、陆梦婷:《人民日报是怎么做媒体融合的》,https://new.qq.com/omn/20191012/20191012A0095C00.html,(2019 年 1 月 20 日)(2019 年 3 月 3 日)。

利,降低了参加门槛,更多的公众可以参与公益广告的创作,使公益理念得到更大范围的传播。《人民日报》每逢节庆,也推出互动作品,比如微视频、H5,让更多的民众参与。从 2013 年至今,《人民日报》联合中宣部、新华社等连续六年举办"我们的中国梦——讲述中国故事"文艺作品征集,获得网民的广泛关注和参与,仅 2013 年就收到 20 880 件作品。2019 年《解放日报》联合沪上多家权威媒体和高校发起的"公益之声"公益评选大赛,以主流媒体视角,对上海公益机构、活动、项目、事件进行年度梳理和宣传。评出"年度十佳公益机构""年度十佳公益项目""年度十佳公益故事""年度十佳校园公益""年度十佳企业公益伙伴""年度十佳公益基地"六个榜单,分设人气奖项,同时在《解放日报》的全媒体平台进行全面的宣传推广,使得公益行为成为上海新时尚。

(四)线下公益活动增多成为亮点

这一阶段的公益广告不再局限于媒体上的宣传,更多的公益活动纷纷落地实践。比如《厦门日报》2017 年推出的"海洋公益行动",突出"策划先行,突出主题;创新形式,多元传播;注重互动,动员参与;持续报道,形成声势"。2017 年 5 月,厦门日报连续推出 8 个版,从不同角度全面地介绍增殖放流活动,报道内容丰富、图文并茂、生动有趣、影响力大,热心读者纷纷通过报社的热线、微信报名参与增殖放流活动,企业也积极响应,计划组织专场放流。另外,《厦门日报》还发起倡导如"社会奉献日""暖城"等多种形式的线下公益活动,得到厦门市民的积极参与。《解放日报》与上海的多家公益机构合作,推出公益伙伴日的主题活动,号召让公益成为生活方式,让更多的人参与其中。比如 2018 年实行垃圾分类以来,《解放日报》除了在报刊上定期刊登垃圾分类的公益广告,积极组织民众参与线下垃圾分类的公益活动,号召民众携手共创美好社会。公益广告的宣传不应只停留在媒体上,是能促使民众行为的转变,让公益更加深入人心才能达到更好的效果。

第四章
中国大陆报刊公益广告特点和发展趋势

　　经过三十多年的发展,中国公益广告取得巨大的成就,报刊公益广告也随之取得长足的进步。企业、广告传媒公司及社会各界广泛参与公益广告事业,共同促进公益广告事业的蓬勃发展,但也面临着缺乏良性的资金保障、缺乏规范的运作机制、缺少互动等问题。

第一节　三份报刊公益广告对比与总结

　　本书通过抽样,选取报刊《人民日报》《厦门日报》和《解放日报》三份报纸从 1986—2018 年间刊登的公益广告,实际选取 1 223 则。其中《解放日报》样本数最多,一共 492 则,《厦门日报》共 402 则,《人民日报》为 363 则。

　　《人民日报》《解放日报》和《厦门日报》三份报刊都是党委机关报,是主流的报刊媒体,是党和政府最有效的媒介宣传阵地。它们为促进社会主义精神文明建设,推动公益广告事业持续繁荣发展,自 20 世纪 90 年代以来,投入大量人力、物力和财力,制作、发布了一大批主题鲜明、导向正确、寓意深刻、制作精良的公益广告,对弘扬社会主旋律、讲文明、树新风、针砭时弊、战胜自然灾害、倡导社会主义荣辱观、建设和谐社会发挥了积极作用。但是三份报刊作为中央机关报、省级机关报和地方机关报,在公益广告的版面表现、主题选择、创意表现和广告主上各有不同。

一、版面安排

　　三份主要报刊在公益广告的刊登时间、刊登的版面名称和刊登的广告版面,经过卡方检验,p 值均小于 0.001,差异性非常大。

在刊登时间方面,如表 4-1 所示,《厦门日报》周二和周五刊登公益广告的频率最高,各占 16.9%,周一刊登公益广告的频率最低,占 8.2%。《人民日报》周四和周五刊登公益广告的频率最高,各占 19.3%,周日刊登公益广告的频率最低,占 5.8%;《解放日报》周一刊登公益广告的频率最高,占 25.8%,周日刊登公益广告的频率最低,仅占 6.5%。

表 4-1　三份主要报刊公益广告刊登时间对比

报纸名称	周几							合计
	周一	周二	周三	周四	周五	周六	周日	
厦门日报	8.2%	16.9%	16.0%	15.6%	16.9%	15.2%	11.2%	402
人民日报	17.0%	13.1%	16.2%	19.3%	19.3%	9.3%	5.8%	363
解放日报	25.8%	19.2%	11.8%	11.4%	16.6%	8.7%	6.5%	492
合计	17.0%	16.3%	14.7%	15.6%	17.7%	11.0%	7.7%	1257

根据统计发现,周五一般是报刊销量最高,版面广告费用最高的一天。经过比较可以看出,《人民日报》作为中央机关报,对刊登公益广告的时间较为重视,协调相关部门拿出比较好的时间刊登公益广告,周四和周五刊登公益广告的频率最高(都是 19.3%);《解放日报》周一刊登频率最高(25.8%),其次是周二(19.2%);《厦门日报》刊登时间比较平均,周五也刊登了较多的公益广告(16.9%)。

表 4-2　三份主要报刊刊登公益广告版面名称对比

报纸名称	版面名称							合计
	要闻版	经济版	文化休闲版	国际版	广告版	社会综合版	其他版	
厦门日报	16.0%	2.2%	2.6%	10.3%	7.4%	18.6%	42.9%	402
人民日报	6.9%	1.5%	2.3%	7.3%	26.4%	12.4%	43.2%	363
解放日报	30.1%	5.7%	11.8%	3.5%	19.7%	9.5%	19.7%	492
合计	17.2%	3.1%	5.4%	7.1%	18.1%	13.5%	35.6%	1257

在版面选择上,经过卡方检验,p 值小于 0.001,三份报刊有很显著的差异。总的来说,如表 4-2 所示,刊登版面位置最好的是《解放日报》,有 147 则公益广告刊登于要闻版,且很多为报眼广告。而《人民日报》和《解放日报》的公益广告主要出现在其他版,分别占 43.2% 和 42.9%,《人民日报》有 95 则公益广告出现在专门的广告版面,已实现了定时定版;《厦门日报》有 74 则公益广告刊登在社会综合版,也占了 18.6% 的比例。

表 4-3　三份主要报刊刊登公益广告版面大小对比

报纸名称	版面大小							合计
	报花广告	报眼广告	半通栏广告	单通栏广告	双通栏广告	半版广告	整版广告	
厦门日报	1.7%	4.8%	2.6%	25.1%	27.7%	26.0%	12.1%	402
人民日报	0.4%	0.0%	9.3%	19.7%	32.0%	23.2%	15.4%	363
解放日报	0.0%	14.0%	17.1%	23.1%	13.1%	10.9%	21.8%	492
合计	0.7%	6.0%	9.6%	22.5%	24.6%	20.2%	16.4%	1257

　　在刊登版面大小上,三份报刊都出现了大版面的趋势,说明三份报刊在公益广告的表现效果还是比较重视的。如表 4-3 所示,《厦门日报》以双通栏和半版广告为主,占 27.7% 和 26%,同时也出现了 48 则整版广告,双通栏以上的版面类型共占 65.8%,说明大部分的公益广告版面面积较大。《人民日报》也是以双通栏和半版广告为主,双通栏以上广告版面占 70.6%。《解放日报》单通栏广告最多,占总量的 23.1%,双道栏以上的广告版面占 45.8%,但是《解放日报》刊登整版广告的比例是最高的,共出现 107 则整版广告,占总量的 21.8%。总体来看,《厦门日报》和《人民日报》刊登公益广告的版面面积较大。

二、主题表现

　　三份报刊刊登的公益广告涉及最多的三个主题都是生态资源、道德伦理和慈善救助,关注最少的主题是卫生健康类,仅有 2.8%。其中《人民日报》和《解放日报》关注最多的是生态资源,而《厦门日报》关注最多的主题是道德伦理(26.8%)。对于政策宣传的主题方面,《人民日报》稍多,占 13.1%,这也是《人民日报》作为中央级党报应当承担的责任;《厦门日报》占 12.6%;而《解放日报》较少,占 9.1%。总体来说,《人民日报》和《解放日报》的公益广告主题刊登比较平均,《厦门日报》的公益广告主题则比较集中,除道德伦理、生态资源和慈善救助外,其余主题都关注比较少。

表 4-4　三份主要报刊公益广告主题分类对比

报纸名称	广告主题分类								合计
	道德伦理	生态资源	慈善救助	文化教育	安全秩序	政策宣传	节庆法制	卫生健康	
厦门日报	26.8%	19.9%	13.4%	1.3%	8.2%	12.6%	14.7%	3.1%	402
人民日报	20.8%	27.8%	16.6%	6.2%	5.4%	13.1%	7.4%	2.7%	363
解放日报	24.9%	33.2%	12.7%	5.7%	5.7%	9.1%	6.1%	2.6%	492
合计	24.1%	27.0%	14.3%	4.5%	6.4%	11.7%	9.2%	2.8%	1257

笔者发现，由于各自的办报特色和风格，各报对主题的具体阐释各不相同。《人民日报》是中央级报纸，以关心民生、民治为其宗旨，其公益广告的题材取自现实社会中的重大焦点问题，比如腐败问题、防治沙尘暴等，而《厦门日报》是地方级报纸，更加接地气，其虽然也关注读者关心的问题，但角度更小，都是百姓日常生活中的问题，如节约用水、运动有益健康、美化环境。

三、创意表现

经过卡方检验，三份报刊在诉求方式方面均以感性诉求为主，理性诉求为辅，没有较大差异；但是他们在公益广告所反映的心理需求层级上，p 值小于 0.001，差异性大。《人民日报》最关注对自我实现层级的心理需求的满足，《解放日报》最关注的生理需求层次，而《厦门日报》比较关注的是尊重需求层次。根据马斯洛的需求层级理论，所反映的心理层级越高，越能打动读者的内心。

表 4-5　三份主要报刊公益广告心理需求层级对比

报纸名称	心理需求层级					合计
	生理需求层次	安全需求层次	社交需求层次	尊重需求层次	自我实现层次	
厦门日报	23.8%	17.7%	11.3%	30.7%	16.5%	402
人民日报	31.3%	6.2%	12.7%	16.2%	33.6%	363
解放日报	37.1%	5.7%	5.2%	17.5%	34.5%	492
合计	30.7%	9.7%	9.9%	21.3%	28.4%	1257

在色彩印刷方面,《厦门日报》和《人民日报》全部以彩版形式刊登,虽然印刷成本提高了,但公益广告的艺术性和观赏性更强。《解放日报》仅有32.8%的公益广告采用彩色印刷,在一定程度上影响了公益广告的魅力。

表 4-6　三份主要报刊图片使用情况对比

报纸名称	图片使用				合计
	图文相关	文字口号	漫画式	图文无关	
厦门日报	79.7%	3%	13.4%	3.9%	402
人民日报	81.9%	14.3%	2.3%	1.5%	363
解放日报	64.6%	7.9%	18.8%	8.7%	492
合计	75.7%	12.0%	7.7%	4.6%	1257

在图片使用情况方面,如表 4-6 所示,《人民日报》的图片使用最为频繁,图文相关的公益广告有 297 则,占 81.9%,口号化的标语频频出现,有 52 则公益广告采用纯文字口号。《厦门日报》图文相关的公益广告 320 则,占79.7%,纯文字口号的公益广告最少,仅有 12 则,《厦门日报》有 54 则公益广告采用喜闻乐见的漫画式手法。相比之下,《解放日报》图文相关的公益广告较少,占 64.6%。但值得注意的是,《解放日报》也采用较多的漫画手法,占 18.8%。

四、广告主

广告主是公益广告的发布者。三份报刊公益广告的广告主都是媒体和政府,媒体起到主导作用。非政府组织在《解放日报》上刊登的公益广告比较多,占 18.8%。《人民日报》上公益广告商业化的现象比较不明显,企业在《人民日报》上刊登公益广告的仅有 10.1%。《解放日报》和《厦门日报》上公益广告商业化的现象较为明显,占 30.6%和 28.6%。国际化大都市上海出现外资企业刊登公益广告,《厦门日报》上则几乎没有。不管是《解放日报》还是《厦门日报》,公益广告的企业参与者主要是民营企业,国企则参与较少。

表 4-7　三份主要报刊公益广告的广告主情况对比

报纸名称	广告主							合计
	政府部门	媒体	非政府组织	国营企业	民营企业	外资企业	其他	
厦门日报	11.3%	56.3%	3.0%	2.5%	26.0%	0.9%	0%	402
人民日报	17.4%	51.0%	15.8%	1.2%	5.8%	3.1%	5.7%	363
解放日报	13.1%	35.8%	18.8%	2.2%	27.1%	1.3%	1.7%	492
合计	14.0%	47.8%	12.7%	1.9%	19.1%	1.8%	2.7%	1257

五、小结和讨论

虽然三份报纸都可以说是公益广告的先锋代表,但是对于公益广告的重视程度各有不同。

(一)中央级报纸和地方级报纸均很重视公益广告,省级报纸相对次之

《人民日报》作为中央机关报,充分发挥舆论导向作用,与时俱进,在提高公益广告传播地位的同时,牢牢站稳在公益广告宣传工作的"制高点"上。从版面数量上来说,它是三份报刊中刊登数量最少的,但无论从版面大小、刊登时间还是从刊登版面、广告创意表现等方面看,《人民日报》都相当重视公益广告的。不仅从人力、物力和财力方方面面提供支持和保障,还直接协调有关部门拿出相当多的版面用于保障公益广告刊登①,定时定版,准时刊出,因此我们才发现,《人民日报》选用大量的广告版面专门刊登公益广告,在商业广告高峰期遇有和公益广告因版面发生矛盾时,实行公益广告优先②。

《厦门日报》虽然是地方性的党报,但是作为连续六年被评为"全国文明城市"的厦门在宣传公益广告上不遗余力。在刊登时间上,阅读率最高的周五也刊登了较多的广告,同时刊登版面也非常大,半版以上的版面占了38.1%。只是在版面安排上总体靠后,一定程度上影响了传播效果。虽然《厦门日报》上的公益广告是全彩印刷,增加了吸引力,但是刊登的随机性比较大,把公益广告用于填充没有广告来源的版面。

《解放日报》作为省级党委机关报的代表,对公益广告非常重视,刊登492则,是三份报刊中刊登公益广告中最多的,可见省级报刊对公益广告的重视程度。版面位置较突出,但刊登时间上稍差于《厦门日报》和《人民日报》。虽然采用了最多的整版广告,凸显了公益广告的传播效果,但是仅有32.8%的公益广告采用彩色印刷。相对来说,在三份报纸中,重视程度稍低,公益广告的版面较小,随机性比较大,用于填充没有广告来源的版面。但需要指出的是,《解放日报》对公益广告的重视稍逊于另两份报刊,但这并不表示上海不重视公益广告,根据资料统计,上海市2018年全年公益广告播放率三个黄金时段约占总播出时长的近五分之一,远远超出国家要求的平均水平。但由于

---

① 全国公益广告创新研究基地:《中国公益广告年鉴》,中国工商出版社2010年版,第125~126页。
② 王亚楠:《改革开放30年广播电视公益广告主题研究》,厦门大学2009年硕士论文,第25页。

上海播放公益广告的平台和形式众多,如电视、分众楼宇视频、公交站台视频、移动电视、户外 LED 等,分散了公益广告资源,在报纸上的表现并不突出。

(二)三份报刊主题选择趋于一致,由中央推至地方,但地方报更有针对性

三份报刊在公益广告主题的选择上趋近,不管是《人民日报》《解放日报》,还是《厦门日报》,都把公益广告关注的焦点集中在生态资源、道德伦理和慈善救助上,这说明我国的报刊公益广告与其他形式的公益广告一样,以宣传社会道德,构建社会文明为主。随着生存环境的不断恶化,对生态资源的保护刻不容缓,三份报刊的公益广告也关注生态资源主题,这与全世界公益广告关注的焦点相同[1],说明我国报刊公益广告的主题选择有一定的普遍性。对于政策法规的宣传,是我国报刊公益广告主题的独有特点,但三份报刊在政策法规主题方面的公益广告呈现出逐年下降的趋势。太过直接的政策宣传会导致读者的反感与排斥,因此近年来政策法规类公益广告注重表现形式,"纯说教式"日益减少,而是以政策思想结合适当的艺术表现形式进行宣传,达到"润物细无声"的效果。如《厦门日报》关于"中国梦"主题的宣传系列,结合中国的传统文化形式,以诗歌、漫画的形象来表现,兼顾艺术性与传播性。

通过调查发现,三份报刊在主题发布上,体现"从上至下,由中央推至地方"的特点,这一现象也印证了中国大陆报刊公益广告的指令色彩。以 1996 年的"中华好风尚"主题活动为例,《人民日报》于 1996 年 9 月 5 日第一时间刊登"请把公款吃喝的钱省下来用于教育"的公益广告,《解放日报》和《厦门日报》积极响应,但时间上稍显滞后,分别于 1936 年 9 月 15 日和 1996 年 9 月 18 日刊出相应的公益广告。

地方报纸对同一广告主题的反应更加及时与灵活,更有针对性。2003 年 4 月 20 日,国务院新闻办召开关于"非典"的新闻发布会,举国震动。厦门的"非典"疫情发生较晚,当时广告源相当充裕,尽管如此,日报还是挤掉一个商业广告版,于 2005 年 4 月 24 日刊发第一则"非典"公益广告。部分厦门市民还比较麻痹,记者采访中发现,有的市民甚至把预防"非典"的措施说成是"精神病"[2]。面对这种情况,4 月 24 日,《厦门日报》刊登了公益广告《预防非典,别当儿戏》,广告以戴口罩的儿童为主画面,用漫画的形式介绍预防非典的八大措施,介绍全市发热门诊的地址和电话。随着形势发展,社会上出现过度

————————————

① 王亚楠:《改革开放 30 年广播电视公益广告主题研究》,厦门大学 2009 年硕士论文,第 22 页。

② 刘桂茂、李振芳:《报纸公益广告的贴近性问题》,《中国记者》2003 年第 8 期。

紧张,人人自危的倾向,面对这种情况,《厦门日报》又刊发了题为"让我们放飞心情"的公益广告,此外,还刊发歌颂白衣天使的《我不知道你是谁,我却知道你为了谁》等广告,安抚了民众的情绪,有极强的针对性①。

(三)创意表现符合报纸特色

通过综合对比发现,三份报刊中最重视创意使用的是《厦门日报》,其次是《人民日报》和《解放日报》。《厦门日报》注意图片使用,其 79.7% 的公益广告图文相关,纯文字口号的形式最少。《厦门日报》还采用代言人、漫画化、系列广告等形式,传播形式生动活泼。《人民日报》的纯口号公益广告还比较多,有 14.3% 的公益广告采用纯文字形式,说教性较强。《解放日报》在创意表现方面稍显逊色,仅有 64.6% 的公益广告图文相关,调查发现,《解放日报》的公益广告重复率相当高,随意性较强,不利于公益广告的传播。

根据"影响不一"理论,针对不同的受众和地区应当采用不同的宣传手法,尤其是区域性报纸更应发挥自身特色。《人民日报》是中央级党报,以关心民生、民治为其宗旨,其公益广告的题材取自现实社会中的重大焦点问题,其新闻性较强,比如邪教问题、消费问题、腐败问题等。《厦门日报》是地方级报纸,更接地气,"飞入寻常百姓家",其关注的问题角度更小,都是日常生活中的问题,如节约用水、运动有益健康、美化环境等。即使是同一个主题,两者的风格也不同。《人民日报》的环保广告以缠满绷带的地球还在被人抽血的画面揭示保护地球的主题,风格庄重严肃。《厦门日报》则以卡通画面展示童话故事里的家园,风格轻松活泼。三份报刊公益广告的创意表现符合各自报纸特色,这一做法值得延续和深化。

(四)地方性报纸融资方式更灵活

2004 年 5 月 10 日,《人民日报》《光明日报》《经济日报》分别发布公告,宣布取消刊登形象广告,主动要求民众监督,再加上《人民日报》作为党报系的"领军人物",公益广告发展的资金充足,因此商业化的现象较少(10.1%)。《厦门日报》(30.6%)和《解放日报》(28.6%)的融资和合作方式则比较丰富,如《厦门日报》采取拍卖版面、企业冠名公益广告大赛、企业与媒体共同刊登等合作形式。《解放日报》上则出现外资公益广告。总的来说,企业合作方面以民企为主,国有企业和外资企业参与公益广告较少,由于没有合理的合作机制,企业对于公益广告的参与热情逐年递减,参与程度逐年下降。

---

① 彭小珠:《公益广告文案正文写作的文体样式及其注意事项》,《写作》2016 年第 3 期。

第二节 中国大陆报刊公益广告发展特点

三十多年来,报刊公益广告随着中国公益广告事业的发展而发展,是中国公益广告史上不可或缺的重要元素,体现着中国公益广告发展的不同特点。

一、公益广告图片形式更丰富

分析三份报刊中公益广告的数据可以看到,1986—2018 年共 1257 则报刊公益广告中,采用图片形式的公益广告共计 633 则,比例高达 88%。1986—2000 年,采用图片形式的公益广告占所有公益广告的比例为 78%。2001—2013 年,采用图片形式的公益广告的占比上升至 81%。2013—2018年,图片的多元化表达在公益广告中更加普遍。可见,目前图片在公益广告广泛使用,有"大图化"的趋势。报刊公益广告的"读图时代"必将盛行。用好图片,让图片更好地适合民众的阅读习惯是公益广告要进一步研究的问题。

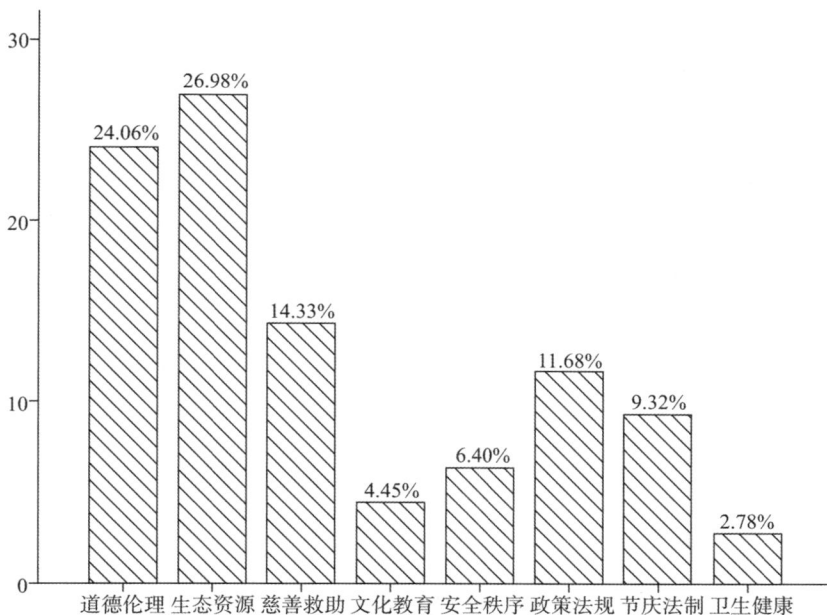

图 4-1 1986—2018 年三份主要报刊公益广告主题表现

二、主题表现政治化、系列化和多样化

经过统计分析,三十多年来,我国报刊最重视的主题是生态资源问题和道德伦理问题,占总量的27%和24%。其次受重视的是慈善救助问题和政策法规宣传问题,占总量的14.3%和11.7%。最少的是卫生健康方面,仅占2.78%。生态资源问题就是人与自然和谐相处的问题,是全世界关注的头号问题。在我国经济发展的现阶段,此类问题必然很受重视。改革开放以来,我国的政治、经济发生巨大变化,社会改革导致价值观的巨大变化,道德伦理问题也是我国公益广告关注的焦点。但在关注个人健康、以人为本、关爱生命方面,力度始终不够,说明中国大陆报刊公益广告的选题应多关注个体,在与民生密切相关方面有待加强。

表4-8   1986—2018年报刊公益广告五个阶段主题对比

阶段分期	主题分类							
	道德伦理	生态资源	慈善救助	文化教育	安全秩序	政策法规	节庆法制	卫生健康
初始阶段	12.2%	14.6%	14.6%	24.4%	0.0%	7.4%	24.4%	2.4%
成长阶段	17.6%	31.2%	17.6%	7.0%	4.0%	8.0%	12.6%	2.0%
发展阶段	23.5%	27.4%	12.8%	3.1%	7.1%	13.7%	8.0%	4.4%
繁荣阶段	31.6%	25.3%	13.0%	0.4%	8.7%	13.4%	5.5%	2.1%
融合发展阶段	34.8%	24.2%	12.8%	8.8%	2.9%	4.9%	6.1%	5.5%

经过卡方检验,三份主要报刊五个阶段主题的变化相当显著,如表4-8所示。对于道德伦理主题的关注呈现稳定上升的趋势,从初始阶段的12.2%上升至融合发展阶段的34.8%,从一个侧面说明我国公益广告对于道德伦理方面是最为重视的。对于生态资源的关注也呈现上升的趋势;慈善救助主题呈现比较平衡的状态,增减不明显;而对于文化教育主题的关注,逐步下降又提升,其中繁荣阶段,仅有0.4%,在融合发展阶段,又提高到8.8%,说明随着社会的进步,对文化教育也将越来越关注。对于安全秩序主题的关注虽然比例不高,但也呈现逐年增高的趋势,这主要是随着经济的发展,人们对食品安全、交通安全等问题越来越关注。政策法规宣传也是呈现逐年上升的趋势;而节庆法制主题呈现逐年下降,显示出我国的公益广告主题常规节庆类相对减少,转向其他主题。对于卫生健康的关注四个时期都比较少。

总的来说,中国大陆报刊公益广告主题呈现以下特点:

（一）政治化

我国公益广告的政治性不仅体现在党和政府对公益广告的主动性上，还体现在我国公益广告选题的政治化上，大量选题都与党和政府的相关政策有关。在1999年中央文明办发出的《关于进一步做好公益广告有关工作问题的通知》等多项通知中，都明确提到，要切实保证公益广告宣传党的方针政策、引导社会舆论方面的积极作用。因为是自上而下，由政府和主管部门"命题作文"，并提供部分广告制作经费，公益广告的创意策划和制作水平得到了显著提高。中央和省市媒体发布了很多紧扣形势的高水平作品，取得了显著的社会效益。

（二）系列化和多样化

配合国家的政治宣传，我国的公益广告出现许多系列化作品。例如"自强创辉煌"系列、"中华好风尚"系列、"万众一心、抗洪救灾"系列，同时随着政治经济文化环境的变迁，公益广告的主题也逐渐呈现多样化的特点，例如宣传艾滋病、食品安全、金融风暴、防欺诈、关爱个体等。

（三）与社会热点和突发事件结合

1997—2018年，我国发生许多重大政治事件，如香港回归、三峡大坝截流、十五大召开、抗洪救灾、澳门回归等，公益广告以政治政策宣传居多，不但配合国家政策的宣传，也大大增强民族凝聚力，很多公益广告正是这段时间国民精神的写照。另外，随着我国经济体制改革的深入，下岗问题开始出现，成为社会热点问题，为了配合营造社会舆论，鼓励下岗再就业的社会热点问题公益广告应运而生。进入新世纪后，随着社会热点问题的转移，公益广告主题转而面向新的社会公共问题，比如2008年的汶川地震、2008年的奥运会、2010年的世博会等。

中国大陆报刊公益广告的主题选择在贴近性方面还有待加强，不能满足社会全面发展和建设的要求，涉及农村题材的公益广告主题比较少，与受众的互动还有进步空间，可以更快速地响应社会热点。

三、诉求方式以感性为主

公益广告的诉求方式可以分为感性诉求和理性诉求。理性诉求主要是采用数据、话语等较为直接的方式，感性诉求方式则更侧重于诉诸亲情、友情、爱情等，比理性诉求方式更能动之以情、晓之以理，更利于拉近与传播者的距离，不容易引起观看者的反感。报刊公益广告使用感性化的诉求方式易于博得受众的好感，为传播公益理念打下更好的基础。

对三份报纸中公益广告分析的数据可见：1986—2000 年的公益广告诉求方式采用感性诉求的比例为 74.1％，2001—2018 年的公益广告诉求方式采用感性诉求的比例占到 83.4％，公益广告诉求方式采用感性诉求的比例有所上升。因此，中国大陆报刊公益广告说服方式有感性化诉求趋势。

四、系列形式吸引注意

漫画对于中心思想的阐述较为独特，绘画和构图语言是漫画表达主题思想主要途径，常使用夸张、幽默等方式进行主题的渲染。漫画式公益广告的趣味性较高，主题的表达更具戏剧性。2007 年，天津市在街道墙体和公交站台张贴了"城市风景如画，市民爱城如家"为标语的漫画式公益广告。此公益广告生动、形象，刊登后市民反映良好①。漫画式公益广告具有生动、活泼、风趣和幽默等特点，具有很强的艺术性和欣赏性，能够将严肃问题幽默化，以受众喜闻乐见的方式传播公益理念，寓教于乐。漫画式公益广告正以崭新的面貌出现在受众的面前，为受众所接受，《厦门日报》和《解放日报》都很重视对公益广告漫画形式的采用。

系列公益广告指在一段时间内对特定的公益主题进行连续的、全方位多角度的报道。根据"议程设置"理论，报纸类媒体的"议程设置"对较长期的"议题"影响较大，通过在报纸上刊登系列化的公益广告，进行高密度的投放，能够强化受众对公益理念的认知，使公益广告观念深入人心，提高公益广告的传播效果。报刊公益广告已出现结合社会热点事件的系列公益广告，如《人民日报》出现的结合"汶川大地震""北京奥运会"和"上海世博会"等社会热点事件的系列公益广告。这些系列公益广告围绕主题进行多角度的连续报道，形如"组合拳"，拳拳刚劲有力，直击目标受众，取得良好的传播效果。报刊公益广告的系列报道主题可以充分利用热点事件极高的关注度、极强的抗干扰性和报道周期长等特性，结合热点事件进行公益观念的传播，实现公益广告的聚焦效应。

五、广告主多元化，融资渠道日益广泛

总的来说，随着人们对公益广告的认识不断深化，公益广告的积极作用

---

① 栗平：《我国公益广告存在的问题及解决之道》，《郑州大学学报》（哲学社会科学版）2009 年第 5 期。

得到了广泛的认可。随着物质财富和精神财富的不断积累,人们参与公益广告的兴趣越发浓厚、热情不断高涨。越来越多的人和企业投身于公益广告事业,公益广告的话语权力被分散,公益广告的广告主朝着多元化迈进。

如图 4-2 所示,报刊公益广告最主要的广告主是媒体和政府部门,共发布了 78 则,占全部抽样样本的 61.89%。其次是各类企业,发布了 286 则公益广告,占样本总量的 22.8%。非营利组织发布的数量不多,占 12.66%,这是由于中国大陆的非营利组织知名度不高,资金有限,缺乏发布公益广告的资金。

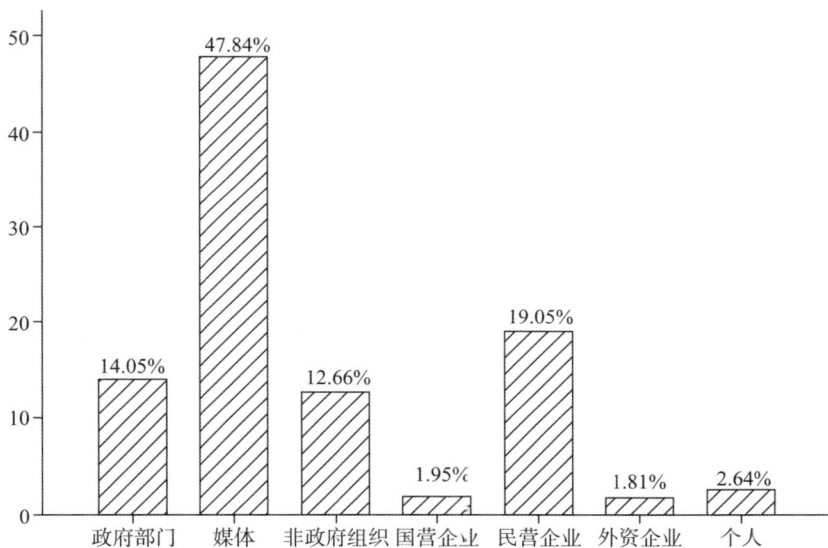

图 4-2　1986—2018 年三份主要报刊公益广告广告主

表 4-9　五个时期报刊公益广告主的变化

广告主分类	政府部门	媒体	非政府组织	国营企业	民营企业	外资企业	其他
初始阶段	14.6%	19.5%	36.6%	0.0%	26.8%	2.4%	0.0%
成长阶段	11.6%	46.7%	14.6%	2.0%	20.6%	2.0%	2.5%
成熟阶段	10.6%	55.8%	8.8%	1.8%	18.6%	2.2%	2.2%
繁荣阶段	19.0%	46.2%	10.7%	2.4%	17.0%	1.2%	3.5%
融合阶段	14.8%	51.9%	10.2%	2.2%	16.4%	2.1%	2.4%

1. 媒体政府公益广告的主导作用

报刊公益广告最主要的广告主是媒体,一半以上的报刊公益广告由媒体发布,党报也属于政府所管,所以也可以认定,我国的报刊公益广告的最大广告主仍是政府。政府对公益广告的主导作用不仅体现在政府出资制播公益广告的数量,还体现在对公益广告的管理上①。政府对公益广告的不断重视体现在为公益广告的制播营造良好的社会环境,通过相关政策和法律的规定,组织各类公益比赛,调动广泛的社会力量参与公益广告事业,促进公益广告事业的腾飞。

　　2. 媒体搭台,企业唱戏

　　公益广告对于塑造和改善企业形象的重要作用得到企业界的广泛认同,也由于媒体经营策略上的需要,鼓励越来越多的企业参与公益广告事业,成为公益广告的热心支持者和赞助商,出现"媒体搭台,企业唱戏"的局面。我国公益广告管理条例规定,企业可以在公益广告中标注企业的名称,有利于企业形象的改善。主流报刊有稳定的受众群体,读者规模大且分布广泛,企业在主流报刊上刊登公益广告,有较高的关注度,受众在无形中加强对企业的认知,认可企业的产品,消费者更倾向于选择有良知的企业的产品。如蒙牛集团、中国移动等企业都以不同的方式制作、赞助公益广告。这些企业以民营企业为主(如表4-9所示),可见民营企业对公益广告塑造企业形象的作用比较重视,外企和国企参与较少。经调查,《厦门日报》和《解放日报》的企业主采取拍卖版面、冠名公益广告活动、直接署名和与媒体共同署名等赞助公益广告的形式,拓宽了公益广告的融资渠道。

　　但是值得注意的是,企业对于报刊公益广告的参与呈现逐年下降的趋势,从最初的29.2%下降到目前的20.7%,究其原因还是目前中国大陆公益广告缺乏合理的激励机制和运行机制。因此应该有合理的运行机制保障公益广告不过于商业化,保证公益广告的资金来源,企业也要加强社会责任感。非政府组织在中国报刊公益广告的发展中没有发挥应有的作用,三十多年来,非政府组织发布公益广告比例越来越少,这与现实中的非政府组织公益活动的丰富多彩不太符合。

六、全民参与,线上线下公益融合

　　从三十多年来三份报刊公益广告的公益广告刊发情况看,公益从线上走到线下也成为明显趋势。特别是2013年来,各大党报党刊积极发挥平台效应,除了在报刊上刊登相应内容的公益广告,纷纷组织线下公益活动,让公益理念深入人心。通过组织公益广告创意评选比赛和公益事件、公益人物的评选,让更多的民众真正参与公益事件。

---

① 曾振华、罗俊:《主流报纸中公益广告的话语转型趋势》,《新闻爱好者》2012年第10期。

第三节 中国大陆报刊公益广告发展趋势展望

纵观报刊公益广告三十年的发展,我国报刊公益广告越来越得到党和政府的重视,刊登数量逐年增多,质量有所改进,公益广告的地位日益提升。公益广告的组织更加系统化,更广范围的力量纷纷参与公益广告事业,创作出许多喜闻乐见的公益广告作品。报刊的融媒体趋势日渐明显,报刊公益广告也可以利用新媒体的力量,增强线上线下的互动,鼓励多方面的社会力量积极参与,让报刊公益广告朝着健康有序的方向快速前进。

一、公益广告地位日益提升

从 1984 年《人民日报》《北京日报》等全国几十家报媒联合主办"爱我中华,修我长城"的公益活动后,报刊公益广告活动逐渐上规模,成为广告界不可缺少的内容。以下是对三份报刊抽样公益广告数量、面积、版面位置的统计分析。

(一)刊登数量不断提升

如图 4-3 所示,根据本研究的抽样原则,1986—1995 年只能抽取到 41 则公益广告,到 2007—2012 年,已可抽取到 253 则公益广告,2013—2018 年,抽取了 538 则,其总量是前一个阶段的两倍。

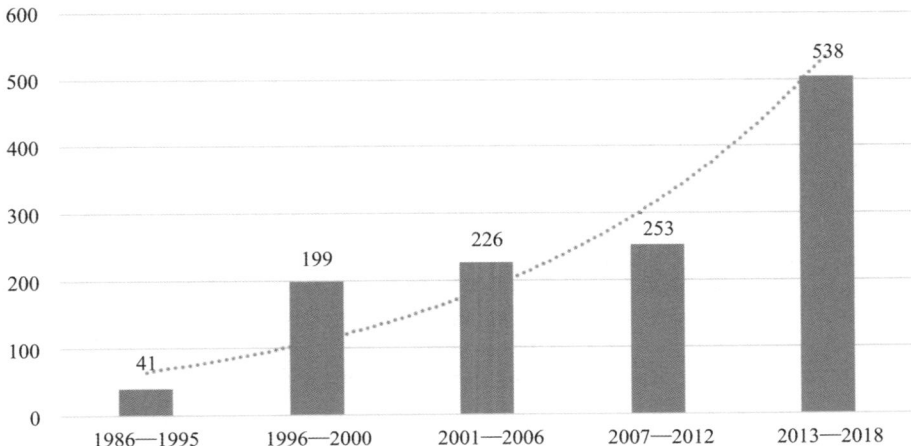

图 4-3　1986—2018 年三份主要报刊公益广告抽样数量汇总

(二)广告规格逐渐增大

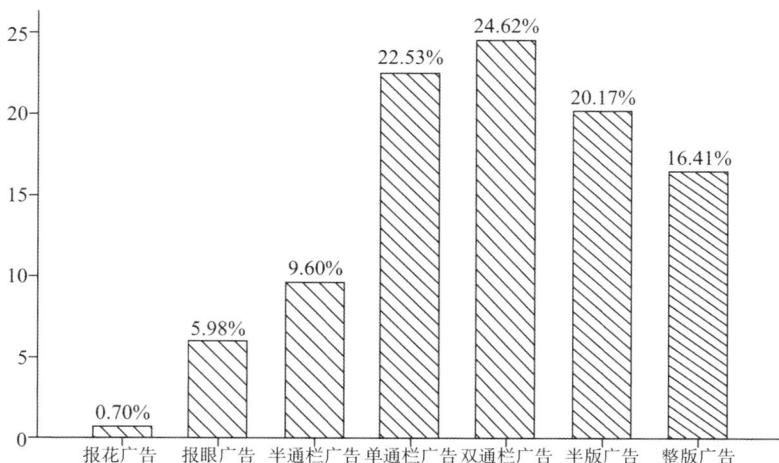

图 4-4　1986—2018 年三份主要报刊公益广告广告规格

众所周知,刊登广告的大小影响着受众对其重要性的判断,也会对传播效果造成影响。总的来说,报刊公益广告的刊登面积双通栏以上的共有 768则,占抽样总量的 61.1%,也有 206 则采用了整版广告的形式,版面面积比较大,版面面积有不断增大的趋势。

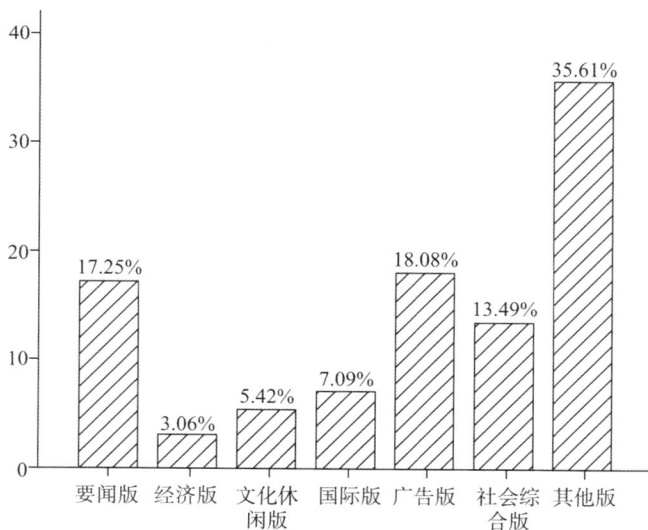

图 4-5　1986—2018 年三份主要报刊公益广告版面位置

(三)版面位置不断改善

从版面位置看,刊登在广告版和其他版的公益广告,占总量的一半以上,但值得注意的是,有 217 则广告刊登在比较重要的要闻版,占 17.25％,从时间区间分布看,版面位置不断改善。

(四)公益广告刊登区间性强

根据抽样结果和在"谷歌趋势"上以"广告、公益"为搜索词进行检索,发现我国公益广告的发布呈现很强的区间性,每年的 3—6 月份和 8—10 月份,会出现公益广告的两个高潮,每年的 1—2 月份是刊登公益广告的低潮,区间规律性非常明显。

究其原因,每年的 3—6 月份恰逢"全国精神文明城市检查",为了应对文明城市检查,该阶段的公益广告的刊登量会增大,更能吸引受众的注意和关注。这印证了我国的报刊公益广告还是以政令为指导推动,缺乏自主的发动机制。

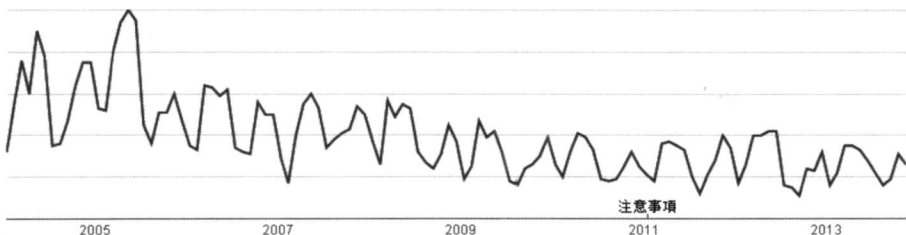

图 4-6　"公益广告"关键词搜索结果图

总之,从 1984 年起到 2018 年底,报刊公益广告在提高公民素质、传达政府意识、传播先进文化、引导社会舆论、缓和社会矛盾等方面发挥着积极的作用,成为推动公民社会发展的特殊力量,越来越得到党和政府的重视支持和全社会的关注,社会地位不断提高。

二、公益广告系统化、组织化

中国大陆报刊公益广告呈现出系统化、组织化的趋势。这种趋势不仅体现在政府出资制播公益广告的数量,还体现在公益广告的管理上。

(一)政府加强对公益广告的法制法规管理

政府对公益广告的不断重视体现在为公益广告的制播营造良好的社会环境,通过相关政策和法律的规定,调动广泛的社会力量参与公益广告事业,促进公益公告事业的腾飞。三十多年来,政府出台多项管理公益广告的规定,如 1997 年,中宣部、国家工商行政管理局等发出的《关于做好公益广告宣传的通知》;1998 年,国家工商行政管理总局《关于开展公益广告活动的通知》;1999 年,中央文明办颁布《关于进一步做好公益广告工作有关问题的通知》;2002 年,中共中央宣传部、中央文明办发布《关于进一步做好公益广告宣传的通知》;2008 年,国家工商行政管理局、国家发改委颁布《关于促进广告业发展的指导意见》;2009 年,国家广电总局发布《广播电视播出管理办法》;2015 年,国家行政管理总局发布《公益广告促进和管理暂行办法》等。这些规定都对公益广告的刊登数量、质量、运行机制、管理办法做出规定,有助于公益广告的健康有序发展。

(二)组织有规模的公益广告活动,从中央到地方纷纷举办公益广告比赛

我国公益广告活动组织性和系统性比较强。从 1996 年起,我国举办过多次大规模有效应的公益广告活动。如 1996 年的“中华好风尚”活动,1997 年的“自强创辉煌”活动、“下岗再就业”活动、“树立新风尚,迈向新世纪”活动,2018 年“垃圾分类新风尚”等。公益广告刊出后,在一个时期内集中宣传,引起社会广泛关注,达到比较好的社会效果。

为了扩大公益广告的宣传效应,为了改善公益广告的创意和手法,从 2001 年起,我国从中央到地方举办各类公益广告比赛。如 2001 年 3 月,中宣部与中央电视举办的“全国思想道德公益广告大赛”;2002 年,首届 CCTV 报刊公益广告大赛正式启动;2004 年,《南方都市报》举办第一届“责任中国”全国公益广告大赛;从 2008 年中国国际广告节启动“中国公益广告黄河奖”比赛。上海、广州、昆明、厦门各地市也纷纷举办符合当地特色情况的公益广告比赛,营造和谐的社会氛围,赢得更多人的共鸣。2013 年起,厦门组织海峡两岸公益广告比赛。2017 年,《解放日报》举办上海公益人物、公益事件等评选活动。

三、结合新媒体、互动化发展

随着数字技术的发展,新媒体的时代到来,给以报刊、电视为首的传统媒体带去强烈冲击。新媒体的队伍不断扩大,从互联网衍生出博客、微博、手机电视、网络视频等多种形式。未来,利用新媒体的优势进行媒介融合,整合公益广告传播,增强与受众的互动将成为公益广告新的发展趋势。

传统媒体利用新媒体发展公益广告有以下优势:一是结合新媒体技术让传播形式更加多元化,可以吸引更多的受众参与,也会达到较好的传播效果;二是运用新媒体技术可以吸引更多的受众,特别是喜好新鲜感的年轻族群。现在的年轻族群已经远离类似报刊这类的传统媒体,抖音、快手、H5 是年轻人的新宠,传统媒体应该多平台发展,借用新媒体的力量覆盖尽量多的年轻族群,将公益的理念尽可能传播出去。三是新媒体公益传播形式比较丰富,利用大数据、人工智能、交互技术、AR 和 VR 技术等,可以让公益广告的传播形式更加丰富有趣,发挥更大的效果。比如腾讯公益利用 H5 制作了为"盲童"读诗的公益广告,得到很好的传播效果。再比如长隆动物园制作了首个运用 AR 识别濒危动物的公益广告,号召大家关注濒危动物。这些公益广告借助新媒体的力量插上创意的翅膀,让受众更加感兴趣,从而达到更好的传播效果。四是传播周期更快。借助新媒体的传播力量,可以加快新媒体制作和传播的周期,可以尽快根据社会热点进行制作。

另外,公益广告的互动化也将成为新的发展趋势。随着受众意识的觉醒,没人再愿意亲近高高在上的道德宣讲者,一味说教的方式已行不通。公益广告应该回归沟通,作为沟通者平等地与受众互动。目前报刊上公益广告从选题、创作到刊登,受众能参与的部分很少,未来的公益广告应增强互动的趋势。比如在网上公布选题,让受众选择感兴趣的主题进行传播,也可让受众通过网络投票参与优秀作品评选,对公益广告进行及时的反馈。甚至还可以使用高新技术,把报刊上的公益广告主题延伸到户外,从平面到立体,从单向到互动,增强受众对公益广告的感受。例如 2007 年上海地铁"新创意,真体验"创意之旅活动中的户外公益广告,运用多媒体感应技术,借助户外行动时能量与条件感应生成人景互动装置,人们在互动中加深对公益广告的理解与记忆①。2017 年,《人民日报》"让我们一起穿军装"H5,厦门金砖会晤期间推出的"厦门欢迎您"H5 等,这些有趣的互动公益传播,让公益理念变得更加真实可感,更加有吸引力,得到更广泛的传播。

---

① 汤劲:《我国新媒体公益广告及其发展对策》,《新闻知识》2011 年充 10 期。

　　总之,随着科技的发展和创新,报刊等传统媒体会增强与新媒体的结合,最大限度发挥公益广告效益。突破传统媒体公益广告传播中内容、时间及空间等方面的限制,与传统媒体联合可以实现优势互补,增强与受众的互动,加强受众对公益诉求的印象,提高公益广告的传播效益。

四、需进一步增强企业和媒体的社会责任

　　通过表 4-10 的统计发现,企业对于报刊公益广告的参与呈现逐年下降的趋势,从初始阶段的 29.2％下降到繁荣阶段的 18.2％。直接原因是企业和广告经营者看不到公益广告的直接经济效益而不愿意将资金投向公益广告,由于经济水平和公益意识的制约,企业对待公益事业和公益广告的态度就相对冷淡。

表 4-10　五个时期报刊公益广告主的变化

广告主分类	政府部门	媒体	非政府组织	国营企业	民营企业	外资企业	其他
初始阶段	14.6％	19.5％	36.6％	0.0％	26.8％	2.4％	0％
成长阶段	11.6％	46.7％	14.6％	2.0％	20.6％	2.0％	2.5％
成熟阶段	10.6％	55.8％	8.8％	1.8％	18.6％	2.2％	2.2％
繁荣阶段	19.0％	46.2％	10.7％	2.4％	17.0％	1.2％	3.6％
融合阶段	14.8％	51.9％	10.2％	2.2％	16.4％	2.1％	2.4％

　　根据社会责任理论,对于企业而言,追求利润最大化无可厚非,但是,企业利润最大化的实现不能以侵害公众利益和社会利益[1],而且要兼顾社会总体福利的最大化,这就要求企业承担相应的社会责任。从报刊公益广告的企业主看,企业相对较少,媒体和政府为最主要的公益主体。报刊公益广告可以创新机制,鼓励更多的力量参与公益广告事业。

五、媒体融合创公益新招

　　媒体融合快速发展已成为当前时代发展的一大背景,5G、人工智能、大数据、区块链等新技术的出现,给公益传播带去新的发展可能。在媒体融合的背景下,公益传播可以有更多的创新可能,也能让更多的受众参与线下的公益活动中,下一章节专门探讨这一趋势。

---

　　[1]　唐文龙:《公共营销与企业社会责任》,《中华商标》2007 年第 9 期。

第五章
中国大陆报刊公益广告的社会功能探讨

公益广告对社会文化建设的贡献越来越大,它们通过正面引导或显示利弊,进行善意的规劝和启示,激起公众的欣赏兴趣,树立新风,影响舆论,规范人们的社会行为,维护社会道德和公共秩序.促进社会健康、和谐、有序运转,最终改善社会生存环境和生态环境,营造经济和道德发展共赢的和谐的社会环境①。本章将讨论目前报刊公益广告社会功能的实现现状、其对大众观念的影响及报刊社会功能的价值体现。

第一节 报刊公益广告社会功能现状分析

公益广告具有商业广告和其他宣传、教育形式难以替代的社会功效,为社会营造出全新的道德教育氛围,在不知不觉中引导公众的社会行为,慢慢地培养和发展出公众新的认知方式、生活模式和行为模式。因此,我们有必要对公益广告的社会效果进行调查,了解公众对报刊公益广告的态度和意见,借此改善公益广告的选题和创意表现。

报刊公益广告效果调查就是运用科学的方法,将公益广告的原始资料按调查目的进行分类、汇总和初步加工,以集中、简明的方式反映调查对象对公益广告的总体态度。为此,笔者展开"报刊公益广告对受众社会化教育作用"的调查,考虑到样本需要有代表性和多样性,该调查将多种职业、多种教育程度及多种年龄层次的受众涵盖进来,保证了一定的性别比例,最后获得 389 份有效问卷。

---

① 吴艳青、程永高:《正视公益广告对构建和谐社会的正面效应》,《邢台职业技术学院学报》2009 年第 4 期。

一、受众对公益广告的态度概况

总体来说,在受访的 389 名受众中,82%的受访者表示喜欢公益广告,9%的人表示没有感觉,仅 9%的受访者表示不喜欢公益广告。由此可以表明,大多数人喜欢公益广告,公益广告得到公众的认可,具有广阔的生存空间。62.21%的受访者认可"公益广告在一定程度上,能有助于唤醒人们的道德观念,提升公民素质",表明公益广告的社会功效被普遍认同。

在 389 名受访者中,最常接触公益广告的媒介载体依次是电视、网络、户外媒体、报纸。这表明,电视依旧是公益广告最主要的传播渠道,网络、户外媒体和报纸也不容忽视。

389 名受访者中,喜欢的公益广告类别前三名依次是环境保护类(21.1%)、道德伦理类(19.4%)、慈善救助类(15.4%),这与我国目前公益广告刊登的主题比例一致。随着生存环境越来越恶劣,雾霾无处不在,越来越多的受众关注自己的生存环境。另外,表示喜欢政策宣传类的受众仅仅占2.5%,这对我们的启示是,政府部门应多运用老百姓喜闻乐见的形式做好政策宣传和塑造政府形象。受访者希望更关注(环境保护类和道德伦理类以外)卫生健康类(16.1%)和安全秩序类(14.6%),这表明随着经济的发展,个人价值的重要性越来越凸显,关爱生命、关注个体健康会是新的潮流。在社会热点主题方面,10%的受众表示希望增添社会热点方面的公益广告主题,社会热点广告应该结合社会民生,更接地气。

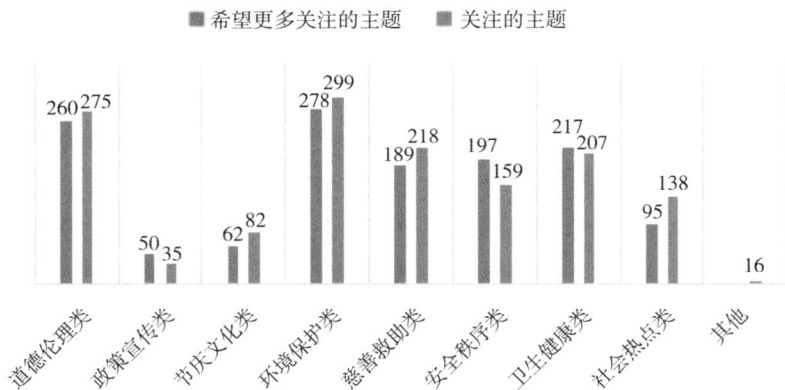

图 5-1 受众关注的公益广告主题和希望增加关注的公益广告主题对比

二、公益广告对受众的教育作用

公益广告对受众有一定的社会教育作用。为了考察公益广告对受众的社会化教育作用,特在问卷中设置了以下几个问题,得到相关数据如下:如图5-2所示,52.7%的受访者表示看完公益广告后,有一些触动会有短时间的记忆;28.79%的受访者表示触动较大,会持续一段时间的记忆;9.51%的受访者表示触动很大,印象深刻;仅有0.77%的受访者表示对公益广告毫无感觉。可见公益广告对于大部分的受众能够起到感染作用,并让受众留下印象,虽然停留的时间不长。如图5-3所示,在考察道德类公益广告对受众观念的影响时,60.41%的受众表示"通过公益广告有所领悟,现有观念产生一些变化";25.19%的受众表示"看完公益广告后有少许影响,但是观念依旧难以转变";仅有3.08%的受众表示公益广告对其完全没有影响,很难改变自身的观念。可见,大部分受众都认可公益广告的社会化作用,认为通过公益广告,可以使观念产生一些变化。

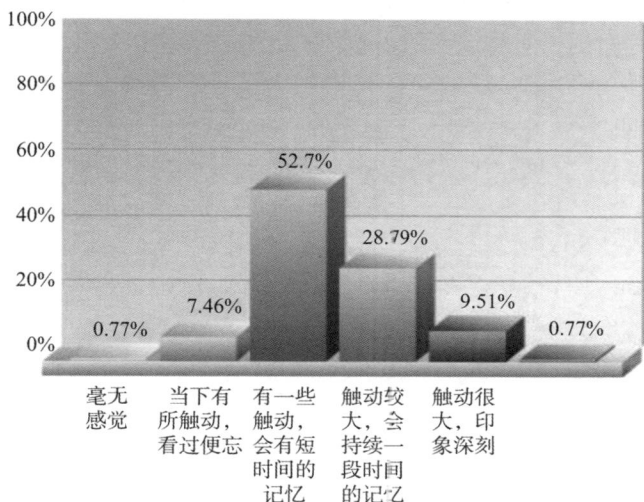

图5-2 受众看完公益广告后的内心反应

为了了解公益广告对受众实际行为的影响,我们进一步进行了调查。如图5-4所示,近一半的受访者表示看完公益广告后,会对自己的某些固有行为习惯产生质疑,进而有想改变的冲动;16.71%的人观看后能在短时间内改变行为习惯;11.31%的人表示观看后不仅自身想改变,甚至希望能影响到周围的人和环境;仅有2.83%的受访者认为公益广告对其行为毫无改变。根据调研结果,公益广告的社会化作用能影响改变受众的行为,虽然影响的时间比

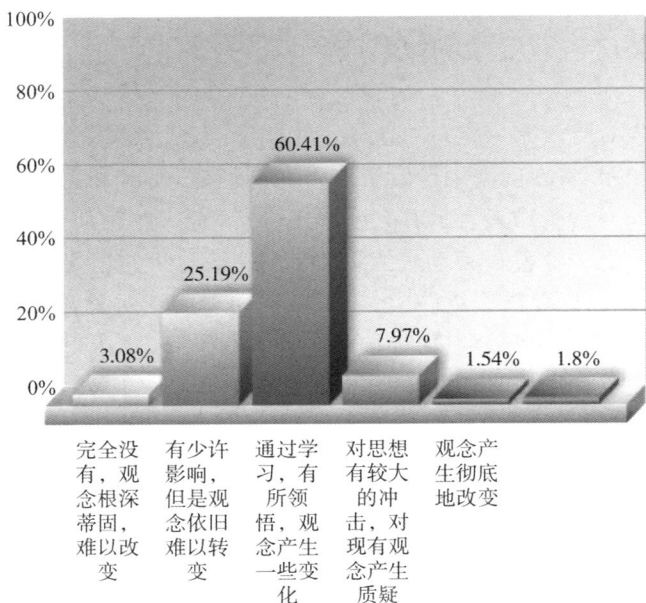

图 5-3　道德公益广告对受众的触动

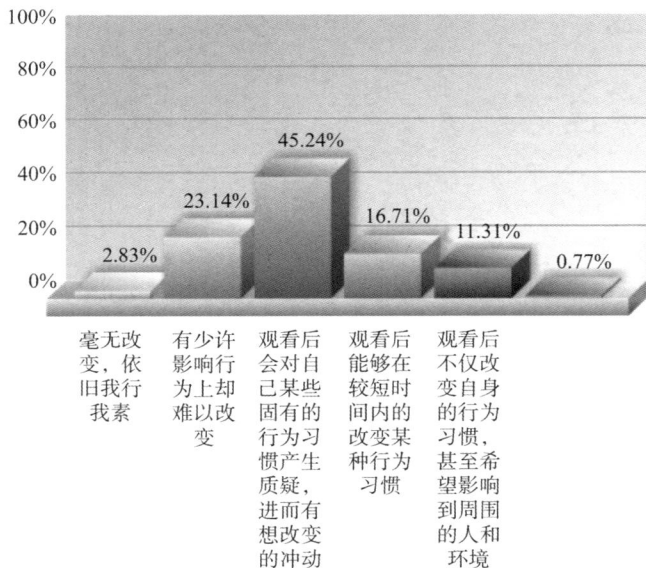

图 5-4　公益广告对受众实际行为的影响

较短暂,但通过加强加大公益广告的宣传,改进其表现形式,可以增强公益广告的社会化作用。另外 79.8％的受众表示"如果看到一则好的公益广告,很愿意与家人朋友分享",所以具有艺术美感的公益广告还有很大的传播空间。

三、受众对公益广告的建议

同时,受访者积极地对改进公益广告提出建议,如图 5-5 所示,他们认为公益广告应该改进其创意和表现形式(30.5%),传播途径应该多元化(23.9%),也有受众认为公益广告的主题应该贴近生活(14.9%),加大公益广告的宣传力度。

受访者普遍认同公益广告的表现形式应该更多样,他们偏好有创意(27.1%)且更互动表现形式(27.8%),系列式公益广告也很受青睐(15.5%)。受众希望公益广告注重创意,少用说教的方式,增强与受众的互动,选择更贴近生活的公益主题,如图 5-6 所示。

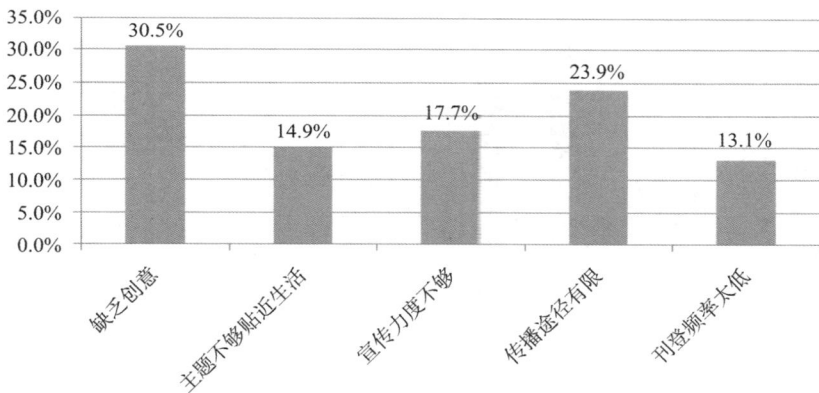

图 5-5 受众对公益广告的建议

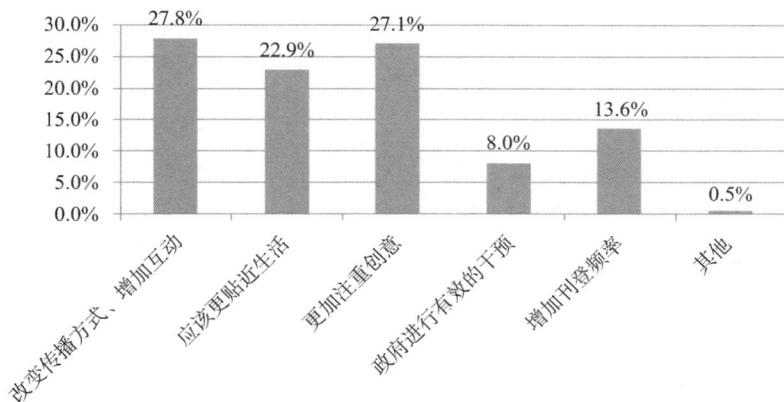

图 5-6 受众对公益广告的期待

四、关于公益广告主体

针对"公益广告和商业广告出现频率对比",如图 5-7 所示,调查结果如下:共有 42.3%的受访者认为当前公益广告在媒体上的出现频率较低(含低和非常低),75.2%以上的受访者认为当前商业广告出现频率高(含较高和非常高),有 340 名受访者表示应该增加公益广告在媒体上出现的频率。这些数据表明受众在一定程度上反感商业广告,希望看到公益广告,也反映出当前公益广告发展相对迟缓,不能满足受众的需求。

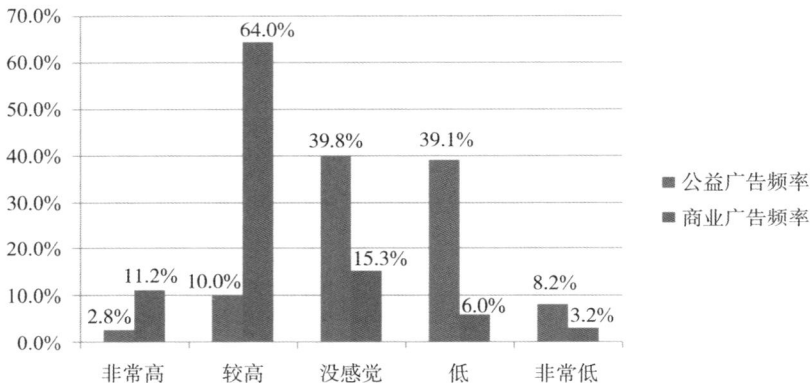

图 5-7　受众对公益广告的频率的对比

中国公益广告的生产制作比较复杂,所有单位都有权利发起制作公益广告,如报社、企业、党政部门、社会公益组织。对受众来说,很难看出公益广告来源于什么机构。389 名受访人中,仅有 24.1%的人表示注意过公益广告的来源;其中注意过公益广告制作单位的受访者认为"公益广告基本上都是由一种机构发起制作的",包括社会组织(30.7%)、媒体(30.2%)、党政部门(10.7%)、企业(7%)、广告公司(1%)。也就是说,受众对我国公益广告的主体情况不了解,了解的情况也不符合实际情况。

受众是否希望了解公益广告的来源是哪里？表示不希望了解的受访人很少,只有 23.7%的受访者表示不关心公益广告的发起和制作机构;76.3%愿意了解的受访人中,大多数人认为公益广告由社会公益组织、政府、媒体发起制作比较合理,认同由企业来制作公益广告的比例最小,仅有 2.3%。

通过对受众的访谈研究也发现,很多人认为公益广告标注企业名称容易与商业广告混淆,有些人觉得"可以接受,但是不太舒服",也有人觉得"企业完全可以做公益广告,但是内容必须和他自己的主营业务密切相关"。可见,从受众的角度看,公益广告不应该带功利性,商业企业制作公益广告的时候

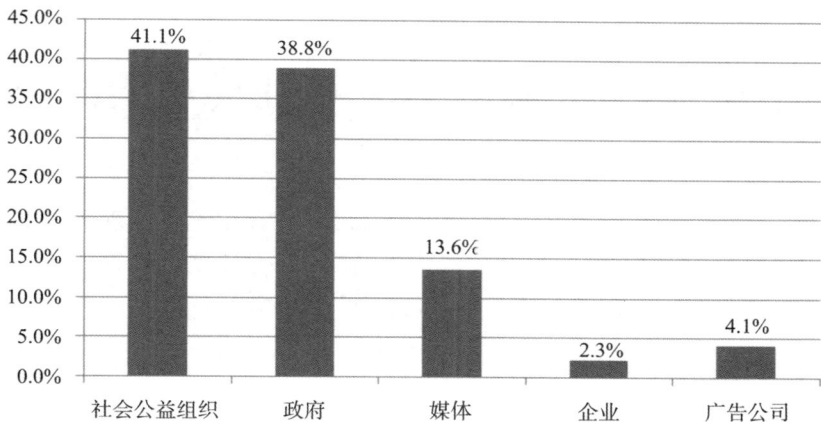

图 5-8 公众对公益广告主的认可

应注意符合这一要求。

五、结果讨论

根据调研结果,本次调查的受访人大部分喜欢公益广告(88.43%),他们认为公益广告会对自己的思想观念造成短期影响,对固有观念进行质疑,甚至会影响接下去的行为,但这样的影响比较短暂。受众最关注的主题是环境保护和道德伦理类,随着人们越来越关注个体健康,社会热点类和卫生安全类的公益广告越来越受青睐,政策宣传类的主题最不受人喜欢,因此在主题创作上应该注意选择,把政策宣传与受众喜闻乐见的主题相结合。受众希望公益广告在创意方面多做改进,采用丰富的表现形式和互动手法,促进受众之间的主动传播,增强公益广告的传播效果。同时,受众最支持社会公益组织发起制作公益广告,对于商业企业参与制作公益广告,要注意减轻或不带功利性。受众认为应该增加公益广告的刊登频率。

总之,本次调查的研究成果说明公益广告的接触率较高,公益广告拥有广泛的受众基础,受众对公益广告的评价好,得到受众的普遍认可,公益广告的社会影响教育作用是比较突出的。经过三十多年的发展,公益广告已经成为独特的教育形式,在宣传生活观念、规范人们行为方式、传播价值观等方面发挥巨大的作用[①]。

---

① 马连鹏:《公益广告社会教育作用研究》,大连理工大学 2004 年硕士论文,第 19 页。

第二节 影响公益广告发挥社会功能的问题

公益广告在规范行为方式、塑造价值观念和传播生态生活理念等方面发挥巨大的作用,但中国大陆报刊公益广告还存在一些问题,阻碍公益广告社会功能的充分发挥。就目前情况而言,公益广告在我国的发展存在六个方面的问题。

一、公益广告的行为主体不明确

公益广告是广义广告的一种,和商业广告一样由中央宣传部和国家工商行政管理总局统管,政府无疑是机制中的主导力量,但政府行政指导下缺乏负责公益广告实施的主体[①]。从公益广告的管理上看,体制设计缺陷造成的多头管理的局面严重制约着公益广告的发展。例如,宣传部门、工商部门、新闻出版部门、文化部门,甚至地方的党委宣传部、精神文明办公室及街道管理委员会,都可以管理公益广告,但它们却又都不是法定主体,分散无序的管理体制导致难以建立协调统一的公益广告的行业运作方式。近年来,政府部门每年都有关于针对公益广告的行政指令和倡议,但将精力放在组织策划公益广告活动上,执行层面存在的问题未给予足够的重视,也缺乏长远规划。虽然有行政指导,但公益广告在执行过程中处于散漫而自发的状态。

公益广告的发展过程中,媒体扮演主导性角色,承担广告执行的许多功能。由于中国社会的特色,媒体长期以来一直在广告业中处于强势地位。根据政府的号召以及媒体自身出于公益意识和宣传目的对公益主题的确定,媒体组织企业出资,动员广告公司制作,然后由媒体自身发布。由于媒体也是经营性实体,公益广告使用传播效果好的资源时,就会减少媒体的收入,具体运作过程中,出现垃圾版面和时间充斥公益广告的现象。从出资企业来说,公益意识之外,之所以为公益广告出资,更多的考虑是对自身品牌的传播以及同媒体和政府进行公关沟通的需要。目前的这种运营机制中,并无评估公益广告效果的明确环节。公益广告只要播出,就完成政府和社会赋予的任务。这就造成公益广告的发布只重视宣传效果,而忽略在受众实际效果。公

---

① 陈挚:《公民道德建设视域中的公益广告作用研究》,合肥工业大学2010年硕士论文,第15页。

共传播主体的空洞化导致大量公益广告粗制滥造,加之经常在垃圾时段或版面发布,造成无效果播出,严重的后果就是公益广告这种公共传播资源的巨大浪费。

二、公益广告资金短缺

世界上绝大多数国家和地区的媒体在刊播公益广告时不得标注企业名称,更不得标注品牌,这足见公益广告必须符合非商业性。中国大陆的公益事业尚处于不成熟阶段,缺乏具体的操作规则和社会环境,还有作为公益广告的主要广告主的工商企业与生俱来的对经济利益的渴求,使得公益广告不但出现商业化倾向,而且出现较大偏差。突出表现为:企业参与公益广告的动机不纯,意图通过公益广告为企业披上热心公益回报社会的外衣;对公益广告的特性无正确认识,仍按商业广告思维看待,急功近利,将公益广告视作廉价的商业广告,以经济回报为主要诉求。

公益广告是精神文化产品,尽管它有非营利性的特点,但它的制作和流通却需要相当的资金。"非典"时期,中央电视台用于播放"抗击非典"主题公益广告的时段价值总额高达2亿元之巨。与公益广告制作和刊播的高投入要求相对应的现状是:我国的社会公益机构与国外的公益机构存在机制上的不同,在现阶段不可能有足够的资金投向公益广告,企业、广告经营者和媒体看不到公益广告的直接经济效益而不愿意将资金投向公益广告。就我国的状况而言,由于经济水平和公益意识的制约,企业对待公益事业和公益广告的态度就相对冷淡。鉴于此种情况,加之公益广告制作和播出费用的逐年上升,于是出现节目片尾打企业名称的办法,以吸引企业投资,解决制作经费不足的矛盾,逐渐演变成我国公益广告的主要形式,即"企业署名公益广告"。不可否认,企业署名的公益广告虽然带有一定的商业性,但事实上,在特定的条件下,无疑是符合国情并具有可行性的。在公益广告发展的早期,要求企业纯粹以社会公益为己任是不现实的,参与赞助公益广告的企业虽然怀有利他主义的意识,但还是要求取得相应的市场回报而在公益广告上署名,是对企业最直接、最有效的回报方式。在公益广告制作经费匮乏的情况下,通过这种方式,吸引企业进行投资,可以解决公益广告制作经费不足的问题。而在公益意识薄弱的阶段,公共传播只有采用这种形式才能生存。

与其相矛盾的是,企业参与公益广告的制作之中后,由于急功近利的经济效益诉求以及运作上的不规范,给公益广告带来很强的功利色彩。比如,在电视里面经常出现:刚播完"为了您的安全,请勿酒后开车"的公益广告之后,酒类广告充斥荧屏。变相商业广告:××烟草集团恭祝全国人民节日快乐。从议程设置理论的角度来说,这样的公益广告和播放形式误导受众对公益内容的理解,严重削弱公益广告的教育作用。

三、公益广告创意不足

在"报刊公益广告对受众社会化教育作用"调查中,被调查者认为公益广告中存在的问题主要是:改进创意和表现形式(30.5%),增加传播途径(23.9%),主题应该更贴近生活(14.9%),公益广告创意不足被排在首位。

人们普遍认为,"公益广告做起来比商业广告更容易",因为似乎不像给实在的商品做广告那样受到很多限制,不需要怎么创意就可以很快做出,事实并非如此。当初反映希望工程的"大眼睛"公益广告带来全民感动,公众对打动人心的公益广告关注度和接受度非常高。但随着市场经济的发展,人们物欲逐渐膨胀,再想投放震撼所有人心灵,引起全国人民共鸣的公益广告难上加难。

公益广告的创意水平要求更高,它不仅要求创作者具有深厚的专业知识底蕴,更要有敏锐的洞察力和社会责任感,才能创作出震撼人心的作品。公益广告在没有商业广告的业绩导向的情况下容易使得创作者忘却受众的需要,只注意完成"发讯者"的使命。在这样的创作思想下,公益广告普遍低俗化、浅显化和雷同化,没能发挥公益广告本身的优势,破坏了其本身的文化特性,也背离了教育规律,效果可想而知。一直以来,公益广告的创作和传播过程忽视对受众的细分和寻找,使得高层次的受众对眼前的幼稚的公益广告嗤之以鼻,却找不到打动其内心的适合其观赏的公益广告。有人对公益广告进行了直接的创作总结:"感动,而不是说教",受众从心底里对广告传播的内容和价值产生共鸣,才能真正地接受它。没有人喜欢别人对自己整天说教,没有任何创意的说教式广告最容易引起受众的腻烦、逃避心理,极大地消解了公益广告本身的社会功能。

在笔者展开的另一项"关于垃圾分类公益广告社会效果的受众调查①"中,受访者接触最多的是影视类和平面类的公益广告。其中,受访者比较期

---

① 2019 年 7 月 1 日起,上海正式发布了《上海市生活垃圾管理条例》,并开始严格执行城市垃圾分类,而后北京、厦门等 46 个城市也展开了垃圾分类的行动。因此笔者围绕"垃圾分类"公益广告的社会效果展开问卷调查,此次调查的地点为厦门,对象为高校学生、教师、干部、农民工和城市居民,比例为各占五分之一。问卷调查采取拦截访问和问卷星线上调查的方法,考虑到样本需要具有一定的代表性和多样性,该调查将多种职业、多种教育程度和多种年龄层次的受众均涵盖进去,并且保证一定的性别比例,最终回收有效问卷 389 份。

待接触到的公益广告形式是交互游戏类(55.14%)的及多种媒介组合类型(48.6%)的;最期待看到类型的垃圾分类公益广告,受众者比较不喜欢的是名人代言型(17.4%)和广告歌曲型(21.5%),仅8.41%的受众喜欢用理性诉求(纯数据、实证、原理阐释等)。新媒体时代,公益理念的推广,应该综合运用各种手段,线上线下融合,让公益的理念深入人心。

四、公益广告运行机制不顺

作为系统工程,报刊公益广告事业离不开政府、媒体、企业、广告公司、社会组织和个人等各方力量的支持和参与,报刊公益广告的运行包括组织管理、选定主题、创意制作、媒体播出、评估效果、评选作品等诸多环节。运行机制是报刊公益广告运行的调节器,可以有效地协调各个参与主体和各个运作环节之间的关系,使报刊公益广告处于良性运行的状态。中国大陆报刊公益广告起步较晚,发展还很不成熟,到尚未建立起行之有效的运行机制,还处于非良性运行的状态。报刊公益广告运行面临诸多困境的根本原因也就在于运行机制的缺失。总体来说,公益广告的运行机制问题,不单纯是报刊公益广告的问题,而是所有公益广告面临的问题。由于运行机制的缺失,中国报刊公益广告的运行并不顺畅,各参与主体之间以及各个运作环节之间未形成协调统一的关系,所以有资金短缺、总体创意水平不高、商业化倾向等问题。

五、相关法律法规的欠缺

中国公益广告法制现状的主要局限在于:公益广告相关法律法规和政策规定等方面建设薄弱,公益广告管理规定条文的可操作性不强,管理主体不清。1995年2月1日中国颁布实施《中华人民共和国广告法》,总则第二条第二款中明确规定:"本法所称广告,是指商品经营者或者服务提供者承担费用,通过一定媒介和形式直接或者间接地介绍自己所推销的商品或者所提供的服务的商业广告。"可见,该法规并不适用于公益广告,真正的公益广告立法尚处于理论探讨阶段。另外,关于公益广告的法律性管理条例尚无,政府相关的文件寥寥无几。目前,中国仅有一些相关公益广告的规定,如1997年由中共中央宣传部、国家工商行政管理总局、广播电视部和新闻出版总署四个部门联合下发的《关于做好公益广告宣传的通知》;1998年由国家工商行政管理总局广告监督管理司下发的《关于加强公益广告宣传管理的通知》;2002年中共中央宣传部、中央文明办发布的《关于进一步做好公益广告宣传的通知》;2008年国家工商行政管理总局、国家发改委《关于促进广告业发展的指导意见》等。这些文件涉及领域狭窄,关于公益广告的各种法律界定和内涵的表达不是很清晰,对公益广告与商业广告在作品表现上的区别、公益广告内容的著作权、法律责任等都没有十分清楚的界定。

六、新媒体的冲击,报刊影响力下降

近年来,随着新技术的快速变革,以微博微信等社交媒体为代表的新媒体迅速发展,势头迅猛,已成为传统报纸不容忽视的竞争对手,甚至威胁着报纸的生存和发展。在新媒体的强烈冲击下,报刊的影响力和销量都呈现下降的趋势。

由于新媒体的及时性、丰富性、交互性和通畅性等得天独厚的优势,对受众(特别是年轻受众)的影响力与日俱增,使得报业面临读者严重流失的困境。中国新闻出版研究院组织实施的《第十七次全国国民阅读调查报告》显示①,2019年我国成人报纸阅读率为27.6%,较2018年的35.1%下降7.5个百分点;期刊阅读率为19.3%,较2018年的23.4%下降4.1个百分点,同期数字化阅读方式(网络在线阅读、手机阅读、电子阅读器阅读、Pad阅读等)的接触率为79.3%,较2018年的76.2%上升3.1个百分点。同期25～34岁报纸读者日到达率从40.7%下降到20.6%,下降20%,高等学历读者从78.6%下降到50.5%,降低28%。可以看出年轻读者、高学历读者减少更为严重,报纸读者的显著变化预示着报刊发展的困境。

刊登在报刊上的公益广告要想充分发挥自身的社会功能,必须克服报刊影响力日益下降的困难,深化报刊自身的优势,增强与读者的互动,多平台融合发展,扩大传播面。

---

① 河北出版传媒:《国民阅读率上升,纸质书和电子书人均阅读量双降——2019全国国民阅读调查报告权威发布》,https://www.sohu.com/a/390874842_99957183,(2020年4月20日)(2020年4月29日)。

第六章
融媒时代发挥中国大陆报刊公益广告社会功能的策略探讨

2019 年 1 月 25 日,在中国中央政治局第十二次集体学习时,习近平总书记提出要充分运用新手段,壮大主流思想舆论场,推动媒体融合发展,是壮大主流思想舆论工作的战略举措。习总书记还提到,全媒体不断发展,出现了全程媒体、全息媒体、全员媒体、全效媒体,信息无处不在、无所不及、无人不用,导致舆论生态、媒体格局、传播方式发生深刻变化,我们要因势而谋、因势而动、顺势而为,加快推动媒体融合的发展,使主流媒体具有更强大的传播力、传导力、影响力、公信力,形成网上网下同心圆,使全体人民在理想信念、价值理念、道德观念上紧密团结在一起。融媒时代,报刊等传统媒体应该因时而动、应势而变,在推广公益理念的同时要全局谋划,充分利用新媒体的技术手段,让公益理念传播得更广、更远。例如,《人民日报》围绕"我爱你中国"的公益主题推出全媒体策划,一周内网络观看互动量超过 10 亿次;而《人民日报》推出的 H5 互动作品《56 个民族服装任你选》,页面浏览量近 2 亿,由用户产生的照片达 7.38 亿张……这些由传统媒体发起的融媒体实践,证明公益理念可以借助精心的设计以及线上线下的传播,达到更好的传播效果。

第一节　融媒时代公益广告的创新探索

公益广告自诞生起,就肩负着弘扬真善美的德育和美育功能,但难免披上"严肃"的外衣。喻国明指出,中国已经从以信息化、移动化为代表的互联网上半场进入以 5G、人工智能、区块链、大数据、AR、VR 等核心技术为生产力的互联网下半场。融媒时代,"正襟危坐"的公益传播往往很难与受众发生化学反应。新技术带来可能,包括推动公益传播的发展。

一、大数据增强公益传播有效洞察

借助大数据的力量,公益广告可更加精准,有的放矢,在合适的时间,把合适的内容推送给合适的人,公益传播的主题可更有针对性,激起受众的共鸣。2018年10月,腾讯新闻客户端发起约有4万人参与的网络传销问卷调查,80%以上的受调查者表示自己的亲人有被网络传销欺骗的经历,腾讯公益平台顺势推出《杀熟游戏》的H5公益广告,以帮助受众协助家人远离网络传销。在这个《杀熟游戏》H5视频中,受众先要选择,然后观看由主持人马东针对120个观众的社会实验测试视频,最后得出结论——杀熟游戏里,没有赢家。在视频的最后,出现"登录守护者计划小程序,一键帮家人辨别网络传销"的片尾提示,看过完整广告的受众85%以上选择参与或转发"守护者计划",实际传播效果良好,吸引了众多明星、数十家企业和21家主流媒体参与。这个H5公益广告利用大数据分析、互动选择游戏,唤起用户的同理心,最终让更多的人远离或者警惕网络传销,成为2018年具有较大影响力的公益传播案例。

利用大数据进行公益广告的受众洞察有三个优势。

(一)提高效率

腾讯公益的案例,在融媒时代,利用消费者在互联网上浏览页面,观看视频、社交媒体活动动态等产生庞大的真实数据,可以有效地缩短信息的反馈周期,大大提高洞察的准确性。

(二)动态效果和深入洞察

融媒时代,受众的个性越发凸显,只使用说教型的传播模式,受众会选择自动过滤信息。在更全面数据基础上对新一代受众进行深入洞察,有助于了解受众的需求,使公益传播更有针对性。

(三)真实可信

大数据是对受众各方面综合特征的客观捕捉,采集的渠道更加多元,避免了传统的调研中主观片面的问题,可以让受众的洞察更加真实。

二、AR技术让公益广告更加具体可感

AR技术是现实增强技术,对于公益传播来说,AR技术不仅能给受众带

去前所未有的感官体验,让受众不再是被动地观看,而是参与公益传播过程。预算有限的公益传播借助 AR 的力量,可以让传播活动真实可感,通过创造新鲜有趣的体验,充实公益内容,收获良好的社会效益。

(一)虚实结合

融媒时代,众多媒体的冲击,使得受众对很多公益信息已经麻木,AR 技术支撑下的公益传播却可以通过虚实结合的互动为受众带去前所未有的体验和冲击,吸引他们积极参与。2018 年美国"超级碗"期间,名为 Finnegans 的公益组织开发了 AR 手机应用,用这个应用扫描任何有超级碗的标识,将会出现几个足球小人,可以通过动作操控足球小人踢球,录制视频分享。这家公益组织并不是超级碗的官方赞助商,经费也非常有限,但利用 AR 技术制作的小游戏,却在超级碗期间吸引了大量的关注和募捐。《国家地理杂志》曾在美国商场做过"体验濒危动物"的公益推广活动,让受众与早已灭绝的恐龙进行"亲密接触",吸引了上千观众参与互动。

(二)情感体验

麦克卢汉说过:"媒介并非空洞、消极、静态的,而是积极的、能动的。"AR 技术为公益传播带去更多互动、新奇、个性化的体验,为受众带去不一样的情感体验,激发受众的共鸣。2019 年年初,百度公益结合 AR 技术推出"文化遗产守护者计划",运用百度 APP,参与者即可制作属于自己的木版年画,通过有趣的 AR 互动,让更多的人加入保护非物质文化遗产的队伍,这个公益计划还在持续进行中。

三、区块链技术重构公益传播的公信力

区块链是分布式的共享数据库,其本质是通过去中心化的方式在多个分布式节点传递账本(价值/数据归属权)信息,达成一定的共识机制,从而建立信任关系的技术方案。区块链有三个基本特征:第一,数据不会被更改。区块链包含独特的遗传式链状数据结构,能够保证其链上的所有数据不会被更改,时间戳不可追溯。第二,去中心化。区块链是由大量节点形成的网络,不存在中心化的管理机构。各个节点之间是平等的,损失其中一个节点不会影响系统的运作。第三,公开透明。整个体系的运行规则公开透明,所有节点间的数据传输交换也都是公开的。2016 年 10 月,工信部发布的《2016 中国区块链技术和应用发展白皮书》中首次提出,可以将区块链技术运用于公益事业,但未提出具体的运用场景。

（一）区块链运用于公益传播的场景

笔者认为，区块链具体的创新应用场景可以包括慈善捐赠、信息追踪、凭证发行和信息共享等，可以解决互联网公益传播出现的问题。

1. 捐赠信息对称、透明化

利用区块链技术，公益组织可以将项目具体信息、募集善款、善款使用、项目进程、善款结余等多种信息存储于公开的区块链上，供所有人查阅，实现信息完全透明化。募捐者可以及时追踪每一笔捐赠及使用，可以极大提高其对于公益组织的信任感。目前，公益组织的区块链运用以联盟链为主，同时也可以接受捐赠人的区块链货币，公益组织也可以通过区块链平台发布货币，或者接受加密货币的捐赠。在我国，壹基金是第一个宣布可以接受捐赠人比特币捐赠的基金会，现已有百余家公益组织宣布接受区块链货币的捐赠。

2. 追踪溯源不可篡改

区块链技术具有追踪溯源不可篡改的特性，所有的公益服务记录均按照时间顺序推进，这形成了信息不可逆、服务记录可追溯、从个人信任到数据信任的完整体系。同时，区块链技术的进一步发展和运用，可以帮助公益机构建立起端到端、全过程、可执行、可监控、可评估的公益解决方案。例如，京东公益目前正积极尝试将区块链技术用于线上募集物资，捐赠者可以通过 APP 查看信息的采集和记录，并且保证记录的准确性和真实性，捐助者还可以查阅到每一份礼物的走向。

3. 新型公益数字账本的应用

区块链是一种具有不可篡改特性的数字账簿，它的公开、透明等特性与公益有着天然的耦合点，帐薄不再由中心化公益组织单独记账，而由多方验证保存，捐赠人在自己的个人中心即可看到项目的所有捐赠人、捐赠金额和受助者使用资金的金额和时间。利用区块链不可篡改的特性，通过平台发布数字证书，可以提升公益传播的公信力，使得公益账本有望更加公开、透明、不糊涂。目前，区块链主要解决的是资金进入时的公开透明，防止平台挪用资金，而这种技术将创造一种新型的数字账本。如果发起方是基金会，区块链可以帮助基金会向全体捐款人对资金的使用情况进行及时、有效的公示。如 2018 年 12 月，中国工商银行就在贵州扶贫攻坚投资基金中引入了区块链技术，建成首个精准扶贫区块链平台，让每一笔扶贫资金都准确到位。

（二）基于区块链技术的公益传播模型探讨

比起区块链技术的开发而言，其背后所代表的公正、透明、协作、分享的理念更值得关注，它能有效提高公益传播的信任度。将区块链技术运用在公益传播过程中,可以构建如图 6-1 所示。

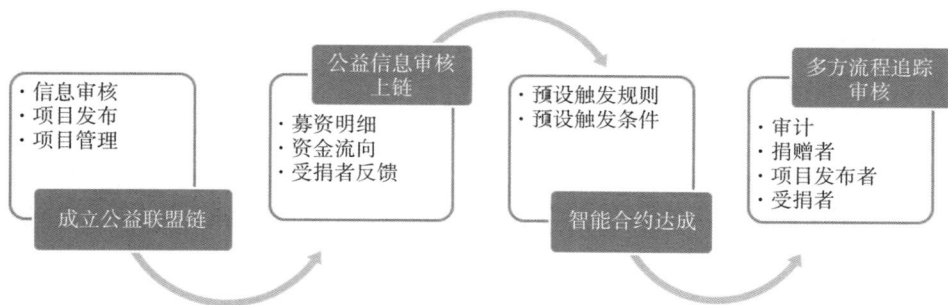

图 6-1　基于区块链技术的公益运用模型

1. 大型公益组织合作建立公益联盟链

根据应用场景和需求的不同,可以将区块链技术分为公有链、私有链、联盟链三种模式。其中,联盟链主要指多个组织为了共同目标而组成的区块链,相关组织在获得联盟同意后也可以加入联盟链,这种形式的区块链将会成为主流。民政部于 2019 年 8 月 15 日公布的《社会服务发展统计公报》显示,我国登记在册的公益组织已达 81 万个以上,难免出现公益信息重复、信息发布不够权威等问题,如果由影响力较大的公益组织合作联盟,成立公益联盟链平台,可以解决以上问题。比如,捐赠者可以在公益联盟链平台上进行查阅,避免重复捐赠。在这方面,腾讯公益己经把区块链技术用于链接各大寻人平台,实现信息共享,避免重复发布,极大地提高了寻找到失踪儿童的概率。联盟链还能以地区为单位,建立大型的地区公益联盟链平台,以此保证平台信息发布的权威性。公益平台联盟链成立后,可以执行公益信息审核、项目发布、项目管理等功能。例如,阿里巴巴旗下的蚂蚁金服就开发了以区块链技术为依托的公益计划,为公益组织和公益项目提供公开透明的系统化解决方案,实现善款可上链、过程可存证、信息可追溯、反馈可触达、多端可参与。更重要的是,这套体系将对公益机构免费开放,即便公益机构没有技术人才,也能基于这套体系让公益项目轻松上链。目前,蚂蚁金服已经展开了如"听障儿童重获新声""和再障说分手""为贫困孩子送保障"等区块链公益项目。

2. 公益信息审核上链

公益传播中最受人诟病的是公益信息不透明,流向不清。在公益传播的区块链模型中,除了交易双方的相关私人信息是保密的,其他人都可以公开查看相应的信息。经过联盟链审核的公益信息可以上链,并保证不被篡改,以公正透明的形式接受公众检阅。同时,捐赠过程中的募集明细、资金流向、受捐人反馈等信息经审核上链后,可以极大地增加公众的信任感。

3. 用智能合约达成约定

智能合约是一套以数字形式定义的承诺,各参与方能够执行这些承诺协定。智能合约是公益组织联盟链得以顺利进行的基石,它实现了区块链技术去中心的特性。经由公益联盟链事先拟定智能合约的规则,捐赠者或者信息发布者只要发布符合智能合约的信息,就可以自动执行相应的操作,无须服务器的参与,这极大地减轻了服务器的压力。联盟链平台还可以为不同的用户设置不同的权限,用户可以在注册后查阅合约、捐赠情况,还可以查阅公益积分详情等。

4. 多方监督审计

在形成相应的智能合约后,多利益相关方就可以随时查阅相关信息,对公益信息进行相应的监督和审计,防止公益基金的滥用。公益联盟链还可以引入信用认证机制,将所有志愿者的数据计入系统中,对公益平台、志愿者等数据进行动态等级评分,可以促进相应公益行业往良性的方向发展。中国社会科学院 2019 年 7 月 13 日在《慈善蓝皮书:中国慈善发展报告(2019)》中发布的数据显示我国目前共有 44 万人取得社会工作者职业资格证书,全国志愿服务信息系统中注册的志愿者人数超过 1 亿人,记录的志愿服务时间超过 12 亿小时,但志愿者的服务年限超过 5 年以上的较少,把志愿服务纳入征信体系,可能增加志愿者的服务年限。2018 年,成都青年志愿服务区进行了首次有益尝试,开出全国首张志愿服务数字证书,该系统可以记录志愿者服务的时长、内容、地点,生成相应的不可更改的数字证明,这为今后公益志愿者服务纳入征信体系也提供了很好的技术支撑。

区块链技术具有去中心化、不可篡改等技术特性,可以帮助公益传播应对信息不对称、善款难以追溯、难以监管审计等难题。同时,借助成立公益联盟链、去中心化审核、提供数字证书、多方监督审核等方式,可提升民众对公益传播事业的信任感和参与度。但关于区块链技术运用于公益传播事业的研究刚刚起步,需要更多的机构和人员投入到实践中,从而促进公益传播事业更加健康快速的发展。

四、LBS 技术有利于公益推广的精准传播

LBS(location based service)技术指提供基于位置的服务。新媒体公益广告利用技术力量和移动互联网的平台优势,传播公益意识,以连接性和交互性等特征促发二次传播,为公益广告的发展带来新契机。著名的《连线》杂志说过:"人们行走在一个这样的移动设备上,它整合了互联网的数据,并能告诉用户附近的人或者物——位置改变一切。"公益传播以向受众提供正向

信息为主要目的,但是过去的公益传播却经常是盲目的、无针对性的,受众接受后的效果如何也是无从考证的,但是结合了 LBS 技术后,可以让公益传播更加精准,更有高针对性。一条好的公益传播信息可以通过精确的地理定位、用户情感感知、及时需求判断,最终再根据分析结果进行有针对性的个性推送,以达到公益传播的有效传播。比如腾讯公益结合定位技术推出的"为盲童读书的"H5,使得参与者可以为本地的盲童提供公益服务,这样的体验,可以更加强参与者的积极性。

(一)精确的地理定位

在融媒时代,个人的位置成为非常重要的变量。受众大部分的实践都集中在一定的地域范围内。与公益活动距离在一定范围的人群才是最有潜力的受众。比如澳大利亚墨尔本读书节利用 WIFI 热点为读书节做了一个充满创意的营销活动。节日期间,活动广场上的 WIFI 被设置成 20 多本参赛小说的关键词,保证以固定的顺序出现在弹窗的最前面。附近有人经过并连接WIFI 时,就会看到无线信号连起一个小故事。举办方通过无线网络这个活动吸引超过 6 500 名观众参与,达到参与人数的最大容量,参与人数比去年同期增长 37％。这个案例就是建立在有效的地理位置感应,情景感知和即时信息推送之上,利用用户的好奇心读完 WIFI 上推荐的小说,同时宣传成本又非常低廉。

(二)增强娱乐性,提高用户体验

LBS 本质上是提供位置的服务,强行推荐,会引起受众的反感,因此公益传播结合 LBS 技术一定要提高娱乐性,提高用户体验,让受众在寓教于乐中潜移默化地接受公益传播的信息。以往大多数企业或组织发起的倡导公益阅读活动,方法和手段基本上在可预测的范围内,无非围绕着推荐好书、捐书等这些常规阅读活动。广东省游心公益组织却不走平常路,在世界读书日发布"你究竟是什么样的读书人"H5,展开线上线下的公益传播活动。这款公益阅读 H5 不同于往常,通过"你想拥有哪本书里角色的能力?""哪本书看了想睡觉?""想要提升哪本书里的技能"这些充满轻松、快乐的话题引起网友的兴趣,该 H5 推出当天就获得 300 万的阅读量,同时又结合 LBS 平台,发起线下的公益阅读换书计划,广州本地约有上万名受众参与阅读换书活动,进行分享,获得极大的曝光率。《羊城晚报》、CCTV 公益、光明网公益等纷纷报道此活动,达到多次传播的目的。

(三)提供场景化的公益体验

LBS 应用还可以有效地为公益活动提供场景化效果。消费者使用 LBS

时,如果达到现实中的某一个位置,运用手机进行操作,可达到线上线下联动的效果。比如伦敦博物馆曾推出一款名为"时光机器"的 APP,用户可以通过 GPS 定位,把手机对准当前展品所在的位置,系统将会自动匹配展现当前位置几十年前的样子,让参与者身临其境。

融媒时代的到来,技术和媒介的多元化为公益广告传播形式的多样化打开重要突破口,新技术使公益广告更有互动感和体验感,使公益广告传达的理念深入人心,所以应更注重参与性、体验感、主动性、趣味性的创新内容开发,利用新技术更全面、更直接、感触更全面的特征,让更多的受众成为公益传播的真正接受者。

第二节　落实融媒时代公益广告社会功能机制的具体策略

科技是第一生产力,时代已经处在生产力爆发式增长的边缘。数字技术带来的新鲜应用和新鲜模式,媒体融合促使传统媒体走向多元化,而传统纸媒的公益事业也应因时而变,因势而变。新技术所带来的众多想象空间中,每一个重大突破都可能打开一大片新地图,激发连锁反应,给未来带来更多的可能性。在这个章节里,我们要探讨,面对数字时代的受众,面对他们新的行为特征、心理特征,传统纸媒的公益广告应采取何种策略,更好地去实现融媒时代公益广告的社会功能。

一、数字时代的受众

2019 年 8 月 30 日,中国互联网络信息中心(CNNIC)在京发布第 44 次《中国互联网络发展状况统计报告》,截至 2019 年 6 月 30 日,我国网民规模达 8.54 亿,互联网普及率为 61.2%。2018 年上半年新增网民 2 598 万人,较 2018 年末增长 1.6%;我国手机网民规模达 8.47 亿,网民通过手机接入互联网的比例高达 99.1%[①]。根据《2018 中国社交媒体影响报告》:在过去一年中,微信在网民的总体覆盖率继续增长,日活跃度继续攀升,新增的社交媒体

---

① 　中国互联网络信息中心:《第 44 次中国互联网络发展状况统计报告》,http://www.cnnic.net.cn/hlwfzyj/hlwxzbg/hlwtjbg/201908/t20190830_70800.htm,(2019 年 8 月 30 日)(2019 年 9 月 30 日)。

用户以 40 岁以上的人群为主,尤其是微信,很多父母因为子女而学会使用微信,社交媒体对中老年人群的吸引力增加。

(一)行为特征

数字化和互联网的高速发展,打破受众者的年龄分界,对于数字受众的划分更应聚焦于受众兴趣、地理位置、社群等维度。

1. 乐于接受并信任技术服务,用以应对快节奏的生活环境

随着受众品质生活需求的不断增加,受众对更智能、更快捷和更领先的技术都持开放的态度,新技术可以帮助受众在高要求、快节奏的时代生活中获得相关的帮助。例如人们越来越信任移动支付平台,尤其中国人体现出超高的依赖度。英敏特《信贷中国——中国 2018》报告显示:60% 的中国受众在 2018 年使用过互联网信用支付服务,支付宝钱包和微信钱包等第三方在线支付服务已成为非现金支付方式的首选。与之相比,信用卡的使用率低于 50%,现金支付只有 12%。

2. 受众对数字产品的依赖性很高

根据 PWC 资料显示,中国受众在数码设备上的花费时间位于全球前列,对设备的便利性要求很高。中国受众日平均花费在智能手机、笔记本和平板电脑上的时间长达 170、161 和 59 分钟;远超过全球平均值 147、108 和 50 分钟。《2019 图书市场报告》提到,从不同阅读形式的时间比重来看,用户看电子书的时间占比已接近 60.8%,纸质阅读不到 20%,听书时间占 17.5%,阅读报纸杂志时间占 10.4%,阅读时间持续下降,从 2018 年的人均读报时间 11.1 分钟下降到 2019 年的 5.3 分钟。中国新闻出版研究院院长魏玉山说:"数字化阅读的发展,提高了国民综合阅读率和数字化阅读方式接触率,整体阅读人群持续增加,但同时也带来了纸质阅读率增长放缓的新趋势。"[①]截至 2019 年 6 月,我国网络新闻用户规模达 6.86 亿,手机网络新闻用户达 6.6 亿,占手机网民的 78%。用户已经逐渐习惯从电子产品渠道获取新闻、信息等,纸媒的阅读频率大幅度下降。由中国新闻出版研究院组织实施的第十六次全国国民阅读调查显示,截至 2018 年,纸质报纸的人均阅读量为 26.38 期(份),低于 2017 年的 33.62 期(份)。纸质期刊的人均阅读量为 2.61 期(份),低于 2017 年的 3.81 期(份)[②]。纸媒用户的大量流失,传统纸媒面临着巨大

---

① 任志祥:《读者阅读习惯对现代数字出版的影响分析》,《中国出版》2019 年第 7 期。

② 刘彬:《第十六次全国国民阅读调查结果公布:数字化阅读方式的接触率为 76.2%,纸质阅读率增长放缓》,http://news. gmw. cn/2019 ~ 04/19/content _ 32755779. htm,(2019 年 4 月 19 日)(2019 年 5 月 2 日)。

的挑战。

3. 愿意为娱乐性内容付费，满足人们精神层面的消费需求

有"互联网女皇"之称的玛丽-米克尔发布的《2018年互联网趋势报告》指出，中国受众越来越愿意为网络游戏、在线直播、在线视频等娱乐内容买单。报告显示，2018年的一大趋势是在线娱乐的火热发展，中国移动互联网媒体娱乐使用时长同比增长22%，网络视频增速最快，其中移动短视频成为增长亮点。2018年最热门的两款多人组队竞技游戏《王者荣耀》和《绝地求生》表现突出，中国区游戏软件收入领先全球。从用户每天在各类数字媒体平台上花费的时长可以看出，视频游戏和手游占据了前三位中的两席。用户每日在数字媒体平台上为视频游戏花费51分钟，为手游花费35分钟①。

4. 期待更高层次的创新互动，在决策过程中获得更多的主动权。

AR及VR技术的实现，已经让受众感受到新技术带来的新奇体验和乐趣，受众对于这种体验和互动的发展有乐观积极的态度，并且期待越来越高，他们希望从新技术互动中获得更多的信息和能力，例如虚拟穿戴、娱乐体验、酒店预订、虚拟试驾等。在传统的纸媒上也可以利用AR技术，让受众有更多的交互体验。

5. 互联网公益已成为受众的新选择

贝恩公司与联合之路于2019年5月共同发布的《中国互联网慈善：激发个人捐赠热情》报告显示，2018年中国慈善事业规模达到1 560亿元，保持快速增长，其中互联网捐赠金额在中国社会捐赠总金额中的占比略高于2%，但增长迅速，特征明显，主要由年轻一代驱动。这给未来的公益事业带来了新的发展机遇，指尖公益可以让更多的人参与，同时帮助解决原有公益事业面临的难题。但是，互联网公益同时也面临着诸如信息不透明、监管不力等难题。

（二）心理特征

数字时代的受众耐心越来越差，他们需要及时的满足，希望获取不一样的购物服务、体验，他们希望能够利用技术拥有更高品质的生活。

1. 需要得到即时满足，包括信息、服务及沟通

受众的购物行为更加冲动，他们希望得到即时的满足，希望和品牌沟通，得到需要的服务。传达公益信息也是同样的道理，我们应即时了解受众的喜好，提供简单便捷的信息，易为受众接受。

---

① 腾讯科技运营组：《互联网女皇发布〈2018年互联网趋势报告〉中文完整版》，https://www.sohu.com/a/233563380_174744,（2018年5月31日）（2018年11月20日）。

2. 线上线下的传播场景融合，为受众带来全新的体验

越来越多的受众愿意把钱花在体验消费上，线上和线下的融合体验是一大趋势，也是消费升级的表现。研究发现，体验给人带来的幸福感大大高于物质的购买和享受。很多年轻受众，希望与有相同爱好、趣味和价值观的朋友进行更深层次的沟通和连接。公益传播的主题，需要考虑采用线上线下的传播场景融合，提供更多的受众体验。

3. 高品质的商品及生活，让受众感到愉悦和自信

尼尔森中国新零售白皮书显示，全球有 52% 的受众表示购买优质产品或多或少能够让他们感到心情愉悦，50% 的人认为购买高品质的产品能增加他们的自信，这在中国受众身上表现得更为明显。越来越多的智能设备的投入，也让受众感受到数字化生活品质的提高，这就需要市场提供更多高品质的产品和服务来满足这种日益增长的需求。

4. 科技的发达导致人们情感上的需求不断上升

数字时代的受众情感需求不断提升。经济活动高度市场化和高科技浪潮的发展，使人们的生活方式发生剧烈变化。快节奏、多变动、高竞争；大量自动化机器和智能产品的涌入，人们越来越以机器为交流对象，因此对于情感的需求不断提升。正如美国著名的未来学家奈斯比特所说："每当一种新技术被引进社会，人类必然要产生一种加以平衡的反应。"因此当下社会的公益传播活动，不但要考虑传播效果，更要从心出发，重视受众的情感和内心，通过情感共鸣激发社会群体的良性互动，达到传播效果。

数字时代消费者的心理特点和行为特点，都要求我们在构建公益主题时，更能满足受众的心理特征，并满足数字时代受众的情感需求。

二、融媒时代的传统纸媒公益事业升级策略

正如上一章节中提到，面对日益复杂的传播环境，面对蓬勃发展的新媒体，传统纸媒的公益广告事业在发挥社会功能发面实际上面临着巨大的机遇和挑战，比如公益广告主题不明确、公益广告资金短缺、创意不足、运行机制不顺和相关法律法规不够完善等，只有及时转型和升级才可以应对。

(一)构建开放多元的公益主体平台，扩大资金来源渠道

目前我国公益广告发挥社会功能的一大阻碍是主体不够清晰。由于我国大部分的公益广告都是由政府主导发行，媒体负责承担任务，企业部分参与。但由于媒体都是经营性企业，其在具体的运作过程中，出现了很多垃圾版面用于填塞公益广告的情形。这种情形之下，缺乏明确的主体对整体的公

益行动负责,也缺失对公益广告相应的效果评估,企业随之也会失去对公益广告的参与热情,同时由于是完成任务性质的公益广告,在创意方面就不可能做到吸引受众。

公益广告本身的涵盖很广,是一种复杂的综合性传播方式,成立开放多元的公益主体平台,可以更专注于筹集资金、提供人力资源、统筹协调等工作流程,也有利于协调出资方、播出方等多方面的资源。无论是英国还是美国,或者是日韩等国家,他们在运营公益广告时,都成立了专门的主体机构。比如英国的中央新闻署,主要任务是为了能够为政府部门制定传播战略,而这种传播战略实质上就是公益广告的一种。韩国则是由公益广告协会制定一年内全国的公益广告主题,然后再由媒体进行播放。美国的公益广告协会虽然是民间机构,但是它的地位非常超然,是美国最具有权威性的公益机构。这些公益机构都是有专业的操作体系,也有完整的组织,也可以独立运作。同时,这些机构又与媒介有着天然的联系。

因此解决这一难题的方式是可以考虑构建开放多元的公益主体平台。在过去的几十年中,传统公益组织为中国公益事业做出了巨大的贡献,而随着科技时代的发展,借助互联网公益的力量,可以构建更加多元化的、更加开放的公益主体平台。可由政府牵头,目前的几大互联网公益平台为主导(如腾讯公益、阿里公益、百度公益、京东公益等),结合媒体部门和 NGO 组织,组建一个类似全国公益委员会的平台组织。平台的价值不仅在于流量入口和掌握用户数据,还能提供基于数据的受众洞察以及推出定制化的传播推广方案。

1. 整合开放多元的公益平台的好处

一个行业只有足够开放,才能形成繁荣的生态。平台生态是这几年中国经济发展的关键词。

(1)有利于公益行业的加速发展。借助互联网公益的帮助,可以加速我国传统公益事业的发展。促进行业更加开放,生态更加健康,行业也可以更加透明化操作。

(2)有利于把控整体公益事业的发展。平台经济是这几年中国经济的关键词,在公益事业领域同样可以引入平台营销的概念,几大公益平台融合官方机构,可以互相支撑、互助合作、构建新的健康的公益生态。

(3)有利于理顺公益事业的发布机制。各个参与主体之间以及各个运作环节之间并没有形成协调统一的关系,所以也容易导致出现责任不清、主体不明等问题。而通过成立这样的开放多元的公益广告主体平台,建立相应的制度规则,厘清责任分属,也有利于理顺我国公益广告从主题选择到发布的一系列机制。

2. 组成和分工

这个公益主体平台,融合官方和民间机构,公益广告则是它们之间的纽带。很多国家的公益运营机构都是既为政府服务也为民间机构服务的。所以我国的公益主体平台也应兼有两者,但政府主要起监督和宏观把控的作用,让更多的民间慈善部门发挥更大的作用。邀请各界的社会专家,为年度公益广告主题出谋献策。开放多元的公益主体平台,具体的组成和分工可以如下:

公益主体平台的理事会主要负责宏观把控我国公益事业的整体发展,具体事务由常务理事会执行。常务理事会的成员构成可以由政府部门成员、各大公益组织的代表人物、NGO 相关组织代表人物、专家委员会组成。常务理事下设会长、副会长与秘书长(可通过选举选出,任期三年)。下设专门的制作和发布机构,负责具体年度公益主题的制定、资产管理、公益广告制定、公益广告发布、公益广告监管等事务,下设各地的分支机构,如图 6-2 所示。

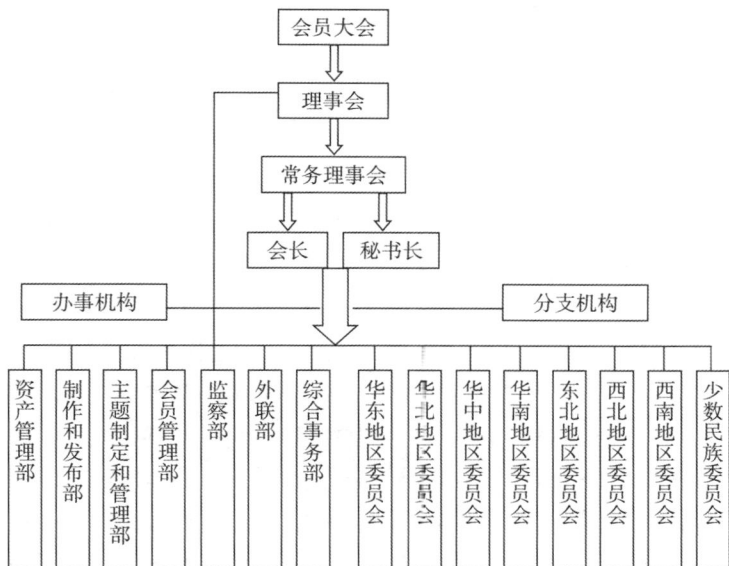

图 6-2　公益广告主体组织架构图

3. 借助区块链技术

在这需要特别指出的是,这个公益主体的成立,可以借助区块链技术的力量。区块链具体的创新应用场景可以包括慈善捐赠、信息追踪、凭证发行和信息共享等,有助于捐赠信息对称、透明化、追踪溯源、不可篡改等。我国开放多元的公益主体平台可以成立公益联盟链平台,可以很好地解决捐赠项目重复等问题。比如,捐赠者可以在公益联盟链平台上进行查阅,避免重复捐赠。在这方面,腾讯公益已经把区块链技术用于链接各大寻人平台,实现信息共享,避免重复发布,极大地提高了寻找到失踪儿童的概率。联盟链还能以地区为单位,建立大型的地区公益联盟链平台,以此保证平台信息发布的权威性。公益平台联盟链成立后,可以执行公益信息审核、项目发布、项目管理等功能。

(二)完善公益事业全产业链,塑造多重公益型态

公益事业的健康发展也有赖于全产业链的形成,围绕公益广告的主题制定—参与制作—媒介发布—监督反馈的过程,形成以公益主体平台为前端,到主流媒体、新媒体部门、企业、NGO团体、高校科研机构多重深度参与的全产业链。

同时,公益广告的形态可以不断丰富。2014年,为ALS(肌萎缩性脊髓侧索硬化症)进行筹款的"冰桶挑战"传至中国互联网圈;2015年,全民公益活动"99公益日"掀起"指尖公益"的热潮,通过多地、多点、多项目的连接,互联网公益使传统的慈善捐赠方式去中心化,各种公益项目通过线上线下多种传播方式,并通过社交熟人网络,将公益慈善行为的影响力成倍放大。公益＋运动、公益＋艺术、公益＋游戏、公益＋直播等多种不同的表现形态,有益于缓解当下纸媒公益内容创意较为单薄的难题。

1. 公益＋运动

不想直接捐现金?担心捐赠现金或者物品有风险?没有问题,腾讯公益一直在推行步数捐赠运动。只要受众当日的步数超过一定的步数,就可以进行由腾讯公益转化并代为捐赠。这是时下非常盛行的公益捐赠形式,也使得公益广告活动结合运动形式有了新的展现。除了这种步数捐赠形式外,公益其实和体育运动有很多天然的结合点。公益可以帮助体育运动品牌扩大影响力和知名度,体育运动可以利用自身的粉丝群体,增加公益理念的宣传。豪门球队之一的巴萨球队,不但在球员队服胸前印上儿童基金会(UNICEF)的标识,更是每年将俱乐部所得收入的1％捐赠给国际儿童基金会。通过公益行为,更好地提升了球队的社会责任形象,也更有助于吸引更多的潜在球迷。前面提到数字时代的受众者,需要更多的情感链接,而体育运动的拥护者甚多,利用这种情感链接,更好地传递公益的信息和力量。2019年运动员王励勤、邹凯也提交了立该以体育力量积极履行社会责任的政协提案。传统纸媒在运作公益广告时,可以注意抓住一些运动节点。

2. 公益＋艺术

公益广告插上艺术的翅膀,可以飞得更远。公益和艺术的结合,让公益传播更有表现的力量。2017年,腾讯公益推出有趣的公益线上活动——"小朋友画廊"H5公益活动,只要花一元或者任意金额即可购买到伤残儿童的画作,这些画作颜色艳丽,想象丰富,引入注目,更吸引受众的是关于小作者的介绍。这个线上活动在发起半小时内就收到 100 万人的捐款,成为 2017 年的经典公益案例。有趣的 H5 形式,结合艺术的画作,加上人人都愿意分享自己的公益行为,使得这次的公益活动特别成功。艺术带来的冲击,可以使公益活动更加有看点。巴西艺术家 Henruie 在圣保罗街头用大量的废弃材料,创造出庞大的异形空间。作者展现废弃的木头的强烈的张力,引人注目,展现了人们对自然空间的侵入,希望引起人们对再生能源的重视。

位于印度北部比哈尔省最偏远和贫穷的村庄 Sujata,每年都有来自日本与印度的两名艺术家,在当地希望小学墙上,进行三个星期的艺术绘画。在这三个星期中,艺术家会充分与孩子们互动交流,孩子们也会协助绘画的完成。这些复杂的壁画完全是由泥浆、灰尘、粉煤灰和秸秆等绘制而成。通过这一艺术交流行动,呼吁解决在印度诸如贫困、教育、就业等方面的各种问题。

纸媒在公益活动的推广中,可以尽可能多地结合一些艺术的形式,让公益活动更加生动有趣,也可以在公益广告中多增加一些艺术的表现。比如2019 年蒙自市出品了《蒙自创公益广告图集》,其中形式非常丰富多样,包含了蒙自印象篇、民族风情篇、戏曲艺术篇、剪纸刺绣篇、中华茶道篇、特色国粹篇、中华陶瓷篇、蒙自景观篇等共 24 卷,共 76 套图册。这些内容融入地方特色和传统艺术,营造出"温和蒙自、淳和蒙自"的视觉形象。

3. 公益＋游戏

公益广告不能高高在上,不能披着严肃的外衣,应当更有亲和力和感召力。未来公益事业的主力军是青年,青年的纸媒阅读率又在逐年下降,结合时下年轻人喜闻乐见的游戏加入公益广告的形式,可以为公益增添创意色彩。比如可以运用 WebAR 的形式,让纸媒上的公益广告动起来,WebAR 可以轻松地运行在 Android、iOS、Windows、Mac 系统的 Web 浏览器上,无需APP,轻松实现跨平台的方式。WebAR 主要是以 URL 的格式传播,符合微信等社交媒体信息流动的基本技术要求,配合创意策划方案,可以形成爆炸式的病毒营销效果。另外,利用 HTML5 的技术以及二维码,就可以在纸媒中融入有趣的游戏,让公益广告"鲜活有趣"起来。2016 年,《厦门日报》在 6月 1 日推出的"找寻丢失的孩子"公益广告,附上下载表情包的二维码,就是一种有趣的互动形式,把平面的公益广告瞬间变得立体。2019 年,腾讯公益推出"为盲童点亮心中的明灯"H5 公益活动小游戏,通过扫描二维码,受众可以扮演盲童,体验盲童在黑暗中听到的声音,最终选择是否为盲童点亮一盏心灯,游戏简单而流畅,却能让体验者代入其中,最终这个 H5 得到超过十万的转发量。百度在保护非物质文化遗产的公益广告中也运用 H5 的形式,通过让参与者通过剪纸游戏、拓印游戏等去体验一些濒临失传的非遗项目,以唤起人们对非遗项目的重视。通过 WebAR、H5 等丰富的技术形式,纸媒的公益广告也可以生动互动起来,而不再只是躺在纸上的只言片语,同时有互动的公益广告,才能更好地促进公益理念入耳、入心。比如 2018 年的宣传重点垃圾分类,如果在平面之外,多结合一些可以让大家进行垃圾分类的互动小游戏,应该有不错的效果。

4. 公益+直播

公益+直播的形式是指以直播的形式融合公益活动的内容,让公益的内容通过直播吸引更多的受众的注意与参与。斗鱼自 2016 年就开始以"直播+公益"的形式助力公益事业发展,公益主题涉及环境、扶贫、志愿者等多个方面,映客直播的"小映帮我",以"分享最微小的故事,上映最真实的温暖"为宗旨,通过自身行动让公益更透明,联动明星、主播、网民向各大公益机构共同践行公益,截至 2017 年 8 月,映客已累计向公益事业投入善款近千万元。直播+公益的最大魅力在于以直播为平台、以公益为载体,全面激活明星和粉丝的内在联系。2019 年 6 月,腾讯公益结合腾讯 NOW 直播发起"百位公益主播计划",发起的公益活动都由合法合规的腾讯公益组织善款。此次"百位公益主播计划"共设置 10 个公益项目,从关怀陕西大山里的留守老人,到让云南乡村学校的孩子继续圆梦上学,为甘肃等地的留守儿童送去关怀,帮助青海地区脊柱畸形的儿童矫正体型,给贵州贫困山区的儿童送上免费午餐……项目覆盖全国多省市,为需要帮助的人群送去温暖。腾讯公益平台、NOW 直播的数据显示,"百位公益主播计划"首期公益直播共募捐 3 000 多笔善款,即每小时有近 200 笔爱心捐款,最高一笔超万元。科技应使人向善,利用直播的新技术,可以利用其特性让更多的受众眼前一亮,并参与到其中,有利于全民公益的推广。

纸媒在推广公益广告的过程中,也可以采取公益+直播的新形式,在纸媒上进行活动的整体策划、推广,并预热,然后在线上实现直播,真正实现媒体融合,让公益活动无时不在、无处不在。

(三)传播矩阵向纵深发展,加强公益的互动参与

当下纸媒早已纷纷转向媒体融合的怀抱,但是其传播矩阵更应该向纵深发展,利用场景化、多元化、数据化、智能互动化、年轻化、UGC 化,深层次改变公益广告呈现的形式,加强公益的互动参与,并注意收集反馈,让平面的公益广告互动起来,解决公益广告的创意难题。

1. 场景化

这几年间,更多的交互新玩法让公益广告变得更有趣,参与方式也更加多元,其中最明显的变化之一是公益场景化正在流行。场景,是指在特定的时间空间内发生的行动,或者因人物关系而构成的具体画面。公益场景化的探索者,先锋集团董事长张振新表示:"场景化就是将静态的公益理念融入到活泼生动有温度的日常生产生活之中,这种场景具有随时保持连接、可视、可控并开放等特征。"

例如使用微信支付获得的公益币可以捐给任一募捐项目,在 K 歌软件上翻唱所获得的 K 币将捐给听不到歌声的听障儿童,在运动软件上跑步的步数可以贡献给偏远山区的基础建设……公益行为正在全方位地融入公众的生活场景,不再是公益圈内的独角戏。腾讯公益方面表示,通过"公益+场景化",使得公益以趣味性的形式融入了每个人的生活,全民公益将成为生活常态。《人民日报》《解放日报》和《厦门日报》等纸媒可以利用主流媒体的地位,在公益传播主题、公益传播方式上注意场景化的结合,使公益更好地融合进普通受众的生活。例如腾讯公益旗下的 99 公益日利用多元化的场景,线上线下的互动,用轻松互动的方式发动更多的受众可以理性参与公益活动。腾讯公益日的场景主题分为"家乡公益"(即为家乡产品助力)、爱心加倍卡(把爱心用户和企业联系在一起,越多捐助,就可以得到企业的爱心加倍积分)、社区公益、"捐绿色"(即通过线上"指间森林"的互动,呼吁更多用户关注固沙还林植树公益项目)等形式。

2. 打造多元化公益产品形式

2019 年 9 月 19 日,人民日报社宣布成立智慧媒体研究院。体现主流算法的人民日报客户端 7.0 版、短视频客户端"人民日报+"、人工智能媒体实验室、全媒体智慧云和融媒体创新产品研发与孵化项目正式亮相,将媒体融合向纵深推进。以 2020 年年初的疫情期间为列,人民日报两微两端(首页)涉及抗击疫情报道日均发稿量 311 篇,日均阅读量 7.29 亿,人民日报客户端阅读量超 200 万的稿件日均 5 篇,其中图解报道《立足当前、放眼长远,习近平周密部署战"疫"》《部署战"疫",习近平这些话直击要害》,仅在人民日报客户端的阅读量就接近 684 万,有力振奋人心,鼓舞士气;抗疫主题 MV《热血出征》,仅 3 天覆盖人群达 4.9 亿,播放量超 10 亿次,成为爆款产品。产品形式丰富多样,加大了公益产品的立体覆盖面。

3. 大数据化

大数据营销时代,数据实现共通,纸媒可以通过新媒体的延伸,并采集原有的纸媒订购客户,采集他们的行为数据分析,并找到目标受众,并进行大数据分析。以此对公益广告投放的内容、时间、形式等进行预判与调配,并最终完成公益广告投放。也要相应的效果监督和分析,做到精准投放。《广州日报》2018 年结合 QQ 大数据,推出"特殊的生日"H5,倡导用户在生日这一天,给中国特色贫困地区的同一天生日的孩子也送上一份特殊的生日礼物。

4. 智能互动化

基于人工智能 AI 产生的文案助手,一分钟可以写出一万条广告文案,新华社也推出了自己的男女 AI 人工智能主播。传媒行业也逐渐走向智能化,公益广告也尾随其后。根据 Forrester 的研究,AI(人工智能)的投资预计在 2019 年要翻一番,品牌正尝试利用机器学习,期待在物联网上获得领先地位。亚马逊推出智能家居硬件 Echo,内置的虚拟助手 Alexa,类似苹果的 Siri,只需要喊一声"Alexa",就可以问 TA 各种问题,包括天气、创建任务提醒、设定闹钟时间或播放音乐和开关电源等。VR、AR 领衔的创新数字技术也被广泛应用于公益广告吸引消费者的多元传播之中。例如长隆动物园推出首个利用 AR 技术展现濒危动物的公益广告,深受欢迎。

5. 年轻化

《中国慈善报告 2019》显示,中国年轻一代对公益表现出强烈兴趣,是互联网筹款的主体,吸引年轻捐赠者将是所有利益相关者必须赢得的重要战役。另外报告分析了 2013 年与 2018 年互联网捐赠者的年龄占比,分析发现,关注公益的人群中 30 岁以下占比 63%,参与慈善活动的人群中 30 岁以下占比 52%。针对这一特点,纸媒在公益广告创作过程中应当更针对年轻人的特点,精准投放。

6. 公益广告内容生产的 UGC＋PGC

纸媒的内容生产也应该是 UGC(用户产生内容)和 PGC(专业媒体产生内容)的结合。纸媒体在融媒体实践中,可以在新媒体平台上多输出加入口语化、情绪化的表达,比如这次新冠疫情期间的武汉 Vlog 消除专业媒体带去的距离感,增强受众感知。例如《战疫 Vlog:与口罩和消毒液度过的一天一夜》《战疫 Vlog:仙桃境内,村与村之间的路被堵了》《战疫 Vlog:抢建黄冈版"小汤山"的志愿者们,他们心里是有希望的》等 Vlog 播放量超过 3 000 万,人民日报客户端、央视频,以及今日头条、腾讯新闻、抖音、快手等平台以专题形式或首页推荐呈现封面新闻抗疫 Vlog,全网点击量共计超 5 亿,条均播放量1 000 万。

7. 收集反馈

传统媒体的弱点体现在及时的互动反馈上,借助新媒体等平台,报刊等传统媒体可以建立信息反馈机制,增强与受众的互动,扩大公益广告的传播效果。比如通过报刊的网站调查网民的公益广告满意度,把收集到的网民意见和满意度及时反馈给媒体,媒体再及时和公益广告主沟通,力求制作出主题丰富、贴近生活、影响力大、受众喜爱的报刊公益广告作品。也可借助微博等社交媒体,定期公布公益主题,让读者选择最感兴趣的主题,使读者参与其中,并可以鼓励读者的分享。同时借助新媒体平台,也可以丰富公益广告的表现形式,增加音频、视频的效果,使得围绕同一主题展开的公益广告更加入耳入心,深化传播效果,或者围绕同一主题展开线下活动,比如最近推出的"抗疫行动",可以在报刊上推出公益广告的同时,在相应的微博上也推出实际的活动号召,让公益广告更好地发挥其社会功能,影响受众的实际行为。同时,还可以在网站、微博上展开公益广告的评选活动,产生更多有创意的广告。

(四)加大法律监督以及第三方监督

随着互联网公益渐渐成为人们参与公益的主要形式,更应该建立完善公益广告可持续发展机制,出台促进公益广告发展的相关措施,尤其是互联网公益的相关规定。推进公益广告宣传制度化、长效化。落实《广告法》《公益广告促进和管理暂行办法》等法律、法规、规章、规定,依法促进和规范公益广告发展。建设公益广告传播体系,扩大公益广告宣传阵地和社会影响。将发布公益广告情况纳入文明城市、文明单位、文明网站创建工作测评,广告行业组织的会员单位发布公益广告情况,纳入行业自律考评,使得公益事业更加透明、值得信赖。

政府和法律监督不可能对公益广告协会及其管理人员的行为进行完全监督,并且政府为了利用公益广告组织,可能会通过政府监督实际控制组织。在这时候,可建立适当的独立第三方监督。对于我国而言,独立民间评估机构还没有成立。因此,对公益广告协会的第三方监督,只能采用同行组织监督。公益广告协会一方面属于公益事业,它的同行应该是公益组织;另一方面,公益广告协会注定与广告行业协会有千丝万缕的关系,同时也与媒体行业关系密切。因此,公益广告的第三方监督主体可由广告行业协会、媒体行业协会、其他公益组织共同来担当。由于我国没有媒体行业协会,因此,只能由广告行业协会和其他公益组织对公益广告协会及其管理人员实施第三方监督。

(五)加快公益人才培养

随着公益研究机构数量明显增加,公益人才培养及教育日益受到重视。2015年11月12日,深圳国际公益学院成立,学院以促进中国与国际公益慈善事业发展、提升公益教育专业化水平、加强公益慈善领域的国际交流与合作、推动全球慈善事业改革创新为使命,以回应当下对公益人才的需要。未来各地也应积极进行公益广告创新研究基地建设,建成若干个公益广告理论和实践研发中心,并开发相应的公益广告教材等。

（六）加强国际化合作趋势

公益出现国际化趋势，主要体现在项目开展的国际化、合作交流的国际化以及国际认可程度的提升上。我国公益组织也主动走出国门，开展了尼泊尔地震联合救援、人文交流、环境保护等慈善活动，展示了中国公益力量，宣扬了中国公益精神，亮出了中国公益名片。未来可加强在公益活动上的国际化趋势，这也是"讲好中国故事"的一个亮点。

总的说来，在数字时代，技术带来了更多的可能性，面对机遇和挑战，传统纸媒也应该让媒体融合向纵深发展，让公益广告场景化、互动化、精准化、智能化、年轻化，只有这样，公益广告才能入耳、入心，最终唤起人们的行动。

第七章
结论和展望

当前,中国报刊公益广告发展已迈入提质增效、转型升级的新阶段,宣传舆论地位不断提升,聚焦主题主线,聚焦宣传社会主义核心价值观,社会功能价值受到重视,探索互动式、融合式、参与式传播,政策引领作用更加突出。

一、结论

根据报刊公益广告的发展情况和其他学者的研究,本研究报刊公益广告分为初始阶段(1986—1995 年)、成长阶段(1996—2000 年)、发展阶段(2000—2006 年)、繁荣阶段(2007—2012 年)、融合阶段(2013 年至今)五个阶段。

(一)中国大陆报刊公益广告特点和发展趋势

总的来说,三十多年来,中国大陆报刊公益广告体现出以下特点:一是公益广告大图化;二是感性诉求为主;三是漫画和系列广告不断出现;四是主题表现政治化、系列化和多样化;五是广告主多元化,融资渠道日益广泛;六是全民参与,线上线下融合。报刊公益广告还体现出以下趋势:公益广告日益受重视、公益广告系统化和组织化、结合新媒体互动化、企业媒体社会责任加强、借助新技术媒体融合创公益新招。

(二)三份报刊公益广告对比

通过对三份报刊进行横向比较,根据版面刊登时间、版面大小和版面名称等指标,笔者得出结论:一在重视程度方面,《人民日报》对公益广告最为重视,除去投入大量人力物力外,还定时定版刊出公益广告,其次是《厦门日报》,最后是《解放日报》。二在主题选择方面,三份报刊关注重点比较一致,呈现出从上至下,由中央推至地方的特性,也反映出我国公益广告的政治性,但是地方级报纸更灵活和有针对性。三在创意表现方面,符合各自的报纸特色,《厦门日报》比较突出地使用了名人代言、系列广告、漫画广告等喜闻乐见的形式。四在广告主方面,三份报刊均以媒体和政府为主导,但地方性报纸融资方式更加灵活,其中《厦门日报》和《解放日报》公益广告商业化较明显。同时,《人民日报》和《厦门日报》在融媒体实践方面,有了更多的创新玩法,更有利于公益理念的传播。

(三)中国大陆报刊公益广告的社会功能

报刊公益广告具有传播功能、价值导向和教化功能、审美功能和制约商业广告的社会功能。报刊公益广告能为社会营造出一种全新的道德教育氛围,在不知不觉中引导公众的社会行为,慢慢地培养和发展成为公众新的认知方式、生活模式和行为模式。

"公益广告对受众社会化教育作用"的问卷调查显示,报刊公益广告已经成为一种独特的社会教育形式,主要体现在报刊公益广告的发布已达一定规模、已经形成稳定的受众基础,而且受众普遍认可了报刊公益广告的教育作用。报刊公益广告以其鲜明的现实性、明确的导向性、适度的超前性引导社会文化前进。具体来说,报刊公益广告从风俗习惯、社会公德、法律规范等方面来规范大众行为,从尊老爱幼、诚实守信、公平正义等方面来传播价值观念,从和谐共生、关爱生命、生态保护等方面来塑造大众生态生活观念。并通过这些公益广告表现出独特的价值,即促进和谐秩序构建、宣传公共生活规则、传播主流价值观、倡导关注弱势群体、强化公众环保意识等。

(四)制约中国大陆报刊公益广告社会功能发挥的因素

目前,制约中国大陆报刊公益广告社会功能发挥的主要因素有公益广告的行为主体不明确、公益广告资金短缺、相关法律法规欠缺、运行机制不顺、报刊影响力下降等。

二、未来报刊公益广告发展的趋势

报刊公益广告主要由传统媒体主导,其话语形式和宣传力度都较为受限,同时面临新媒体挑战和传统媒体本身的生存困境而制作乏力。智媒时代的来临,一方面为公益广告发展带来挑战,另一方面也赋予其新的生长活力。公益广告未来发展可向智能化、全民化、平台化方向拓展,发展多元主体,有效整合媒介资源。

(一)融媒体时代公益传播的创新探索

融媒体时代,新技术的发展,给公益传播带去了更多的可能。融媒时代的到来,技术和媒介的多元化为公益广告传播形式的多样化打开了一个重要突破口,AR、VR、大数据、人工智能、区块链等新技术使公益广告更有互动感和体验感,使公益广告所传达的理念深入人心,应更注重参与性、体验感、主动性、趣味性的创新内容开发,利用新技术更全面、更直接、感触更全面的特征,让更多的受众成为公益传播的真正接受者,让公益的理念更加深入人心。

(二)实现报刊公益广告社会功能的具体策略

为了更好实现报刊公益广告的社会功能,在借鉴其他国家公益广告参考模式后,本研究拟定了以下具体策略:利用区块链构建开放多元的公益主体平台,扩大资金来源渠道;完善公益事业全产业链,形成公益＋运动、公益＋艺术、公益＋游戏、公益＋直播等多种不同的表现形态,塑造多重公益形态;传播矩阵向纵深发展,加强公益的互动参与。利用场景化、多元化、数据化、智能互动化、年轻化、UGC化,深层次改变公益广告呈现的形式,加强公益的的互动参与,并注意收集反馈,让平面的公益广告互动起来,解决公益广告的创意难题;加大法律监督及规范;加快公益人才培养;加强国际化合作。总的说来,在数字时代,技术带来了更多的可能性,面对机遇和挑战,传统纸媒也应该让媒体融合向纵深发展,让公益广告场景化、互动化、精准化、智能化、年轻化,只有这样,公益广告才能入耳、入心,最终唤起人们的行动。

总之,中国报刊公益广告经过三十余年的发展,已经进入繁荣的融合发展的时期,其社会功能已经得到了政府、社会的认可,并在逐步推动公益广告健康、稳步发展。但是,公益广告未来的发展还需要政府、媒体、广告主、广告经营者、社会公众的共同努力,以促进我国公益广告运作模式的转型,更好地发挥公益广告的社会教育作用,推动社会的和谐与进步。

参考文献

一、专著

1. 樊志育:《世界广告史话》,中国友谊出版社1998年版,第12~13页。

2. 张金海:《20世纪广告传播理论研究》,武汉大学出版社2002年版,第192页。

3. 戴元光:《传播学研究理论与方法》,复旦大学出版社2004年版,第34~35页。

4. 刘林清、和群坡主编:《公益广告学概论》,中国传媒大学出版社2014年,第48页。

5. 黄薇:《现代公益广告传播教程》,中国传媒大学出版社2016年版,第35页。

6. 高萍:《公益广告初探》,中国商业出版社1999年版,第37~39页

7. 潘泽宏:《公益广告导论》,中国广播电视出版社2001年版,第56页。

8. 张明新:《公益广告的奥秘》,广东经济出版社2004年版,第78页。

9. 唐宗朴:《中国本土广告论丛》,中国工商出版社2004年版,第89页。

10. 陈培爱:《广告学原理》,复旦大学出版社2003年版,第102页。

11. 王永斌:《报纸版面学》,人民日报出版社2006年版,第179~180页。

12. 李彬:《传播学引论》,新华出版社2006年版,第56~58页。

13. 朱本源:《历史学理论与方法》,人民出版社2006年版,第79页。

14. [美]马茨·艾尔维森著,陈仁仁译:《质性研究的理论视角:一种反身性的方法论》,重庆大学出版社2009年版,第124页。

15. [美]艾尔·巴比著,邱泽奇译:《社会研究方法(第11版)》,华夏出版社2009年版,第134页。

16. 戴元光:《传播学研究理论与方法》,复旦大学出版社2004年版,第56页。

17. 倪宁:《广告新天地——中日公益广告比较》,中国轻工业出版社2003年版,第104页。

18. 阿伦娜:《中日报纸广告的表现形式》,中央民族大学出版社2012年版,第98页。

19. 迟福林主编:《中国改革开放全纪录(1978—2012)》,五洲出版社2013

年版,第 101 页。

20. 黄升民、丁俊杰:《报纸广告策略与个案分析》,北京广播学院出版社
1997 年版,第 102 页。

21. 全国公益广告创新研究基地:《中国公益广告年鉴》,中国工商出版社
2010 年版,第 125~126 页。

22. 新华月报编辑部:《中国改革开放 30 年大事记(上、下)》,人民出版社
2008 年版,第 121 页。

23. 中央党史和文献研究院:《改革开放四十年大事记》,人民日报出版社
2018 年版,第 135 页。

二、期刊

1. 陈家华、程红:《中国公益广告:宣传社会价值新工具》,《新闻与传播研
究》2003 年第 4 期。

2. 许俊基、丁俊杰:《公益广告初探》,《现代传播》1991 年第 8 期。

3. 刘英华:《改革开放以来中国公益广告发展回眸》,《中国广播电视学
刊》2013 年第 8 期。

4. 电视研究编辑部:《加强公益广告推动精神文明建设——杨伟光副部
长在首届全国电视益广告题材规划会上的讲话》,《电视研究》1996 年第 6 期。

5. 王云、冯亦弛:《公益广告十五年》,《新闻大学》2003 年第 2 期。

6. 吕慧君:《中国公益广告运行机制研究——以 CCTV 为例》,《新闻传播
与写作》2014 年第 6 期。

7. 陈刚:《改革运行机制——重塑中国公益广告发展构架》,《广告大广观
(理论版)》2008 年第 2 期。

8. 许振波:《我国公益广告的历史、现状、未来》,《淮北职业技术学院学
报》2007 年第 7 期。

9. 张明新、余明阳:《我国公益广告探究》,《当代传播》2004 年第 1 期。

10. 陈辉兴:《中国电视公益广告三十年传媒观察》,《传媒观察》2008 年
第 8 期。

11. 罗兰秋:《中国公益广告第 3 个 10 年的传播辉煌——以"迎奥运、讲
文明、树新风"主题广告为例》,《新闻界》2008 年第 5 期。

12. 陈辉兴:《孕育发轫成长繁荣——中国电视公益广告三十年》,《传媒》
2008 年第 7 期。

13. 王苑丞、侯丽梅:《央视公益广告文案的语言特征探析》,《应用写作》
2018 年第 10 期。

14. 明珊:《探析成都地铁广告文案特色》,《传媒论坛》2018 年第 1 期。

15. 彭小球:《公益广告文案正文写作的文体样式及其注意事项》,《写作》2016 年第 3 期。

16. 孟秀玲:《公益广告如何引人共情——以《齐鲁晚报》公益广告传播为例》,《新闻研究导刊》2018 年第 10 期。

17. 吴来安:《图像·意旨·场景——基于央视公益广告符号传播变迁的思考》,《新闻学》2019 年第 6 期。

18. 吴元梁:《论公益广告的社会功能》,《电视研究》1997 年第 4 期。

19. 叶梅英:《试析电视公益广告宣传的策划》,《声屏世界》2000 年第 1 期。

20. 许振波、张莹、聂亚敏:《我国公益广告传播中存在的问题及其思考》,《淮海工学院学报(人文社会科学版)》2016 年第 4 期。

21. 李振寰:《新世纪以来我国公益广告传播者思考》,《广告大观(理论版)》2010 年第 2 期。

22. 葛红:《你我皆凡人——探讨公益广告中的平民视角》,《现代广告》2001 年第 7 期。

23. 郑文华:《好雨知时节　当春乃发生——论电视公益广告在我国的发展历程》,《声屏世界》2004 年第 1 期。

24. 薛可、王丽丽、余明阳:《卷入度、论据强度及赞助商对公益广告效果影响研究,《新闻与传究》2013 年第 1 期。

25. 姚林:《报纸广告传播效果评价体系研究》,《慧聪国际资讯》2013 年第 3 期。

26. 雪莲:《报纸广告传播效果制约因素研究》,《东南传播》2009 年第 12 期。

27. 广言:《春雨润物细无声——全国开展公益广告活动五年回顾》,《广告大观》2000 年第 9 期。

28. 编辑部:《中国改革开放 30 年最具影响力的 30 件大事》,《中国经济周刊》2008 年第 10 期。

29. 周卡林:《谈电视公益广告的宣传引导功能》,《中国广播电视学刊》2000 年第 6 期。

30. 班允凤:《报刊公益广告策略与价值刍议》,《中国出版》2006 年第 7 期。

31. 张力军、张建华:《地方报刊应如何对待公益广告》,《电视研究》2000 年第 10 期。

32. 贺林平:《认真学习中央经济工作会议精神准确把握 2011 年经济趋势》,《人民日报》2011 年 2 月 6 日第 10 版。

33. 刘桂茂、李振芳:《报纸公益广告的贴近性问题》,《中国记者》2003 年第 8 期。

34. 粟平:《我国公益广告存在的问题及解决之道》,《郑州大学学报》(哲学社会科学版)2009 年第 5 期。

35. 曾振华、罗俊:《主流报纸中公益广告的话语转型趋势》,《新闻爱好者》2012 年第 10 期。

36. 汤劲:《我国新媒体公益广告及其发展对策》,《新闻知识》2011 年第 10 期。

37. 唐文龙:《公共营销与企业社会责任》,《中华商标》2007 年第 9 期。

38. 吴艳青、程永高:《正视公益广告对构建和谐社会的正面效应》,《邢台职业技术学院学报》2009 年第 4 期。

39. 任志祥:《读者阅读习惯对现代数字出版的影响分析》,《中国出版》2019 年第 7 期。

三、论文

1. 贺娅琳:《中国大陆公益广告研究综述》,厦门大学 2014 年硕士论文。

2. 陈挚:《公民道德建设视域中的公益广告作用研究》,合肥工业大学 2010 年硕士论文。

3. 罗俊:《主流报纸中公益广告的话语研究》,江西师范大学 2012 年硕士论文。

4. 胡东雁:《中国电视公益广告二十年》,上海戏剧学院 2010 年硕士论文。

5. 马连鹏:《公益广告社会教育作用研究》,大连理工大学硕士论文 2004 年硕士论文。

6. 吕慧君:《我国公益广告的思想政治教育功能研究》,天津大学 2013 年硕士论文。

7. 王亚楠:《改革开放 30 年广播电视公益广告主题研究》,厦门大学 2009 年硕士论文。

中国公益广告的相关规章、
规定和政策

国家工商行政管理局关于开展
"中华好风尚"主题公益广告月活动的通知

工商广字[1996]第 175 号

各省、自治区、直辖市及计划单列市工商行政管理局：

　　为进一步落实《广告法》，指导公益广告健康发展，促进社会主义精神文明建设，国家工商行政管理局决定于 1996 年 9 月 1 日至 10 月 1 日，在全国范围内开展"中华好风尚"主题公益广告月活动（以下简称主题公益广告月）。现就有关问题通知如下：

　　一、充分认识开展主题公益广告月活动的重要意义

　　近年来，公益广告日益引起社会的重视。一些以遵守公德，保护环境，关心老人、妇女、儿童为主题的公益广告，对于唤醒人们的公益意识，产生了积极的影响。"中华好风尚"是中华民族传统美德和优良品质的体现，是公益广告主题的重要来源。开展以"中华好风尚"为主题的公益广告月活动，即选择一个月，突出一个主题，形成公益广告的声势，不仅能够扩大公益广告的影响，而且有助于推动公益广告整体水平的提高，对于弘扬中华民族传统美德，具有十分重要的现实意义。

　　各级工商行政管理机关作为广告监督管理机关，要把开展"中华好风尚"主题公益广告月活动作为工商形象建设的一项内容，高度重视，加强领导，精心组织，制定具体的实施方案（于 7 月 10 日前报国家工商行政管理局广告监督管理司）。同时，要指定专人负责，加强宣传、协调、指导，层层抓好落实，切实把这项工作开展起来。

　　二、积极宣传、动员和指导广告主、广告经营者、广告发布者参与此项活动

　　做公益广告，是广告主、广告经营者、广告发布者应尽的义务，是广告界为精神文明建设做贡献的重要表现形式。各地接本通知后，应及时将通知精神传达到广告经营单位和主要广告主单位，广泛动员有关单位积极参加这项活动。主题公益广告月期间，各地应紧紧围绕"中华好风尚"这一主题，采取多种形式，利用电视、广播、报纸、期刊及路牌、显示屏、各种招贴等户外媒介，进行综合性、立体化的公益广告宣传，以取得明显成效。各地工商行政管理机关要对当地广告主、广告经营者、广告发布者参加公益广告活动的情况进行监督考核。

　　三、提出明确要求，确保宣传效果

　　主题公益广告月期间，参加活动的作品发布时，应标有"中华好风尚"标

志。专业广告公司应至少制作一件公益广告,其中有较强实力或有影视广告制作经营范围的,应制作一部电视广告;广告发布者应积极为主题公益广告提供时间和版面,其中省级以上电视媒介,主题公益广告月期间,每天黄金时间(18点至21点)播出主题公益广告应不少于一条,其他时间不少于二条。主题公益广告月期间,省级以上报纸媒介明显版位每周刊出主题公益广告应不少于一条,其他版位应不少于二条。广播、期刊、省级以下(不含省级)电视、报纸以及利用户外媒介发布主题公益广告的数量,由各省、自治区、直辖市工商行政管理局提出要求。同时,应动员辖区内广告量较大的广告主,积极出资制作、发布主题公益广告,树立关心公益的良好形象。

四、中国广告协会和各级各类广告行业组织,应结合实施精神文明公约,组织成员单位在活动中做出表率

行业组织应单独或联合有关单位,在主题公益广告月期间,积极开展各种形式的社会宣传、普及活动,推动、配合主题公益广告月活动的深入开展。

五、认真做好主题公益广告的评选工作

各省、自治区、直辖市工商行政管理局应按照统一安排部署,于10月1日—10日,以省(自治区、直辖市)为单位,向国家工商管理行政管理局报送优秀平面、影视公益广告作品各三件。国家工商管理行政管理局将设立公益广告优秀作品政府奖。同时,对活动中表现突出的单位和个人予以表扬。

六、公益广告主题月结束后,各省、自治区、直辖市工商行政管理局要及时写出总结报告,于1996年11月30日前,报国家工商行政管理局广告监督管理司。

国家工商行政管理局

一九九六年六月十八日

中共中央宣传部、国家工商行政管理局、广播电影电视部、新闻出版署关于做好公益广告宣传的通知

工商广字[1997]第 211 号

各省、自治区、直辖市及计划单列市党委宣传部、工商行政管理局、影视厅(局)、新闻出版局:

为了进一步规范公益广告行为,充分发挥公益广告在社会教育、文化传

播、舆论导向等社会主义精神文明建设方面的功能,现就广告媒介单位公益广告宣传问题通知如下:

一、广告媒介单位要充分认识公益广告宣传的重要意义,把公益广告宣传作为促进社会主义精神文明建设事业的一项重要工作来抓,统筹合理安排好公益广告发布时间和版位。

二、广播、电视媒介每套节目用于发布公益广告的时间应不少于全年发布商业广告时间的3%。

三、电视媒介在19:00—21:00时间段每套节目发布公益广告的时间应不少于该时段发布商业广告时间的3%。

四、报纸、期刊媒介每年刊出公益广告的版面应不少于该时段发布商业广告版面的3%。

五、户外广告经营者应发布一定比例的户外公益广告,具体数量由当地工商行政管理部门会同有关部门共同制定,统一规划。

六、发布公益广告时,应当认真审核内容,凡违反国家法律、法规、政策规定和社会主义道德规范要求的,不得发布。

不得以公益广告的形式发布商业广告。

七、对于企业出资设计、制作、发布的公益广告,可以标注企业名称,但不得标注企业产品名称和商标标识,不得涉及与该企业商品或提供的服务有关的内容。

八、电视公益广告标注企业名称显示时间不应超过5秒,标注面积不超过电视广告画面的1/5。报刊、户外公益广告标注企业名称面积不超过报刊、户外广告版面的1/10。

九、请各地接到本通知后,迅速转发各有关单位,并认真贯彻执行。

国家工商行政管理局

一九九七年八月十一日

国家工商行政管理局关于开展公益广告活动的通知

工商广字〔1998〕第 61 号

各省、自治区、直辖市及计划单列市工商行政管理局:

国家工商行政管理局于 1996 年、1997 年在全国范围内开展的主题公益广告月活动，有效地引导了公益广告事业的发展，发挥了广告在社会教育、文化传播等社会主义精神文明建设方面的积极作用，在社会上引起了极大的反响，得到了全社会的支持和参与。1998 年，各级工商行政管理机关要进一步组织广大广告主、广告经营者、广告发布者继续开展公益广告活动，充分发挥广告在社会主义物质文明和精神文明建设中的积极作用，树立广告界的良好形象。为了调动社会各界参与公益广告活动的积极性，拓展广告创意思路，深入开展公益广告活动，1998 年，国家工商行政管理局不再组织主题公益广告月活动，各类主题的公益广告都可以参加年度公益广告政府奖的评选。现就有关工作意见通知如下：

一、1998 年，各级工商行政管理机关要把开展公益广告活动，作为贯彻党的十五大精神和工商形象建设的一件大事来抓，高度重视，广泛宣传，做好监督指导工作。

二、要按照两手抓，两手都要硬的方针，将公益广告活动作为一项重要的日常工作，常抓不懈，使此项工作逐步长期化、法制化。

三、各地工商行政管理机关要在党委宣传部门的指导下，加强对公益广告内容政治、思想导向的监督管理，避免某些消极思想倾向对公益广告产生不良影响。为了使公益广告内容导向更符合当地实际情况，各地可以倡导一些针对性较强的主题，增强本地公益广告活动的声势和宣传力度。

四、要动员有实力的广告主、广告经营者、广告发布者，积极出资、制作、发布公益广告。在新闻媒介的黄金时间或版面，更有公益广告；在城市的繁华地段或主要交通要道，要有一定比例的户外公益广告。工商行政管理机关要对媒介单位执行中宣部、国家工商行政管理局、原广播电影电视部、新闻出版署《关于做好公益广告宣传的通知》（工商广字〔1997〕第 211 号）情况及时进行检查。公益广告活动情况要作为评定广告企业资质等级的重要指标。

五、在公益广告活动中，各地可以做一些有益的探索，建立公益广告良性循环机制。同时要注意掌握好有关政策界限。有些地方进行公益广告作品冠名权拍卖，其收入一定要用于公益广告事业，不得以赢利为目的或挪作他用。要严格区分公益广告和商业广告的界限，防止公益广告成为变相的商业广告。

六、国家工商行政管理局继续组织公益广告活动政府奖评定工作，对优秀公益广告作品和表现突出的单位和个人予以奖励和表彰，表彰大会定于 1998 年 11 月召开。请各地组织好本地区公益广告活动评奖工作，并于 1998 年 9 月 30 日之前，将本地的优秀公益广告作品、先进单位和先进个人事迹材料报送国家工商行政管理局。

七、1998 年公益广告政府奖设立以下几个奖项：公益广告作品政府奖金奖、银奖、铜奖及政府奖四个等级；先进单位或先进个人奖（不含工商行政管理系统单位或个人）。对于获奖作品的创作单位和出资单位，分别进行表彰；对于获奖作品的主创人员，采用适当形式予以鼓励。

八、工商行政管理机关在公益广告活动中的工作情况，作为广告监督管理工作评选先进的一个重要指标。请各地接到本通知后，认真组织本地广告主、广告经营者、广告发布者开展公益广告活动。

国家工商行政管理局
一九九八年四月七日

关于进一步做好公益广告工作有关问题的通知

工商广字〔1999〕第 101 号

各省、自治区、直辖市及计划单列市文明办、工商行政管理局：

改革开放以来，我国的公益广告事业有了较快的发展，在宣传党的方针政策、引导社会舆论、传播精神文明方面，发挥了积极作用。1996 年和 1997 年，国家工商行政管理局先后组织开展了"中华好风尚"和"自强创辉煌"主题公益广告月活动；1998 年，中央精神文明建设指导委员会办公室和国家工商行政管理局，以贯彻党的十五大精神，服务中央工作大局为中心，共同组织开展了题材广泛的公益广告宣传活动，扩大和增强了公益广告的社会影响和宣传效果。在三年的公益广告活动中，全国报纸、广播、电视、杂志、户外等广告媒介共发布公益广告 5 万余件；有 344 件优秀公益广告作品获得全国奖，285 家单位和 235 名个人被评为全国公益广告活动先进单位、先进个人或受到表彰，产生了很好的社会影响。同时，也要看到，我国公益广告活动开展时间比较短，尚未形成可以持续、稳定发展的运行机制，规模、效益水平与精神文明建设的要求相比，都还存在一定差距。各地文明办、工商行政管理局要认真总结经验，加强组织引导，把公益广告宣传活动作为精神文明建设的一项长期工作，深入开展下去。现就有关问题通知如下：

一、公益广告活动要紧密配合党和政府的中心工作，配合中央对精神文明建设提出的目标和要求。各地文明办和工商行政管理局要进一步加强配合，做好公益广告活动的组织协调和监督管理工作。各地文明办要紧紧围绕中央的重大决策，围绕当地党委政府的中心工作，围绕精神文明建设的重点任务，对公益广告的宣传内容、宣传重点提出年度和季度的指导性意见。各地工商行政管理局要继续做好公益广告活动的组织工作,同时依法加强对公益广告发布情况的监督管理。

两部门要密切合作,认真做好公益广告内容的政治思想导向的引导工作,坚决防止不良政治思想倾向对公益广告产生影响和危害。

二、要重视对已经制作和发布的公益广告的宣传工作,各地可以选择适合当前公益广告宣传要求的作品,有计划地组织安排展播、展登。对适合社会广泛宣传的平面公益广告作品,可以制成招贴广告,扩大宣传效果。要通过各种形式的宣传活动,有效利用已有公益广告作品,解决有些地方公益广告作品闲置的问题。

三、各地要按照中央宣传部、国家工商行政管理局、原广播电影电视部、新闻出版署《关于做好公益广告宣传的通知》(工商广字(1997)第211号)的规定,定期检查媒介单位按照规定比例刊播公益广告的情况,对未按规定执行的,要及时督促改正,同时,要按照该通知有关规定,严格区分公益广告和商业广告的界限,防止公益广告成为变相的商业广告。

四、各地在组织开展公益广告活动中,可以就建立我国公益广告良性循环运行机制的问题,开展调研和探索。要注意掌握好有关政策界限,公益广告活动不能以盈利为目的,公益广告活动收益必须用于发展公益广告事业,不得挪作他用。

五、从今年起,将每年度举行的全国优秀公益广告作品评选活动,改为每两年举行一次,使参加送评的作品相对集中,同时把更多的精力用于组织公益广告宣传活动,提高评选工作和获奖作品的水平。有关评选活动的具体安排,届时另行通知。

各地可以结合当地实际情况,按年度或每两年度安排本地区的公益广告作品评选工作。

中央精神文明建设指导委员会办公室/国家工商行政管理局

一九九年十月二十二日

中央精神文明建设指导委员会办公室、国家工商行政管理局关于开展2000年"树立新风尚,迈向新世纪"主题公益广告宣传活动的通知

工商广字〔2000〕第 3 号

各省、自治区、直辖市及计划单列市文明办、工商行政管理局:

为充分发挥公益广告在宣传党的路线、方针、政策,传播精神文明方面的重要作用,中央精神文明建设指导委员会办公室和国家工商管理行政管理局决定在 2000 年,组织开展"树立新风尚,迈向新世纪"主题公益广告宣传活动。现就有关问题通知如下:

一、2000 年是历史性、标志性的一年,"树立新风尚,迈向新世纪"主题公益广告活动的宣传要紧紧围绕党中央、国务院确定的中心工作,把握时代脉搏,唱响主旋律,讴歌全国人民在以江泽民同志为核心的党中央领导下,高举邓小平理论伟大旗帜,同心同德、艰苦奋斗所取得的成就;展示中国人民万众一心、众志成城、不怕困难、顽强拼搏、坚韧不拔、敢于胜利,以昂扬的姿态迈向新世纪的精神风貌;激励社会各界坚定信心,勇于探索,大胆实践,振兴国有企业,开创改革和发展新局面;宣传尊重知识、尊重人才、实施科教兴国战略的重要性;倡导人民群众积极参与精神文明创建活动,努力提高公民素质和城乡文明程度;营造讲文明、树新风,弘扬科技精神,反对迷信愚昧,抵制各种歪理邪说的健康气氛;呼吁全社会爱护我们的家园,自觉保护资源和环境,实施可持续发展战略,造福子孙后代等。各地也可结合当地实际确定具体内容,使活动更有针对性。

二、各级文明办和工商行政管理机关要充分认识公益广告对于建设社会主义精神文明的重要意义,增强使命感和责任感。积极发挥公益广告的社会教育、文化传播、舆论导向功能,以科学的理论武装人,以正确的舆论引导人,以高尚的精神塑造人,以优秀的作品鼓舞人。坚持以培育有理想、有道德、有文化、有纪律的公民,提高全民族的思想道德素质和科学文化素质为目标,使公益广告为促进社会主义精神文明建设做出贡献。

三、各地文明办和工商行政管理局要按照《关于进一步做好公益广告工作有关问题的通知》(工商广字〔1999〕第 101 号)精神,密切合作,认真做好公益广告内容的政治思想导向引导和公益广告活动的组织协调及监督管理工作。要高度重视,加强领导,精心组织,结合本地实际情况制定具体实施方案。

四、各地要通过新闻媒介等多种形式,深入广泛宣传开展"树立新风尚,

迈向新世纪"主题公益广告活动的意义。要广泛动员广告主、广告经营者、广告发布者出资、制作、发布公益广告。鼓励社会各界积极参与主题公益广告活动。新闻媒介要严格执行中央宣传部、国家工商管理行政管理局、原广播电影电视部、新闻出版署《关于做好公益广告宣传的通知》(工商广字〔1997〕第211号)的规定,在电视黄金时间或报纸主要版面按规定刊播主题公益广告。在城市的繁华地段或主要交通要道,要有一定比例的户外公益广告。

五、中央文明办和国家工商管理行政管理局,将在2000年底组织1999—2000年度公益广告活动的评选、表彰工作,有关具体事项届时另行通知。

六、请各地文明办和工商行政管理局按到本通知后,即行组织实施,并将实施方案分别上报中央文明办和国家工商管理行政管理局。各地要做好此项活动的总结工作,将活动情况分别上报中央文明办和国家工商管理行政管理局。

中央精神文明建设指导委员会办公室/国家工商管理行政管理局

2000年1月5日

中共中央宣传部、中央文明办、国家工商行政管理总局、国家广播电影电视总局、新闻出版总署关于进一步做好公益广告宣传的通知

工商广字[2002]第289号

各省、自治区、直辖市及计划单列市党委宣传部、文明办、工商行政管理局、广播影视局(厅)、新闻出版局:

为贯彻党的十六大精神和"三个代表"重要思想,落实《公民道德建设实施纲要》,充分发挥公益广告对社会主义物质文明和精神文明建设的促进作用,各有关单位应进一步加大公益广告的宣传力度。现就进一步做好公益广告宣传工作的有关问题通知如下:

一、各有关单位要充分认识公益广告宣传的重要意义,把公益广告宣传作为促进社会主义物质文明和精神文明建设事业的一项重要工作来抓,统筹合理安排好公益广告的制作和发布。

二、广播、电视媒介每套节目用于发布公益广告的时间应不少于全年发布商业广告时间的3%。平均每天在19:00—21:00时段每套节目发布公益广告的时间应不少于该时段发布商业广告时间的3%。

三、报纸、期刊媒介每年刊出公益广告的版面应不少于发布商业广告版

面的 3%。

四、发布商业广告的互联网站也要按照商业广告3%的比例发布公益广告。

五、发布公益广告时，应当认真审核内容，凡违反国家法律、法规等有关规定和社会主义道德规范要求的，一律不得发布。

六、企业出资设计、制作、发布的公益广告，可以标注企业名称和商标标识，但不得标注商品（服务）名称以及其他与企业商品（服务）有关的内容。

法律、法规、规章对商品（服务）的广告宣传做出的禁止或者限制性规定，应严格遵守。

七、电视公益广告画面上标注企业名称和商标标识，显示时间不得超过5秒，使用标版形式标注企业名称和商标标识的时间不得超过3秒。报纸、期刊、户外公益广告标注企业名称和商标标识的面积不得超过报纸、期刊、户外广告面积的1/5。

八、实行公益广告发布备案和检查制度。各媒介单位每季度要将发布公益广告的情况送当地工商行政管理局备案。当地工商行政管理局要对各媒介公益广告刊播情况进行定期或不定期的检查。

九、当地工商行政管理局会同有关部门统一规划，指导广告主、广告经营者、广告发布者在户外、店堂、地铁车站、交通工具发布公益广告。

十、对于发布公益广告工作成绩突出的单位和个人应予表彰鼓励。

十一、请各地接到本通知后，迅速转发各有关单位，并认真贯彻执行。

十二、自本通知发布之日起，工商广字[1997]211号文同时废止。

中央文明办
国家工商行政管理局
2002 年 12 月 27 日

国家国防动员委员会综合办公室、国家国防教育办公室、国家工商行政管理总局关于开展"国防教育神州行"公益广告宣传活动的通知

国动综办字[2003]第 8 号

各省（自治区、直辖市）国防动员委员会综合办公室、国防教育办公室、工商行政管理局：

为深入贯彻"三个代表"重要思想，认真落实党的十六大提出的"加强国

防教育,增强全民国防观念"的要求,国家国防动员委员会综合办公室、国家国防教育办公室和国家工商行政管理总局共同组织开展"国防教育神州行"公益广告宣传活动。现将有关事项通知如下:

一、提高认识,切实加强领导。组织开展"国防教育神州行"公益广告宣传活动,目的是在全社会营造浓厚的国防教育氛围,唤起人民群众的国防忧患意识,激发人民群众关心国防建设、支持国防建设、投身国防建设的积极性和责任感。各级国防动员委员会综合办公室、国防教育办公室和工商行政管理局要充分认识这一活动对于深入贯彻"三个代表"重要思想,加强和普及全民国防教育,推动公益广告活动健康发展具有重要意义,把它作为本系统、本部门的一项重要工作,指定专人负责,具体抓好落实。

二、广泛动员,深入宣传。充分调动社会各界的积极性,尤其要动员广大广告主、广告经营者、广告发布者积极支持和参与国防教育公益广告宣传活动。要鼓励和利用广播、电视、报纸、期刊、互联网等媒体刊播国防教育公益广告。

三、要认真执行有关法律、规定。"国防教育神州行"公益广告宣传活动要严格按照现行法律、法规关于国防教育、公益广告的规定办事,特别要深入落实《国防教育法》,认真贯彻中共中央宣传部、中央文明办、国家工商管理行政管理总局、国家广播电影电视总局、新闻出版总暑《关于进一步做好公益广告宣传活动的通知》(二商广字〔2002〕第 289 号)精神,规范此项活动,保证活动正确实施。

四、要各负其责,密切配合,确保宣传效果。国家国防动员委员会综合办公室和国家国防教育办公室负责确定宣传内容,统一印制国防教育公益广告,国家工商行政管理总局负责审核企业在公益广告中的商标和企业名称标注内容。各地国防动员委员会综合办公室和国防教育办公室负责广告发布和各项协调工作,各地工商行政管理局负责对公益广告的发布实施情况进行监督检查。

五、在城乡广泛设立"国防教育神州行"公益广告宣传牌。国家国防动员委员会综合办公室、国家国防教育办公室委托北京东华紫照影视文化传播有限公司负责公益广告宣传牌设立工作的组织实施。

请各地将活动中的成功做法和实际问题及时上报国家国防动员委员会综合办公室和国家工商行政管理总局。

国家国防动员委员会综合办公室

国家国防教育办公室

国家工商行政管理总局

2003 年 8 月 12 日

国家广播电影电视总局关于加强制作和播放广播电视公益广告工作的通知

广发社字(2004)364 号

　　为促进社会主义精神文明建设，大力弘扬中华民族的传统美德，树立广播电视良好形象，根据中央领导同志的指示精神和《广播电视广告播放管理暂行规定》(总局 17 号令)的规定，2004 年 5 月 9 日，国家广电总局就进一步加强制作和播放广播电视公益广告事宜通知如下：

　　一、各级广播电视播出机构每年应制作和播放一批思想性、艺术性和观赏性俱佳的公益广告。各级播出机构要以"三个代表"重要思想为指导，紧紧围绕全面建设小康社会的总体目标，根据中央思想宣传工作的方针、部署和要求，用公益广告等形式大力宣传物质文明、精神文明和政治文明协调发展的成就，大力宣传中华民族的优秀文化和道德观念，大力弘扬社会正气。要坚持"三贴近"原则，努力丰富公益广告的题材、品种和样式，不断提高公益广告的制作质量和观赏力。要将中央的声音和人民群众的希望通过公益广告的形式，生动形象地展现出来，让群众喜闻乐见入心入脑。

　　二、各级广播电视播出机构每天均应在每个自办频率、频道中播放不少于其广告播出总量3%的公益广告。其中，广播电台、电视台必须在各自黄金时段的每小时内播放不少于三条的公益广告。在特殊时期或特定情况下，国家广电总局可要求全国各级广播电视播出机构在指定的时段(间)播放特定的公益广告。公益广告不计入播出机构广告播出总量。

　　三、建立全国优秀广播电视公益广告备播节目库。为满足各级广播电视播出机构公益广告的播放需要，国家广电总局每年将从各制作单位推荐的公益广告中选择一批思想性强、制作精良的公益广告列入《全国优秀公益广告推荐播放目录》(具体推荐办法另行通知)，并以适当方式向系统内通告，以供各播出机构选择播放。同时，建立"广播电视公益广告备播节目库"，有需要的播出机构可直接向备播节目库索取有关公益广告。

　　四、建立优秀公益广告创作引导和激励机制。为鼓励和引导优秀公益广告的制作和播放，国家广电总局每年将向各级广播电视播出机构和社会广告制作机构通告《公益广告创作题材指导目录》，根据《指导目录》制作的公益广告可申请列入《全国优秀公益广告推荐播放目录》。所有由企事业单位资助制作的公益广告，出资机构的名称可以在广播公益广告的导语中提示或在电视公益广告画面的右下角标明，但不得出现商品形象，喧宾夺主，或破坏公益广告的完整性。

五、做好优秀公益广告评奖工作。国家广电总局每年将会同有关部门组织优秀公益广告评选活动,对制作出优秀公益广告的机构和个人予以表彰和奖励。

六、2004年要配合邓小平诞辰100周年、建党83周年、国庆55周年、长征70周年等几个重大纪念日的宣传,抓紧制作和适时安排播放有关公益广告。同时,要结合三个文明协调发展、公民道德教育(讲文明、讲卫生、讲科学、树新风等)、青少年思想道德教育、艾滋病防治、无偿献血、禁毒、尊重生命、救死扶伤、扶贫助困、尊老爱幼、支持贫困地区文化教育事业、安全生产、环境保护等社会公共事业制作和播放一批公益性广告。已经制作了上述内容的公益广告,并希望列入《全国优秀公益广告推荐播放目录》的,请在5月15日前将完成片上报广电总局社会管理司,其中属配合重大纪念日的应在纪念日之前20日内报送。

七、各级管理部门应将公益广告播放情况作为广告监播的重要内容之一;对达不到公益广告播放比例,或在黄金时段不按本通知要求播放公益广告的,应对有关播出机构进行批评、警告等处理。

国家广播电影电视总局

2004年5月14日

国家广电总局关于公布《全国优秀公益广告推荐播放目录(第一批)》的通知

广发社字〔2004〕383号

各省、自治区、直辖市广播影视局(厅):

根据总局《关于加强制作和播放广播电视公益广告工作的通知》(广发社字(2004)364号),各地共选送了广播公益广告64条,电视公益广告158条,总计222条。近期,总局优秀公益广告推选小组对全国选送的公益广告进行了审看评议,决定将《中国人》等33条广播公益广告和《升国旗》等65条电视公益广告列入《全国优秀公益广告推荐播放目录(第一批)》(见附件1)并予公布。

为进一步落实优秀公益广告的制作和播放的工作,现就有关事宜通知如下:

一、严格执行公益广告播放规定,努力促进社会良好道德风尚建设。制作和播放广播电视公益广告是促进社会主义精神文明建设、树立良好社会风尚、加强未成年人思想道德建设的重要手段。自 8 月 15 日起，各级广播电视播出机构各自办频率、频道均应根据总局 17 号令等有关规定，每天播出不少于其广告播出总量 3% 的公益广告；在各自黄金时段内的每小时中播放不少于三条公益广告。

二、积极鼓励公益广告制作和播放，努力提高质量，丰富节目源。各级广播电视播出机构要结合宣传工作的形势和需要，精心制作和积极播放各类公益广告，要用寓教于乐、喜闻乐见等形式，不断扩大优秀公益广告的社会影响力。为满足有关播出机构的需求，《全国优秀公益广告推荐播放目录（第一批）》中的优秀公益广告已收入总局"广播电视公益广告备播节目库"并供免费播放（不含母带和邮寄费用）。其中，广播备播库设在中国广告协会广播委员会，电视备播库设在中国广告协会电视委员会。凡需要《目录》所列优秀公益广告的播出机构可与备播库直接联系（联系方式见附件 2）。总局政府网站（www.chinasarft.gov.cn）已建立了相关专栏和图文信息，供各播出机构查询选择。各制作机构可随时向"广播电视公益广告备播节目库"选送自己制作的公益广告，并注明名称、时长、题材和制作单位等。总局将不定期组织推选工作，及时更新、充实备播库的优秀公益广告源。

三、严格遵守《著作权法》，切实保护公益广告制作机构的合法权益。播放其他机构制作的公益广告，应事先取得有关合法版权并严格履行承诺。电视公益广告的制作和出资机构的名称（不含独立的商业广告或企业标牌，下同）可出现在公益广告最后画面的右下角，时长不超过 5 秒；广播公益广告的制作和出资机构的名称可在公益广告播放前或播放后提示。播放公益广告时，播出机构可以联系"特约播映"企业并以适当方式标明或提示，但每条公益广告的"特约播映"企业不得超过一家，不得破坏公益广告的完整性，不得出现商品广告内容，其中，电视公益广告"特约播映"企业标牌时长不超过 5 秒。

四、加强公益广告播放情况监管，确保公益广告健康发展。各级广电管理部门要将本辖区各播出机构公益广告播放情况纳入监播范围，对播出总量和黄金时间公益广告播出数量达不到规定的，或在播出公益广告过程中有其他违反《广告法》和违规行为的，应及时责成有关播出机构整改，对拒不整改的应根据总局 17 号令等规定予以查处，并将其违法、违规和查处情况及时上报上一级管理部门。

请将本通知及时转发辖区内各播出机构，并认真执行。

国家广播电影电视总局
2004 年 8 月 6 日

国家广播电影电视总局关于做好有线数字付费频道公益广告片播放工作的通知

广局编字〔2006〕396号

各省、自治区、直辖市广播影视局,新疆生产建设兵团广播电视局,中央电视台:

近年来,有线数字付费频道业务发展迅速。根据总局领导批示精神,为加快培养广大用户的消费意识和收视习惯,促进有线数字付费频道业务的发展,国家广电总局将制作有线数字付费频道业务系列公益广告宣传片。现就有关系列公益广告宣传片的播放工作通知如下:

一、各级广播电视行政管理部门要高度重视,积极组织所属电视台认真做好有线付费频道公益广告宣传片的播放工作。

二、中央电视台和各省、市电视台要在收视率较高的频道中安排播出该系列公益广告宣传片。

三、各数字电视试点地区电视台应当在黄金时间安排播出该系列公益广告宣传片。

国家广播电影电视总局

2006年1月4日

国家广播电影电视总局关于公布《全国优秀公益广告推荐播放目录(第二批)》的通知

广局编字〔2006〕410号

各省、自治区、直辖市广播影视局,中央人民广播电台、中国国际广播电台、中央电视台、中国教育电视台:

为切实推动公益广告播放工作,总局自2004年开始专门下发《关于加强制作和播放广播电视公益广告工作的通知》(广发社字〔2004〕364号),并于当年公布了第一批《全国优秀公益广告推荐播放目录》,将98篇优秀公益广告向全国进行推荐。其中在全国电视台反复播出的"爱心传递——洗脚篇"等一批优秀公益广告,在全社会引起了普遍共鸣和广泛好评,收到良好的宣传效果,也调动了全系统制作和播出公益广告的积极性。

经过全系统的共同努力,目前广播电视公益广告已经成为宣扬社会公共道德,促进社会主义精神文明建设和和谐社会建设,树立良好社会风尚以及加强未成年人思想道德建设的重要手段和有效形式,得到各界的热烈欢迎,并已经形成了公益广告制作播出的长效机制和良性循环。此举得到了中央文明办、国家工商行政管理总局、新闻出版总署等部门的充分肯定。今年8月,经中央文明办等四部门研究决定,将总局原来的"全国优秀广播电视公益广告备播节目库"升级成"全国思想道德公益广告作品库",进一步提升了公益广告的影响力,也鼓励了各地踊跃报送广告作品的热情。截止到今年10月底,各地又陆续向总局报送了121篇广播公益广告,92篇电视公益广告作品。总局汇同中央文明办、中国广告协会广播委员会和电视委员会等单位组成评审小组对上述作品进行严格评审。最终选取了能够突出反映中华民族传统美德、提倡诚实守信等社会良好风尚、有利于促进建设和谐社会,且思想性、艺术性、观赏性统一的79篇广播公益广告和44篇电视公益广告列入《全国优秀公益广告推荐播放目录(第二批)》(名单附后),现予以公布,供各级广播电视播出机构免费播出。

为继续推进公益广告工作,总局再次重申,各级广播电视播出机构所有自办频率、频道需严格按照总局有关规定,认真执行每天播出不少于其广告播出总量3%的公益广告;在各自黄金时段内的每小时中播放不少于三条公益广告的要求,自觉体现广播电视媒体的社会责任,全面提升公信力。各级广播电视行政管理部门要将本辖区各播出机构公益广告播放情况纳入监播范围,对播出情况好的机构给予表扬,对未达到规定的,要及时督促落实。

国家广播电影电视总局

2006 年 12 月 21 日

新闻出版总署关于组织各地报社刊载"我们的节日·春节"主题公益广告的通知

国新发〔2008〕74 号

各省、自治区、直辖市新闻出版局,解放军总政宣传部新闻出版局:

为充分发挥公益广告在宣传中华民族传统节日、弘扬优秀传统文化中的独特作用,引导人们进一步了解传统节日、认同传统节日、喜爱传统节日、过好传统节日,中宣部、中央文明办、国家工商管理总局、国家广电总局、新闻出版总署将于2008年12月初至2009年2月上旬联合组织开展"我们的节日·春节"主题公益广告制作刊播活动。

这次活动以"我们的节日·春节"为主题，充分展现中华民族优秀传统文化，营造万家团圆、欢乐吉祥、民族团结、社会和谐的节日气氛，唱响共产党好、改革开放好、中国特色社会主义好的时代主旋律。人民日报、光明日报、经济日报、中央人民广播电台、中央电视台等中央新闻单位负责组织有实力、有社会责任感的广告企业于近期设计完成各种平面、广播、影视类公益广告作品，经主办单位审定后，于2009年1月19日（腊月二十四）至2月9日（正月十五）在中央和各地主要报纸、新闻网站、广播电台、电视台，以及交通、铁路、民航、建设、卫生、海关、旅游、邮电、商务、公安等行业媒体同步集中刊播。

根据中宣部、中央文明办的部署，我署作为活动的主办单位，负责组织各地党报、晚报和都市类报纸在春节期间集中刊载主题公益广告。具体要求如下：

一、各地新闻出版局要切实履行职责，高度重视，加强领导，认真做好这项工作，及时通知并布置当地报业集团和各级党报、晚报都市类报纸，届时在报纸的主要版面或开设的专版上刊载平面主题公益广告（彩版，每件作品不少于1/4版）。

二、我署将于12月下旬在新闻出版总署网站分期公布经主办单位审定、中央新闻单位组织制作的平面广告作品，供各地报社下载刊载（可不标注中央媒体名称）。各地党报和晚报都市类报纸也可以自行组织设计制作主题公益广告作品，经新闻出版局会同省委宣传部、文明办审定后刊载。刊载作品可参照中央媒体广告作品的格式，标题为"'我们的节日·春节'主题公益广告"，作品正文下方注明"主办：中央宣传部、中央文明办、国家工商管理总局、国家广电总局、新闻出版总署，某某报制作"。

三、今年以来，中宣部和国家机关五部门先后共同组织开展了刊播"迎奥运讲文明树新风"和"我们心连心、同呼吸、共命运，夺取抗震救灾的伟大胜利"主题公益广告活动，各地主要报纸在这些活动中做出了显著成绩。鉴于今后还要陆续组织开展此类公益性活动，各地新闻出版局要认真总结成功经验，加强领导，结合这次活动，对各地主要报纸刊载主题公益广告情况认真记录在案，对不积极刊载主题公益广告的报社要提出批评，予以监督。2009年2月下旬，请各地新闻出版局将当地主要报纸刊载公益广告情况以书面形式报新闻出版总署新闻报刊司。

国家新闻出版署

2008年12月3日

国资委直属机关纪委关于认真开展"扬正气,促和谐" 优秀廉政公益广告展播活动的通知

直纪字[2009]4号

机关各厅局、直属单位、直管协会纪委(党委、总支、支部):

为深入贯彻落实党的十七大精神,大力加强机关廉政文化建设,中央纪委及中央国家机关纪工委分别下发通知,要求各部门认真开展"扬正气,促和谐"优秀廉政公益广告展播活动。为结合国资委直属机关实际做好展播活动,现就有关事项通知如下:

一、展播时间及展播作品

(一)展播时间:从通知下发之日起至2009年底。

(二)展播作品:中央纪委等五部门精心筛选的廉政公益广告作品45件。其中,影视类16件,广播类17件,平面(含漫画)类12件。

二、展播安排

国资委直属机关将利用国资委网站等形式进行展播。各基层党组织可采取多种形式利用宣传栏、橱窗、网络、内部刊物、学习园地等进行长期展播。

三、展播要求

各基层党组织要高度重视,加强领导,把开展展播活动与贯彻中央纪委第三次全会和国务院第二次廉政工作会议精神结合起来,针对本单位党员干部思想实际,充分发挥廉政公益广告潜移默化的教育、宣传和引导作用,通过展播活动,推动党风廉政宣传教育工作制度化、经常化,不断增强广大党员干部廉洁从政的自觉性。

请各基层党组织于6月15日前到机关纪委办公室领取展播作品光盘。有关展播情况,请及时报机关纪委和机关党委宣传部。

国资委机关纪委

2009年6月4日

国家广播电影电视总局关于开展广播电视公益广告集中制作展播活动的通知

广发〔2013〕37号

各省、自治区、直辖市广播影视局,新疆生产建设兵团广播电视局,中央三台、电影频道节目中心、中国教育电视台:

今年以来,各级广播影视行政部门和播出机构深入贯彻党的十八大精神,按照总局工作部署和七部委《关于深入开展"讲文明树新风"公益广告宣传的意见》(以下简称《意见》)要求,不断加大公益广告制作播出力度,播放数量明显增加,内容质量大幅提升,涌现出一批深受人民群众喜爱、激起心理共鸣的优秀作品,彰显了广播电视公益广告引领社会风尚、传播精神文明的作用,得到了社会各界的积极评价。为进一步发挥广播电视媒体在公益广告宣传中的重要作用,推动形成广播电视公益广告制作播出的长效良性机制,总局决定,自6月1日至8月31日,在全国范围内开展为期三个月的"广播电视公益广告集中制作展播活动"。现就相关事宜通知如下:

一、精心组织公益广告制作。各播出机构要按照《意见》精神和本《通知》要求,紧紧围绕培育社会主义核心价值观、弘扬社会正气、展示文明新风、规范道德行为、建设生态文明和与人民群众生活关系密切的医疗、药品、卫生、健康、食品安全、交通安全等主题,积极配合正在进行的"整治虚假违法医药广告专项行动",加大资金和人力投入,精心组织谋划,调动各方力量,设计、制作一批贴近生活,质量上乘、制作精良,思想性、艺术性和观赏性俱佳的公益广告作品。

二、继续加大公益广告播出力度。展播期间,各播出机构要在严格落实总局61号令规定和《意见》精神的基础上,进一步加大公益广告播出力度,形成明显宣传声势。一要保障充足的播出时间,每套节目每天公益广告时长不得少于商业广告时长的3%。二要增加公益广告播出频次,每套节目每小时公益广告不得少于2条(次),其中,黄金时段不得少于4条(次)。三要开办公益广告展播栏目,有条件的中央和省级播出机构要在综合、新闻等重点频率、频道中,开设公益广告专栏,每天定时集中播出公益广告,实现公益广告播出的制度化和常态化,在系统内发挥出示范作用。

三、调动社会企业参与的积极性。各播出机构在开展公益广告制作播出工作的同时,要引导社会企业等机构认识公益广告是企业回馈社会和塑造企业形象的重要手段,带动其主动投入到公益广告制作工作中。总局提倡采取播出机构之间合作或者与社会企业等合作的方式，共同策划制作广播电视公益广告。同时，为提高社会机构的积极性，播出机构在播出与社会机构联合制作的公益广告时，可在公益广告播出后，对合作机构的名称予以提示，形成社会各界普遍参与、共同支持广播电视公益广告的良好氛围。

四、建立公益广告作品共享体系。总局提倡播出机构间建立公益广告作品共享机制，相互交流，联合展播公益广告作品。鼓励各播出机构向设在中国广告协会电视分会的"全国思想道德公益广告作品库"无偿提供本机构策划制作的公益广告，共同充实作品库的公益广告片源，免费提供给其他播出机构选择播出，提升优秀公益广告的整体传播力和影响力。

为支持各播出机构开展公益广告集中展播工作，总局从"全国思想道德公益广告作品库"选取了一批公益广告，供各播出机构选择播出。各播出机构可直接联系电视分会，免费（不含母带和邮寄费用）选取公益广告作品进行展播。此外，根据七部委《意见》精神，中央人民广播电台和中央电视台作为广播类和影视类公益广告制作中心，分别设立公益广告作品库（作品将及时更新），可向各级广播电视媒体提供近百条公益广告作品。各播出机构可与中央两台联系，协商获取公益广告作品并进行宣传展播。（上述公益广告作品目录和联系方式均见附件1）

五、自觉维护公益广告合法权益。各级播出机构播放其他机构制作的公益广告，要事先征得相关机构同意，并注意维护和尊重制作机构的合法权益。播出时要保证所播广告作品的完整性，不得擅自进行删改。要信守承诺，不得利用他人广告作品进行任何商业性、营利性活动或者挪作他用；不得向其他单位或个人转让这些作品的使用权。播出非本台制作的公益广告时，应在公益广告片尾提示制作机构的名称；原制作机构同意共同署名的，可在公益广告播放后联合署名，本机构名称应列于制作机构之后。

六、强化公益广告制作播出监管。展播期间，各级广播影视行政部门要组织专门力量，加强辖区内播出机构公益广告制作播出情况的监管。一是要加强监听监看，对未按本通知要求制作和播出公益广告的，要督促其立即加大制作播出力度，确保播出时间和频次。二是建立备案制度，要求辖区内各播出机构分别于6月、7月和8月底，将当月公益广告制作和播出情况向本级广电行政部门备案（备案格式见附件2）。同时，要提供每套节目每天公益广告编播单。三要加强督导检查，对照核实各播出机构公益广告制作播出的备案情况，对弄虚作假的播出机构，要依规给予严肃处理。对拒不改正的，列入"黑名单"上报总局。

七、对展播情况进行总结表彰。各级广播影视行政部门在展播活动结束后，要对辖区内公益广告制作和播出情况以及本部门的监管情况进行总结，并向上一级广电行政部门报告。各省级广电行政部门需于 9 月 10 日前,将本省公益广告制作、播出和监管情况汇总上报总局。同时,可向总局分别推荐 5 家公益广告制作或播出成绩突出的播出机构,提供其情况简介、备案表和各频率、频道公益广告编播单。总局将对全国展播情况进行总结,对各省推荐的播出机构进行考评,对表现突出的播出机构以及履行监管职责到位的行政部门,采取适当形式予以表彰,并向社会公告。

请接到通知后,立即转发辖区内各有关单位,部署落实相关工作。

国家广播电影电视总局

2013 年 5 月 27 日

关于进一步做好"讲文明树新风"
公益广告宣传的意见

文明办〔2014〕5 号

为贯彻落实"讲文明树新风"公益广告电视电话会议精神,现制定以下实施意见。

一、指导思想

深入贯彻党的十八大和十八届三中全会精神,学习贯彻习近平总书记系列重要讲话精神,围绕中心,服务大局,坚持正确导向,突出思想内涵,丰富表现形式,增强传播力和感染力,不断深化拓展"讲文明树新风"公益广告宣传,充分运用公益广告大力培育和弘扬社会主义核心价值观,汇聚精神力量。

二、把握主题

(一)抓好根本任务。要把中国特色社会主义和"中国梦"宣传教育、培育和践行社会主义核心价值观作为根本任务,贯穿到公益广告宣传全过程,体现到作品创意设计、制作表现之中。

(二)围绕大局大势。围绕宣传中国特色社会主义和"中国梦",阐释发展社会主义市场经济、民主政治、先进文化、和谐社会、生态文明的深刻内涵和重大意义,引导人们坚定道路自信、理论自信、制度自信。

(三)传播核心价值。围绕阐释传播社会主义核心价值观,持续叫响"三个倡导"24 个字,制作刊播"我们的价值观"主题公益广告,大力宣传社会主义核心价值观的基本内容、主要内涵、实践要求,推动全社会广泛认同和自觉践行。

(四)汇聚正风正气。围绕"中国梦"宣传教育活动创作刊播公益广告,宣传活动的基本内涵、精神实质、重要意义和广泛影响,在全社会形成向上向善的良好风气,凝聚起干部群众干事创业的精神力量。

三、宣传重点

"讲文明树新风"公益广告宣传,要根据重点任务安排,大众化、形象化、具体化地弘扬社会主流价值观念,在落细落小落实上下功夫。当前和今后一个时期,要重点制作刊播 8 个方面选题的公益广告。

(一)弘扬中华优秀传统文化。中华文化孕育了中华民族宝贵精神品格,培育了中国人民的崇高价值追求。要深入挖掘和阐发中华优秀传统文化讲仁爱、重民本、守诚信、崇正义、尚和合、求大同的时代价值,引导人们自觉践行中华美德,传承中华文化。

(二)弘扬雷锋精神。倡导助人为乐、团结友善的价值追求,引导人们积极投身学雷锋志愿服务,推动学雷锋志愿服务制度化常态化。

(三)加强诚信教育。倡导诚实守信社会风尚,引导人们讲诚实、重信用、守承诺,树立守信光荣、失信可耻的价值观念。

(四)培育勤劳节俭观念。倡导继承发扬中华民族吃苦耐劳、戒奢克俭的优良传统,倡导节粮、节水、节电、节约钱物,鞭挞好逸恶劳、铺张浪费、豪华奢靡之风。

(五)传承孝道和敬老风尚。弘扬中华孝道,宣传好家风、好家训,引导人们养成孝敬父母长辈、敬老助老的良好品质。

(六)倡导文明旅游。引导人们摒弃旅游中的陋习,践行文明礼仪,遵守道德规范,树立"文明古国、礼仪之邦"的良好形象。

(七)宣传保护生态环境。引导人们尊重自然、支持和参与环保活动,建设美丽中国。

(八)树立社会主义法制观念。普及法律知识,增强全社会学法守法用法意识。

四、宣传安排

各级各类媒体媒介要拿出重要版面、黄金时段和显著位置,持续刊播公益广告,形成传播先进文化、传扬新风正气的强大声势。

(一)报纸类:省和省会城市党报、晚报、都市报日常版面 12 版(含)以上的,每月刊登公益广告总量不少于 6 个整版;日常版面 12 版(不含)以下的,不少于 4 个整版。其他各级党报、晚报、都市报和行业报,每月刊登公益广告总量不少于 4 个整版。

(二)广播类:广播电台每套节目每日公益广告播出数量不少于 6 条(次),在 6:00 至 8:00 之间、11:00 至 13:00 之间,播出数量分别不少于 2 条(次)。

（三）电视类：电视台每套节目每日公益广告播出数量不少于 10 条（次），在 19：00 至 21：00 之间，播出数量不少于 4 条（次）。

（四）期刊类：时政类期刊每期至少刊登公益广告 1 个页面；其他大众生活、文摘类期刊，每两期至少刊登 1 个页面。

（五）互联网：政府网站、新闻网站、经营性网站在首页固定位置宣传展示公益广告，并运用其他多种方式传播公益广告。

（六）手机类：基础电信企业要运用手机媒体及相关经营业务经常性刊播公益广告。

（七）社会媒介：机场、车站、码头、影剧院、商场、宾馆、商业街区、城市社区、广场、公园、风景区等公共场所的广告设施或其他适当位置，公交车、火车、飞机等公共交通工具的广告刊播介质或其他适当位置，适当地段的建设工地围挡、景观灯杆等构筑物，要大力度、经常性刊播公益广告。此类场所公益广告的设置发布要整齐、安全，与环境相协调，美化周边环境。推动建设一批"我们的价值观"主题公园、广场、街道等，打造街头正能量。

五、工作要求

"讲文明树新风"公益广告宣传是一项长期任务，要健全运行机制，完善政策法规，实现可持续发展。

（一）齐抓共管。各级文明委统筹指导公益广告宣传工作。宣传部、文明办负责总体协调、组织实施、督促落实，并负责召开工作联席会议。工商部门履行广告监管和指导广告业发展职能，鼓励广告主、广告经营者、广告发布者积极制作、发布公益广告，并加强监督检查。新闻出版广电部门负责新闻出版和广播电视媒体公益广告制作、刊播活动的指导和管理。网信办、通信管理局等部门负责基础电信企业和互联网企业公益广告制作、刊播活动的指导和管理。交通运输管理部门负责公共交通运载工具公益广告刊播活动的指导和管理。住房城乡建设和旅游部门负责城市户外广告设施、建设工地围挡、风景区公益广告刊播活动的指导和管理。文明委各成员单位都要积极支持做好公益广告宣传工作。

（二）督促检查。建立定期报告工作制度，文明办负责汇总，并进行通报。省新闻媒体和各市每月 5 日前向省文明办报送上月公益广告刊播情况。省网信办、省住建厅、省交通运输厅、省工商局、省新闻出版广电局、省旅游局、省通信管理局等部门结合行业管理，分别对有关媒体媒介刊播情况进行汇总和监督考评。"讲文明树新风"公益广告宣传情况，纳入文明城市、文明单位等方面的工作测评之中。

（三）提质增效。各地各部门要广开社会资源，广纳社会贤才，发挥行业系统、各个地方、新闻媒体、专业机构的积极性，采取集中创作、委托设计、公开征集等多种方式，制作高质量的平面、广播、影视以及网络手机等各类公益广告。各地各部门、各个媒体可围绕主题和重点内容，结合实际，自行设计制作，自行审核把关，自行刊登播放公益广告。各地各部门、各个媒体要保质保量地完成中央和省文明办审核发布的"讲文明树新风"公益广告通稿刊播工作。全国和省通稿列入公益广告作品库，各媒体在保护知识产权、著作权等相关权益的基础上，可无偿选用刊播。

（四）政策支撑。要把公益广告宣传融入政策制度、法律法规的制定实施中。各地各部门要出台促进和规范公益广告发展的规章制度，明确公益广告发布媒介和单位应当承担的职责。要加大对公益广告的投入，研究制定公益广告的相关优惠政策，通过企业赞助、公益捐助等方式，多渠道筹措公益广告宣传资金。

中央文明办

2014 年 5 月 6 日

公益广告促进和管理暂行办法

总局令第 84 号

第一条 为促进公益广告事业发展，规范公益广告管理，发挥公益广告在社会主义经济建设、政治建设、文化建设、社会建设、生态文明建设中的积极作用，根据《中华人民共和国广告法》和有关规定，制定本办法。

第二条 本办法所称公益广告，是指传播社会主义核心价值观，倡导良好道德风尚，促进公民文明素质和社会文明程度提高，维护国家和社会公共利益的非营利性广告。

政务信息、服务信息等各类公共信息以及专题宣传片等不属于本办法所称的公益广告。

第三条 国家鼓励、支持开展公益广告活动，鼓励、支持、引导单位和个人以提供资金、技术、劳动力、智力成果、媒介资源等方式参与公益广告宣传。

各类广告发布媒介均有义务刊播公益广告。

第四条 公益广告活动在中央和各级精神文明建设指导委员会指导协调下开展。

工商行政管理部门履行广告监管和指导广告业发展职责，负责公益广告工作的规划和有关管理工作。

新闻出版广电部门负责新闻出版和广播电视媒体公益广告制作、刊播活动的指导和管理。

通信主管部门负责电信业务经营者公益广告制作、刊播活动的指导和管理。

网信部门负责互联网企业公益广告制作、刊播活动的指导和管理。

铁路、公路、水路、民航等交通运输管理部门负责公共交通运载工具及相关场站公益广告刊播活动的指导和管理。

住房城乡建设部门负责城市户外广告设施设置、建筑工地围挡、风景名胜区公益广告刊播活动的指导和管理。

精神文明建设指导委员会其他成员单位应当积极做好公益广告有关工作,涉及本部门职责的,应当予以支持,并做好相关管理工作。

第五条　公益广告应当保证质量,内容符合下列规定:

(一)价值导向正确,符合国家法律法规和社会主义道德规范要求;

(二)体现国家和社会公共利益;

(三)语言文字使用规范;

(四)艺术表现形式得当,文化品位良好。

第六条　公益广告内容应当与商业广告内容相区别,商业广告中涉及社会责任内容的,不属于公益广告。

第七条　企业出资设计、制作、发布或者冠名的公益广告,可以标注企业名称和商标标识,但应当符合以下要求:

(一)不得标注商品或者服务的名称以及其他与宣传、推销商品或者服务有关的内容,包括单位地址、网址、电话号码、其他联系方式等;

(二)平面作品标注企业名称和商标标识的面积不得超过广告面积的 1/5;

(三)音频、视频作品显示企业名称和商标标识的时间不得超过 5 秒或者总时长的 1/5,使用标版形式标注企业名称和商标标识的时间不得超过 3 秒或者总时长的 1/5;

(四)公益广告画面中出现的企业名称或者商标标识不得使社会公众在视觉程度上降低对公益广告内容的感受和认知;

(五)不得以公益广告名义变相设计、制作、发布商业广告。

违反前款规定的,视为商业广告。

第八条　公益广告稿源包括公益广告通稿、公益广告作品库稿件以及自行设计制作稿件。

各类广告发布媒介均有义务刊播精神文明建设指导委员会审定的公益广告通稿作品。

公益广告主管部门建立公益广告作品库，稿件供社会无偿选择使用。

单位和个人自行设计制作发布公益广告，公益广告主管部门应当无偿提供指导服务。

第九条　广播电台、电视台按照新闻出版广电部门规定的条（次），在每套节目每日播出公益广告。其中，广播电台在 6：00 至 8：00 之间、11：00 至 13：00 之间，电视台在 19：00 至 21：00 之间，播出数量不得少于主管部门规定的条（次）。

中央主要报纸平均每日出版 16 版（含）以上的，平均每月刊登公益广告总量不少于 8 个整版；平均每日出版少于 16 版多于 8 版的，平均每月刊登公益广告总量不少于 6 个整版；平均每日出版 8 版（含）以下的，平均每月刊登公益广告总量不少于 4 个整版。省（自治区、直辖市）和省会、副省级城市党报平均每日出版 12 版（含）以上的，平均每月刊登公益广告总量不少于 6 个整版；平均每日出版 12 版（不含）以下的，平均每月刊登公益广告总量不少于 4 个整版。其他各级党报、晚报、都市报和行业报，平均每月刊登公益广告总量不少于 2 个整版。

中央主要时政类期刊以及各省（自治区、直辖市）和省会、副省级城市时政类期刊平均每期至少刊登公益广告 1 个页面；其他大众生活、文摘类期刊，平均每两期至少刊登公益广告 1 个页面。

政府网站、新闻网站、经营性网站等应当每天在网站、客户端以及核心产品的显著位置宣传展示公益广告。其中，刊播时间应当在 6：00 至 24：00 之间，数量不少于主管部门规定的条（次）。鼓励网站结合自身特点原创公益广告，充分运用新技术新手段进行文字、图片、视频、游戏、动漫等多样化展示，论坛、博客、微博客、即时通讯工具等多渠道传播，网页、平板电脑、手机等多终端覆盖，长期宣传展示公益广告。

电信业务经营者要运用手机媒体及相关经营业务经常性刊播公益广告。

第十条　有关部门和单位应当运用各类社会媒介刊播公益广告。

机场、车站、码头、影剧院、商场、宾馆、商业街区、城市社区、广场、公园、风景名胜区等公共场所的广告设施或者其他适当位置，公交车、地铁、长途客车、火车、飞机等公共交通工具的广告刊播介质或者其他适当位置，适当地段的建筑工地围挡、景观灯杆等构筑物，均有义务刊播公益广告通稿作品或者经主管部门审定的其他公益广告。此类场所公益广告的设置发布应当整齐、安全，与环境相协调，美化周边环境。

工商行政管理、住房城乡建设等部门鼓励、支持有关单位和个人在商品包装或者装潢、企业名称、商标标识、建筑设计、家具设计、服装设计等日常生活事物中，合理融入社会主流价值，传播中华文化，弘扬中国精神。

第十一条　国家支持和鼓励在生产、生活领域增加公益广告设施和发布渠道，扩大社会影响。

住房城乡建设部门编制户外广告设施设置规划，应当规划一定比例公益广告空间设施。发布广告设施招标计划时，应当将发布一定数量公益广告作为前提条件。

第十二条　公益广告主管部门应当制定并公布年度公益广告活动规划。

公益广告发布者应当于每季度第一个月 5 日前，将上一季度发布公益广告的情况报当地工商行政管理部门备案。广播、电视、报纸、期刊以及电信业务经营者、互联网企业等还应当将发布公益广告的情况分别报当地新闻出版广电、通信主管部门、网信部门备案。

工商行政管理部门对广告媒介单位发布公益广告情况进行监测和检查，定期公布公益广告发布情况。

第十三条　发布公益广告情况纳入文明城市、文明单位、文明网站创建工作测评。

广告行业组织应当将会员单位发布公益广告情况纳入行业自律考评。

第十四条　公益广告设计制作者依法享有公益广告著作权，任何单位和个人应依法使用公益广告作品，未经著作权人同意，不得擅自使用或者更改使用。

第十五条　公益广告活动违反本办法规定，有关法律、法规、规章有规定的，由有关部门依法予以处罚；有关法律、法规、规章没有规定的，由有关部门予以批评、劝诫，责令改正。

第十六条　本办法自 2016 年 3 月 1 日起施行。

国家工商行政管理总局

国家互联网信息办公室

工业和信息化部

住房城乡建设部

交通运输部

国家新闻出版广电总局

2016 年 1 月 15 日

国家新闻出版广电总局关于认真做好迎接宣传贯彻党的十九大广播电视公益广告创作播出工作的通知

新广电发〔2017〕115号

各省、自治区、直辖市新闻出版广电局,新疆生产建设兵团新闻出版广电局,中央三台、电影频道节目中心、中国教育电视台:

迎接宣传贯彻党的十九大,是贯穿今年党和国家全局工作的主线,也是宣传思想战线重中之重的头等大事。为贯彻落实中央部署,认真做好迎接宣传贯彻党的十九大广播电视公益广告创作播出,现就有关事项通知如下:

一、指导思想

全面贯彻党的十八大和十八届三中、四中、五中、六中全会精神,坚持以马克思列宁主义、毛泽东思想、邓小平理论、"三个代表"重要思想、科学发展观为指导,深入贯彻习近平总书记系列重要讲话精神和治国理政新理念新思想新战略,切实增强政治意识、大局意识、核心意识、看齐意识,牢牢把握正确政治方向、舆论导向、价值取向,突出坚持和发展中国特色社会主义、实现中华民族伟大复兴中国梦这个主题,统筹做好树立"四个自信"、落实新发展理念、统筹推进"五位一体"总体布局和协调推进"四个全面"战略布局、弘扬社会主义核心价值观和中华优秀传统文化等的宣传,壮大主流声音,唱响主旋律,更好地汇聚团结奋进的强大正能量,着力营造迎接宣传贯彻党的十九大的良好舆论氛围。

二、工作任务和要求

(一)高度重视。各级新闻出版广电部门要以高度的政治责任感和使命感,充分认识做好迎接宣传贯彻党的十九大广播电视公益广告创作播出工作的重要意义,将其作为重要宣传任务纳入工作总体部署,统筹谋划,周密安排,协调推进,加强督查,确保落到实处、见到实效。

(二)加大投入。总局广播电视公益广告专项扶持资金和各省(区、市)已设立的广播电视公益广告专项扶持资金,要重点支持迎接宣传贯彻党的十九大广播电视公益广告创作播出。尚未设立广播电视公益广告专项扶持资金的,要抓紧申请设立。各级广播电视播出机构要切实加大公益广告宣传的投入,要有专门的力量负责公益广告宣传。

(三)推出精品。要集中力量和资源,认真组织实施精品战略,把握导向,强化创意,精雕细琢,精益求精,着力推出一批有思想、有温度、有品质的原创优秀作品。中央三台、电影频道、中国教育电视台,以及各省级广播电视播出机构,要充分发挥各自优势,切实加大公益广告创作的力度,保证年内至少创作完成 4 篇高质量的公益广告作品(广播、电视各 2 篇)。鼓励制作适合国际传播的优秀公益广告,弘扬中国精神,展示中国形象。各级新闻出版广电部门要继续加强和党委、政府有关部门合作,联合开展相关主题公益广告宣传活动。同时,要积极发动企业、社会机构、社会团体依法依规参与公益广告宣传。

(四)加强播出。各级广播电视播出机构要高度重视和做好迎接宣传贯彻党的十九大广播电视公益广告的播出。要严格落实有关规定,确保每套节目每天公益广告时长不得少于其商业广告时长的 3％,其中,广播电台在 11:00 至 13:00 之间、电视台在 19:00 至 21:00 之间,公益广告播出数量不得少于 4 条(次)。同时,应在新闻、综合、交通等重点频率频道设立公益广告专栏,定期定时、常态化播出相关公益广告。加强总局和各省局公益广告库建设,同时建立重点优秀公益广告作品推荐播出制度。鼓励优秀公益广告作品实现传统媒体和新兴媒体融合传播,加强优秀公益广告作品国际传播,扩大宣传效果。

(五)严格要求。广播电视公益广告宣传政治性强、关注度高、作用和影响大,必须严格宣传纪律,严格管理。要严格公益广告作品的审查把关,始终坚持正确的政治方向、舆论导向、价值取向,确保不出问题。各级新闻出版广电行政部门要认真落实属地管理职责,切实加强公益广告的监管。各省有关迎接宣传贯彻党的十九大广播电视公益广告创作播出工作的进展情况要及时报总局传媒司。

特此通知。

国家新闻出版广电总局

2017 年 5 月 31 日

国家广播电视总局办公厅关于认真做好庆祝新中国成立 70 周年广播电视公益广告创作播出工作的通知

广电办发〔2019〕117 号

各省、自治区、直辖市广播电视局,新疆生产建设兵团文化体育广电和旅游局,中央广播电视总台办公厅、电影频道节目中心、中国教育电视台:

庆祝新中国成立 70 周年是党和国家政治生活中的一件大事,是今年宣传思想工作的主线和重中之重。为贯彻落实中央部署,认真做好庆祝新中国成立70周年广播电视公益广告创作播出工作,现就有关事项通知如下:

一、指导思想

坚持以习近平新时代中国特色社会主义思想为指导,全面贯彻党的十九大和十九届二中、三中全会精神,贯彻落实全国宣传思想工作会议精神,增强"四个意识"、坚定"四个自信"、做到"两个维护",紧紧围绕庆祝新中国成立70周年,充分发挥公益广告宣传的特点和优势,充分展示共和国70年来的伟大历程和宝贵经验,生动反映党的十八大以来的历史性变革和成就。要把庆祝新中国成立70周年的宣传,与深化中国特色社会主义和中国梦宣传教育结合起来,与加强爱国主义、集体主义、社会主义宣传教育结合起来,牢牢把握正确的舆论导向,唱响主旋律、弘扬真善美、传播正能量,努力推出一批优秀公益广告作品,充分激发爱国热情,广泛凝聚奋斗力量,着力营造共庆祖国华诞、共享伟大荣光、共铸复兴伟业的浓厚氛围。

二、工作任务和要求

(一)高度重视。各级各地广电部门要以高度的政治责任感和使命感,充分认识做好庆祝新中国成立70周年公益广告创作播出的重要意义,将其纳入宣传工作总体部署,加强组织领导,精心谋划、精心安排、狠抓落实。总局广播电视公益广告专项扶持资金和各省(区、市)已设立的广播电视公益广告专项扶持资金,要重点支持庆祝新中国成立70周年公益广告创作播出。要认真制定实施庆祝新中国成立70周年公益广告创作重点选题计划,组织专门力量,切实加大投入,确保取得实效。各省有关重点选题计划及推进情况,请于5月上旬报总局传媒司。

(二)多出精品。要在保证数量的同时,把提高质量放在突出位置,集中力量和资源,把握导向,强化创意,落实资金,坚持用心用情用功、精益求精,着力推出一批有思想、有温度、有品质的原创优秀作品。中央广播电视总台、电影频道、中国教育电视台以及各省级广播电视播出机构,要强化主体责任、强化担当意识,将有关任务落实到专门的责任部门和责任人,保证在7月底前至少创作完成4件反映庆祝新中国成立70周年主线的优秀公益广告作品(广播、电视各2件)。要积极发动企业、社会机构、社会团体参与公益广告创作,鼓励制作适合新媒体传播和国际传播的公益广告作品。

总局将于5月中旬举办"庆祝新中国成立70周年公益广告专题创作培训班",并于8月中旬开展庆祝新中国成立70周年专题公益广告评审活动,按照"突出主题、优中选优"的原则,评选出一批优秀作品重点推介播出。

(三)强化播出。各级广播电视播出机构要高度重视公益广告的播出,严格落实有关规定,确保每套节目每天播出公益广告时长不得少于其商业广告时长的 3%,其中广播频率在 11:00 至 13:00 之间、电视频道在 19:00 至 21:00 之间,播出数量不得少于 4 条(次)。同时,应在新闻、综合、交通等重点频率频道设立公益广告专栏,定期定时、常态化播出相关公益广告。各级广播电视播出机构和网络视听节目服务机构要根据宣传总体安排,认真开展好庆祝新中国成立 70 周年公益广告的集中展播活动。进一步加强"全国优秀广播电视公益广告作品库"建设,进一步实施好重点优秀公益广告作品推荐播出制度。鼓励优秀公益广告作品利用新媒体传播,鼓励优秀公益广告作品扩大国际传播。

(四)加强监督。庆祝新中国成立 70 周年公益广告宣传政治性强、关注度高、作用和影响大,必须严格宣传纪律,严格管理。要严格公益广告作品的审查把关,始终坚持正确的政治方向、舆论导向和价值取向,确保不出问题。要把做好公益广告宣传和加强商业广告治理结合起来,总局相关单位和地方各级广电行政部门要全面加大公益广告、商业广告播出的监听监看力度,依法依规严肃查处各种违法违规问题,切实维护良好传播秩序。各地要将公益广告创作播出情况纳入节目综合评价考核体系和播出机构评价考核体系,强化激励约束机制,促进健康发展。总局将适时进行总结,对公益广告创作播出表现突出的机构和个人予以表彰。特此通知。

国家广播电视总局办公厅

2019 年 4 月 22 日

后 记

　　2020，看起来是个无比美好的数字，但是这一年的开始却是无比艰辛。年后彻底爆发的新冠疫情让全国人民都困守在家中。疫情之中，我们见证了无数医护人员的坚守和奉献，也见证了武汉人民的不易。在疫情初期，也爆发出了武汉红十字会扣押捐赠品的新闻，让人心痛不已。不禁让人感叹，对于公益事业来说，我们需要去努力的地方还有很多。

　　当我最后一次校对书稿，心里还是有很多感慨。从1978年至今，新中国已经走过了41年的改革历程，中国大陆的广告行业也经历了翻天覆地的变化。伴随着广告业的发展，中国大陆的公益广告事业也日益发展壮大，并以其独特的社会功能和伦理价值反映着社会的进步。

　　本书以1986—2018年间，刊登在《人民日报》《解放日报》和《厦门日报》这三份主要报刊上的公益广告为样本，运用定量和定性的方法，对中国大陆报刊公益广告进行深入研究。虽然时至今日，报刊作为传统媒体的地位日渐式微，但是谁也不可否认在传播公益理念中，传统媒体发挥的巨大作用。而融媒时代，报刊公益广告应如何结合新媒体技术应对挑战，使公益理念传播得更加深远，使公益广告的社会功能发挥得更好，也是本书想探讨的问题。

　　这本书能顺利出版首先必须感谢我的导师陈培爱老师，"经师易得，人师难求"，我却如此幸运，碰见这样一位"人师"：不仅教与我们学术上的知识，而且教与我们做人的道理。他治学严谨，博学多识，令人如沐春风，收获良多。从他的身上，我还明白了如何做一个诚实、坚持、有理想的人。这本书稿从选题到调研到写作到最终出版，无不得到陈老师的谆谆指导。所以在此真挚感谢陈培爱老师对我的支持、鼓励与培养。

　　再次感谢厦门理工学院给年轻学者们提供了很好的科研平台

与支持,本书由厦门理工学院学术专著出版基金资助,其中,厦门理工学院 2017 级学生高燕琳和黄春娜参加了报刊公益广告收集、分析的研究工作。

本书责任编辑王鹭鹏为本书的出版付出辛勤的劳动,正因为他的支持才大大提高了本书的质量,让本书得以顺利的出版,对此表示诚挚的谢意。

由于时间仓促,本书虽然经过反复修改,但是仍然有诸多遗憾,恳请各位读者指正。

疫情总会过去,雨天总会放晴,春天总会到来,不管前方的路有多苦,只要走的方向正确,就比站在原地更接近幸福。未来公益学术的道路还很长,任何值得去的地方都没有捷径,我们才刚刚上路,与所有一同奋斗过和还在奋斗的同仁们共勉。

赖祯黎

2020 年 3 月 10 日,厦门